地图会说话

地缘看世界

欧亚腹地的政治博弈

温骏轩 著

中信出版集团 | 北京

图书在版编目（CIP）数据

地缘看世界：欧亚腹地的政治博弈 / 温骏轩著. -- 北京：中信出版社, 2021.2（2023.10重印）

ISBN 978-7-5217-2541-4

Ⅰ. ①地… Ⅱ. ①温… Ⅲ. ①地缘政治学—研究—欧洲、亚洲 Ⅳ. ①D75②D73

中国版本图书馆CIP数据核字(2020)第246858号

地缘看世界：欧亚腹地的政治博弈

著　　者：温骏轩
策划推广：北京地理全景知识产权管理有限责任公司
出版发行：中信出版集团股份有限公司
（北京市朝阳区东三环北路27号嘉铭中心 邮编 100020）
制　　版：北京宝蕾元科技发展有限责任公司
承 印 者：北京华联印刷有限公司

开　　本：710mm × 1000mm　1/16　　印　　张：22.5　　字数：315千字
版　　次：2021年2月第1版　　印　　次：2023年10月第8次印刷
审 图 号：GS（2020）6081号
书　　号：ISBN 978-7-5217-2541-4
定　　价：68.00元

今天我们在这里研究“地缘”这个课题，包括回顾历史，最大的意义并不在于政治或者军事层面，而在于从更高的维度来审视人类应该如何正确改造和适应环境。

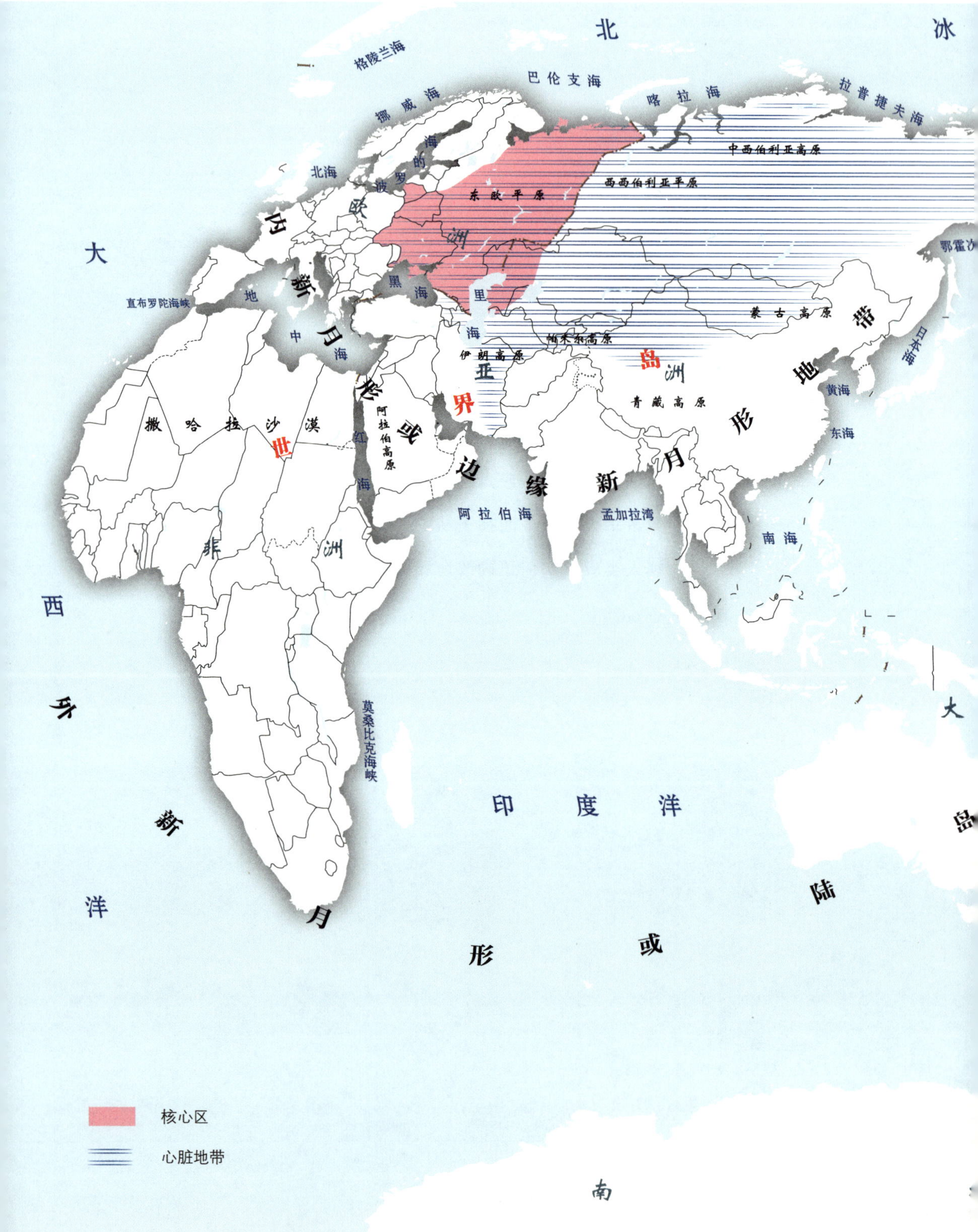

北
冰
格陵兰海
巴伦支海
挪威海
喀拉海
拉普捷夫海
中西伯利亚高原
北海
波罗的海
西西伯利亚平原
东欧平原
欧洲
内
大
新
地中海
直布罗陀海峡
黑海
里海
月
鄂霍次
蒙古高原
帕米尔高原
伊朗高原
亚
界
岛
洲
带
日本海
地
黄海
青藏高原
形
东海
撒哈拉沙漠
世
红海
阿拉伯高原
或
边缘新月
阿拉伯海
孟加拉湾
南海
非洲
西
外
莫桑比克海峡
大
印度洋
新
陆
洋
月
形
或
核心区
心脏地带
南

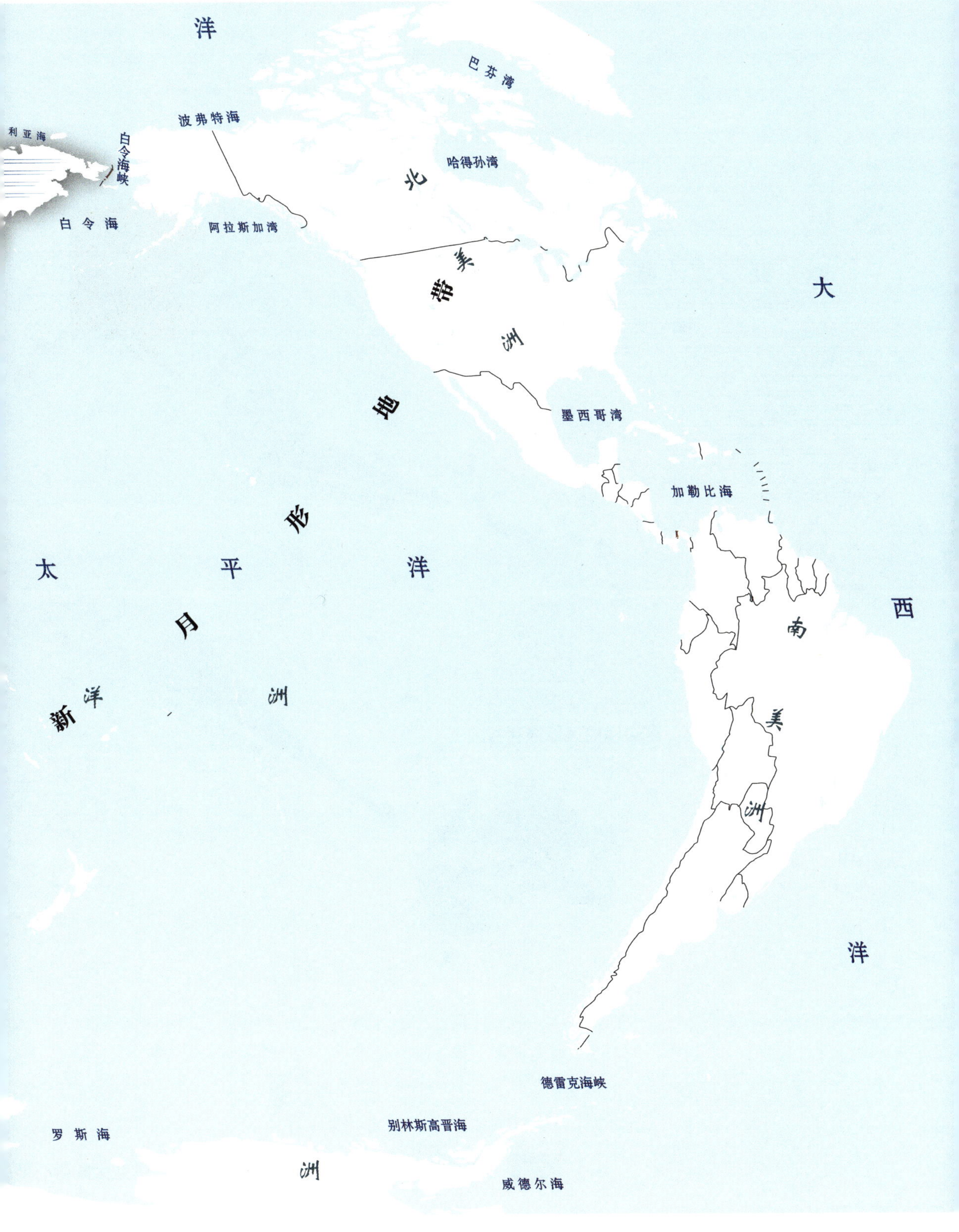
洋
巴芬湾
波弗特海
利亚海
白令海峡
哈得孙湾
白令海
阿拉斯加湾
美
带
洲
大
地
墨西哥湾
加勒比海
形
太
平
洋
月
西
南
新
洋
洲
美
洲
洋
德雷克海峡
罗斯海
别林斯高晋海
洲
威德尔海

麦金德世界岛示意图

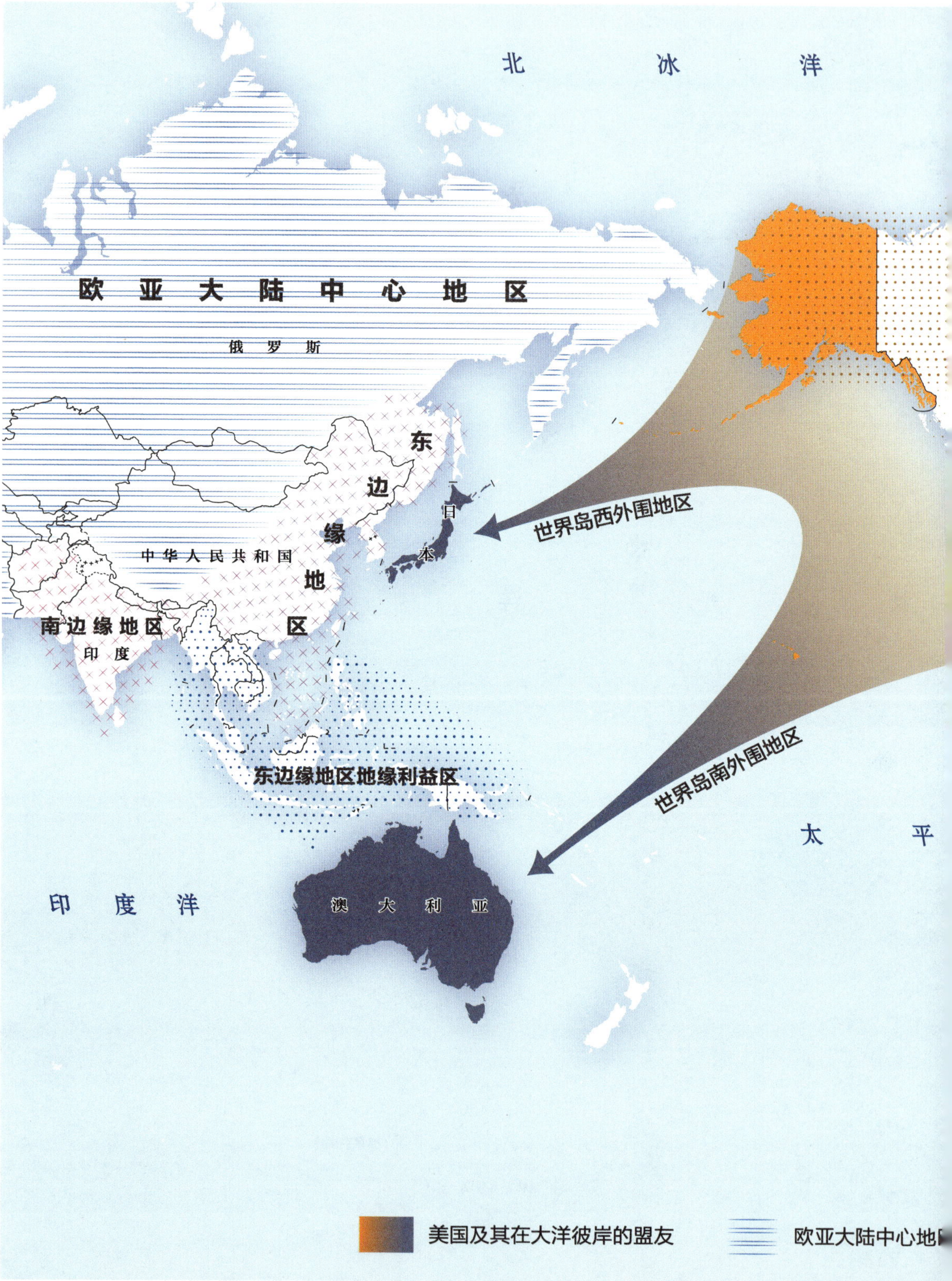

北冰洋
欧亚大陆中心地区
俄罗斯
东边缘地区
日本
世界岛西外围地区
中华人民共和国
南边缘地区
印度
东边缘地区地缘利益区
世界岛南外围地区
太平
印度洋
澳大利亚
美国及其在大洋彼岸的盟友
欧亚大陆中心地

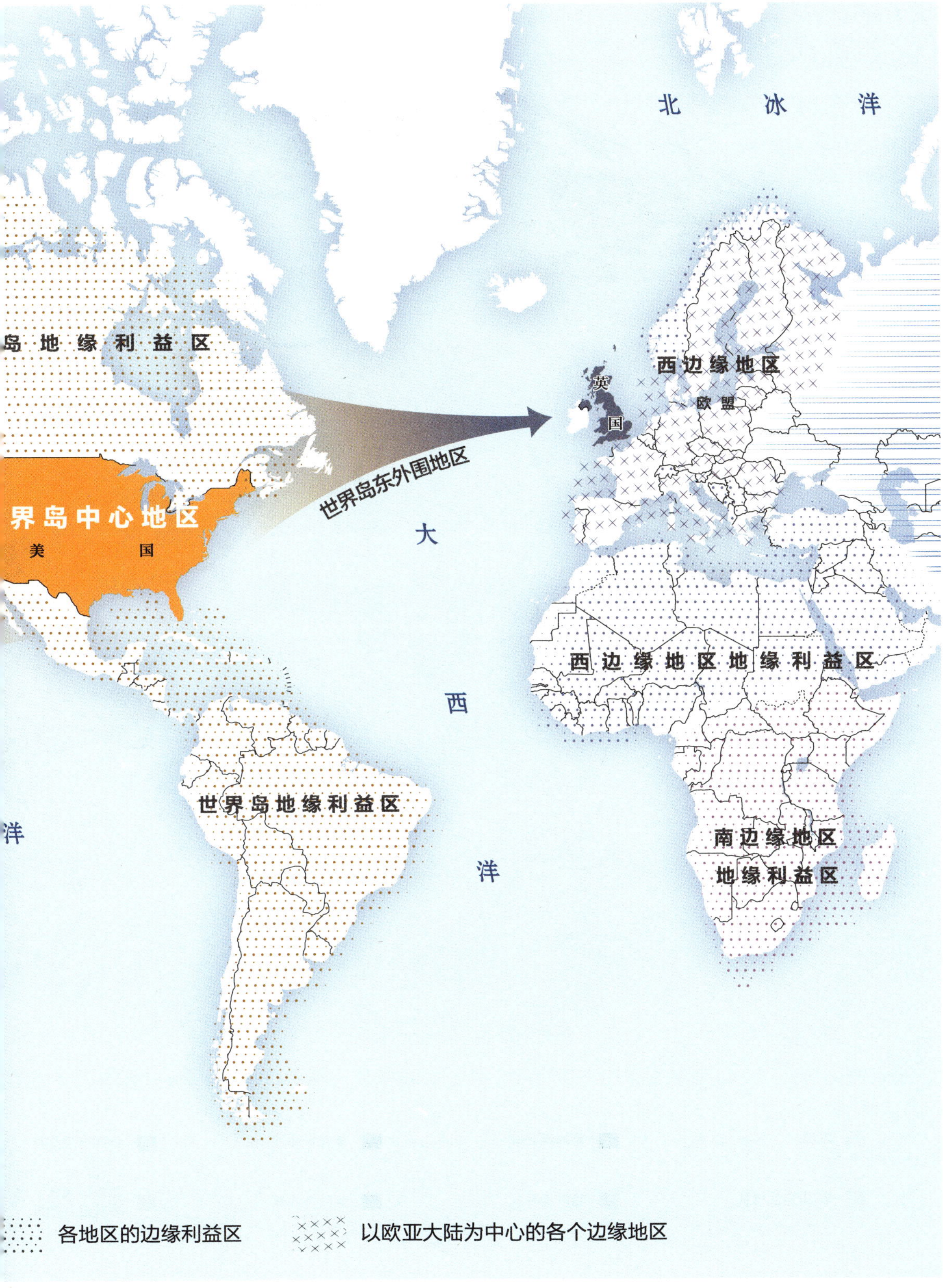

新世界岛地缘结构示意图

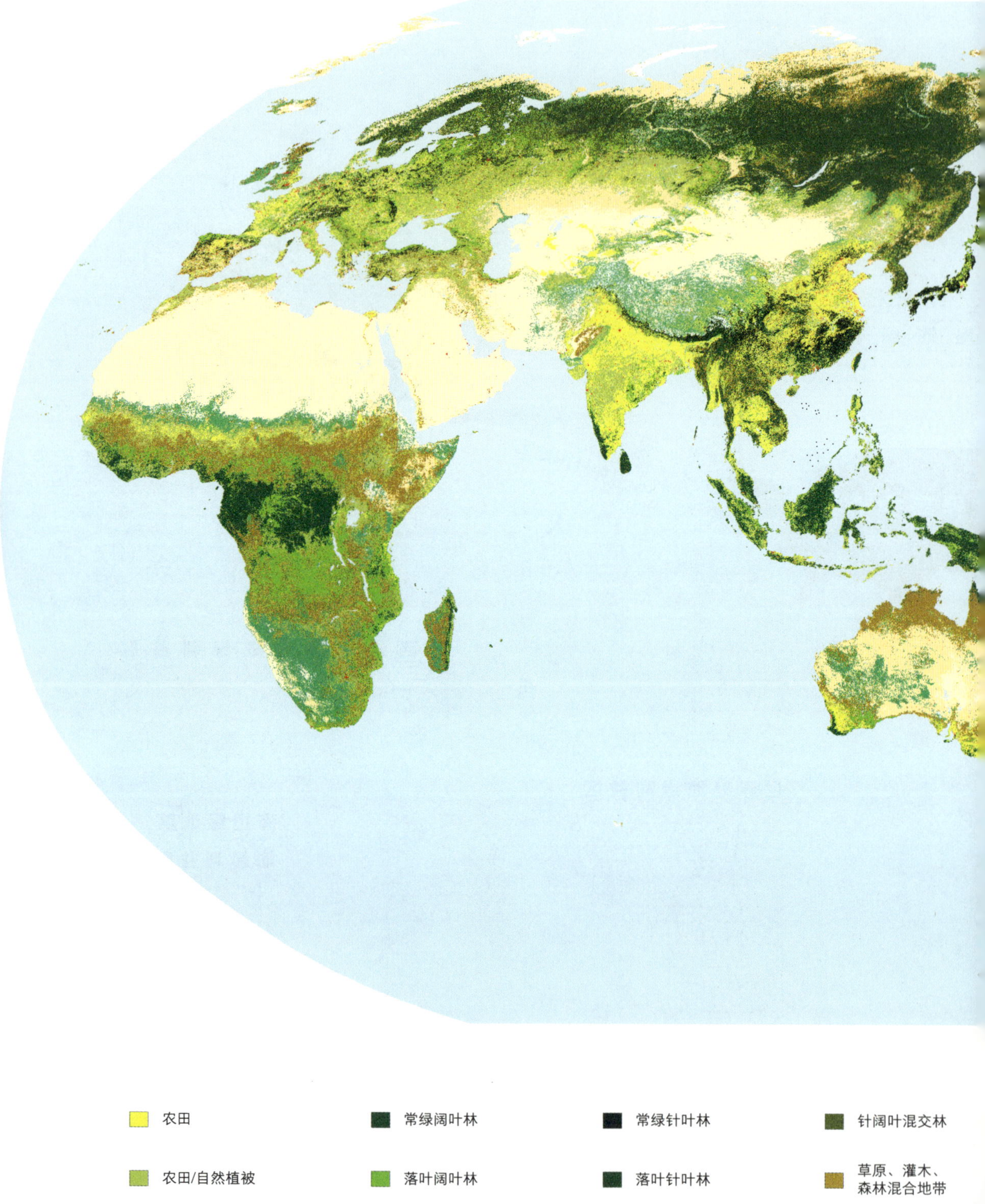
农田
常绿阔叶林
常绿针叶林
针阔叶混交林
农田/自然植被
落叶阔叶林
落叶针叶林
草原、灌木、森林混合地带

稀疏植被　裸地　冰川、雪

草原　人工建筑　水体　无数据

世界自然植被示意图

前言

三年又三年。想到了《谁在世界中心》会花三年时间出版，没想到的是续篇也花了同样的时间。好在这点时间放在历史长河中实在不算什么，这些文字写的时候亦是立足于大历史层面，并没有时效性。即便再过上若干个三年，相信这些文字对大家依然是有帮助的。

“上一秒即历史，下一秒即未来。”单从这个角度来说，人类当下经历的每一件小事，都会成为影响这个世界的变量，就像那个被称为“蝴蝶效应”的著名比喻。只是人类没有办法关注到每一个细微变量，更不用说去评判它的影响力。

能够给人留下印象的总是那些“大事件”。在中国崛起、世界地缘政治格局正在重塑的大背景下，与中国相关的事件又总能引来更多的关注。即便这里面的中国因素并不是最重要的变量，也会被放大为“被中国影响的大事件”。不管基于什么样的立场，今后很长一段时间，在世界范围内，都会有更多的人有兴趣了解中央之国是个什么样的存在。无论是想知己还是知彼，本书都还算有点价值。

总体来说，《地缘看世界：欧亚腹地的政治博弈》的内容与《谁在世界中心》是相辅相成的。《谁在世界中心》是在观察中国在海洋中的身位，《地缘看世界：欧亚腹地的政治博弈》则着眼于了解中央之国在欧亚大陆上的定位。更具体点说，是解读与中央之国的形成息息相关的“欧亚大陆中心地带”。也可以认为，这两本书分别是在解读“21世纪海上丝绸之路”和“丝绸之路经济带”的基础地缘。

当然，于我写这些文字的初衷来说，还是希望它们能分享一点看待世界的角度和方法。若能耐着性子读完的话，再去看中国历史以及一些时政新闻，也许会有豁然开朗的感觉。考虑到欧亚大陆作为“旧大陆”对人类文明史的贡献，以及这一中心地带对大陆边缘诸文明的影响，对这片土地做一个系统性的解构，意义其实不止于帮助大家观察中国的历史和未来。

要想更全面了解人类脚下的每一片土地，以及洞悉人类社会如何走到现在这个状态，还需要更多的文字。就我个人来说，幸运的是找到了“地缘”这把钥匙，这份幸运也让“地缘看世界”系列的文字能够持续更新下去。不出意外的话，接下来将会出版一套“地缘三国”。不光为了给大家带来一个不一样的三国，更为了以波澜壮阔的时代为载体，在地缘层面对中央之国核心区的结构做一梳理。

2020年4月5日

目录

第一章

蒙古高原

85°
95°
叶尼塞河
安加拉河
东萨彦岭
西萨彦岭
卡通河
额尔齐斯河
50°
唐努乌拉山
乌布苏湖
库苏古尔湖
色楞格河
吉尔吉斯湖
哈尔乌苏湖
阿尔泰山脉
斋桑湖
塔尔巴哈台山
额尔齐斯河
乌伦古湖
杭爱山脉
准噶尔盆地
古尔班通古特沙漠
博罗科努山
天山
博格达山脉
吐鲁番盆地
戈壁阿尔泰山
塔里木河
库鲁克塔格
嘎顺戈壁
中央戈壁
85°
40°
塔里木盆地
塔克拉玛干沙漠
阿拉善高原
巴丹吉林沙漠
河西走廊
祁连山
阿尔金山脉
昆仑山脉
柴达木盆地
可可西里山
95°
青海湖

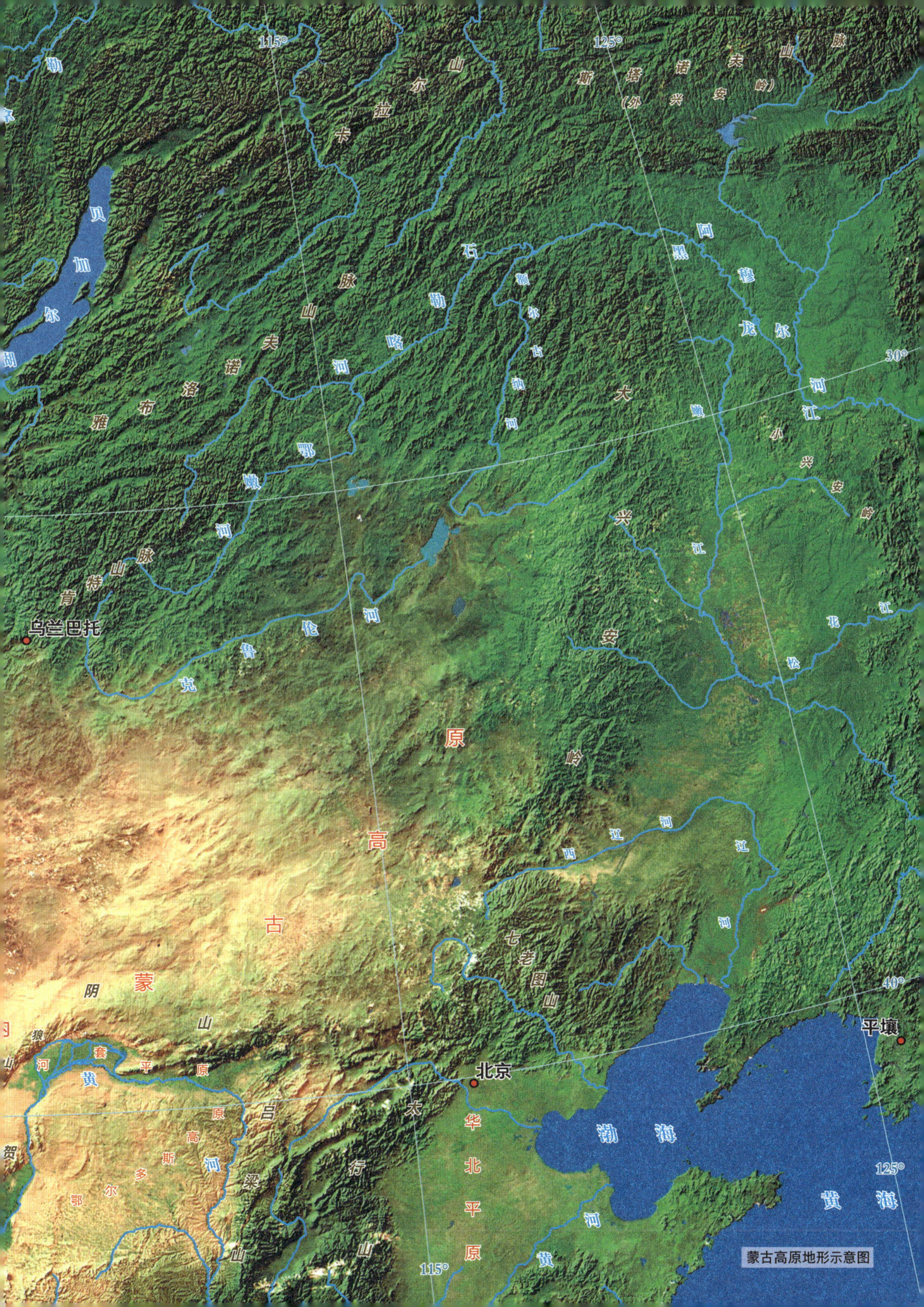

115°
125°
30°
40°
125°
115°
卡拉尔山
斯塔诺夫山脉
(外兴安岭)
贝加尔湖
雅布洛诺夫山脉
石勒喀河
额尔古纳河
黑龙江
阿穆尔河
鄂嫩河
肯特山脉
乌兰巴托
克鲁伦河
大兴安岭
小兴安岭
嫩江
蒙古高原
西辽河
辽河
七老图山
阴山
狼山
河套平原
黄河
鄂尔多斯高原
吕梁山
太行山
北京
华北平原
渤海
黄海
平壤

蒙古高原地形示意图

对于现实的中国来说，东亚、东南亚应当是经略的重点，但从历史的角度来看，北亚对中国地缘政治以及地缘文化的影响无疑是最大的。即使在今天，我们仍然不能忽视来自北方的压力。这里的北亚是地理概念，具体包含两个地理单元，即蒙古高原和西伯利亚。如果从行政区划的角度来看，大致就是蒙古国和俄罗斯的亚洲部分。

在麦金德的理论中，东欧平原是夺取欧亚大陆的枢纽地区，这在欧洲占据了欧亚大陆主导权的时期无疑是正确的。但就整个古典时期来说，位于欧亚大陆中心地带另一端的蒙古高原似乎更应该享有这个地位。最起码对于欧洲人来说，“黄祸”曾经长期是恐怖的代名词。而将蒙古高原的地缘威力发挥到极致的，无疑是匈奴的单于阿提拉和蒙古的可汗铁木真。

就地缘位置来说，东欧平原和蒙古高原具有同等的地位。前者是欧洲游牧文化的发源地，后者是亚洲游牧文化的诞生之所。决定它们是否成为枢纽地区的关键因素并不在于它们自身，而在于它们的邻居，也就是与之相对应的两个边缘地区。换句话说就是，谁相邻的欧亚大陆边缘地区的文明程度更高，谁就能够成为真正的枢纽地区。中国强时则蒙古高原强，欧洲盛时则东欧平原盛。

就目前的情况来看，枢纽地区的称号还是要授予东欧平原。发源于其上的莫斯科公国已经成长为一个横跨欧亚的帝国，尽管它目前有衰弱的迹象，但仍然能够控制大多数的欧亚大陆中心地带。而蒙古高原则已经弱化为一个缓冲地带。

不过，历史总是在发展，随着世界的重心逐渐向欧亚大陆的东面倾斜，蒙古高原亦有可能重新夺回枢纽地区的地位，只不过这次的情况会有所不同。以往在欧亚大陆唱主角的，往往是位于中心地带的民族，特别是古典时期的游牧民族，他们所倚仗的是边缘地区所不具备的机动性。而这一次，边缘地区起到的作用就不会再局限于为相邻的中心地带输入文明了。凭借海洋的力量以及技术的提升，边缘地区已经有力量打破与中心地带的平衡。也就是说，如果现在出现东西方对抗，不再会是由中心地带所发起的向边缘地带的入侵，更有可能的情况是，欧亚大陆两端的边缘地带整合各自一边的中心地带（主要是东欧平原和蒙古高原）来争夺大陆乃至世界的主导权。

从地理结构上来讲，蒙古高原东界为大兴安岭，西界为阿尔泰山脉，北界为萨彦岭、雅布洛诺夫山脉，南界为阴山—燕山山脉。整个高原的主体目前为蒙古国所占据，南部区域基本在中国内蒙古自治区境内，西北部分行政上归属俄罗斯图瓦共和国。

这种行政上的划分结果，更多是源自近代中俄两国的政治博弈。当然，正如我们经常说到的，大部分的行政区划仍需遵循一定的地缘规律，即需要考虑明显的地理特征，以及由此产生的族群差异。就蒙古高原而言，这一规律仍然存在。

第一节 | 阿尔泰语系游牧集团与蒙古高原

在族群划分中，语言分类是重要依据之一。每一种语言的形成，又都与该语言族群所处的地理环境有关。在缺乏文史记录的情况下，将语言分类与地理环境相对应，有助于我们剥离出整个草原的地缘演变规律。

阿尔泰语系游牧民族的扩张

有一个问题是许多人感兴趣的：为什么在整个欧洲大陆的历史中，来自蒙古高原的游牧民族，往往成为周边地区（包括其他游牧区）的噩梦。也就是说，蒙古高原游牧民族，似乎比其他地区的民族，显得更有进取心和战斗力。要解读这一点，我们需要先看看蒙古高原的地缘位置。

从地缘的角度看，欧亚大陆腹地往往与“游牧”二字联系在一起，或者说古典时期欧洲大陆腹地属于游牧民族驰骋之地。造成这种情况的根本原因，在于这片腹地不像西欧与东亚大陆一样靠近海洋，因此形成了相对干旱的大陆性气候。与森林相比，更耐干旱的多年生草本植物在这种气候下会更占优势，因此而形成的草原地带主体被称为“干草原”。

一般认为，欧亚大陆的干草原地带可以一分为二，即由多瑙河平原向东

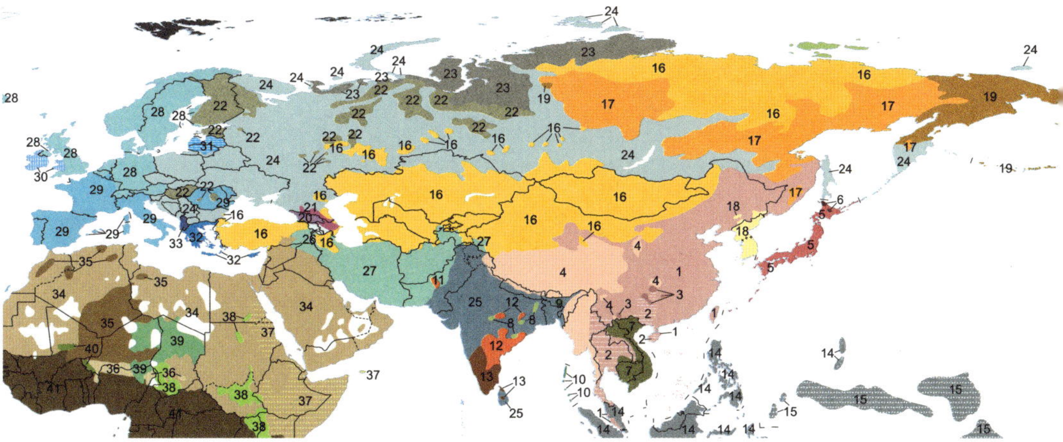

欧亚大陆语言分布示意图

一直到阿尔泰山脉，纵深达 4000 公里的西干草原，和由阿尔泰山到大兴安岭，纵深达 2400 公里的东干草原。从这种分法我们可以看出，东干草原地带其实指的就是蒙古高原；西干草原则包含东欧平原的南部（我们可以称之为南俄草原）以及中亚草原，其中南俄草原是西干草原地带的核心。

南俄草原与蒙古草原的地理差异，在古代造就了两个独立的游牧体系。前者在种族上呈现为高加索人种，也就是一般所称的白种人，语言上则归属于印欧语系。历史上曾经出现的雅利安人、斯基泰人等游牧民族，都归属于这个体系，可以将之称为印欧（语系）游牧集团。至于兴起于蒙古草原的游牧民族，我们就更加熟悉了。这些种族特征呈现为黄种人（蒙古人种）的游牧民族，语言上都归属于阿尔泰语系，可以统称为阿尔泰（语系）游牧集团。中国历史上与中原王朝发生过联系的游牧民族，比如匈奴、突厥、蒙古等，都可以归类于这个体系。

与上述两大游牧体系并立的，还有活跃于北非—阿拉伯半岛的闪含（语系）游牧集团。在这一几乎是在荒漠中求生的游牧集团中，最杰出的代表自然就是阿拉伯人了。从种族特征上看，这一游牧集团属于高加索人种，不过是暗白类型，与东欧、西欧的显白类型有一定区别。

从地理位置来看，闪含游牧集团的活动范围并非属于“世界岛”的心脏地带，而是边缘地区。其扩张区域及博弈对象，主要在地中海周边地区，这也使得阿拉伯人的历史更多是和地中海北部的欧洲历史联系在一起。真正参与大陆心脏地带争夺的，是印欧、阿尔泰两大游牧体系。

在古代战争史中，“马”作为机动力的代名词，对战争的进程起着非常重要的作用。活跃于东干草原和西干草原的游牧民族，之所以能够对周边农业区长期造成巨大压力，正是得益于“人马合一”的生产生活方式。大约6000年前，南俄草原的印欧游牧集团率先驯化了马，并结合车轮这一技术发明，开始了他们的扩张之旅。除了欧洲以外，伊朗高原、印度，乃至中亚、西域这些亚洲地区，都先后成为印欧游牧民族的覆盖区。

马能够最先在南俄草原被驯化，得益于西干草原相对较好的游牧条件。相比西干草原，海拔较高的东干草原气候要恶劣许多。降水的缺乏，使得蒙古草原的载畜量过低，以至更有动机寻找更优质的草原。所谓载畜量，指的是单位草场所能承载牲畜的数量。造成载畜量低的直接原因，是产草量太低。再上溯原因的话，就是蒙古高原恶劣的气候了。相比蒙古高原的恶劣环境，欧洲大陆的草场可以算是地球上最好的草场了。欧洲大陆三面临海、地势平坦的地理特点，使得其全境基本都处在海洋性气候的影响之下。大西洋水汽的全覆盖，也使得欧洲的牧草生长期更长、更多汁，其载畜量要高出蒙古高原数倍。

事实上，在欧洲大陆的生产生活中，畜牧业一直占据着很重要的地位。即使在现代，英、法等国的农业产值中，仍有三分之二是来自畜牧业（法国有三分之一的土地是草场），这一比例在北欧国家甚至高达九成。我们在平时接触到的影视、文学作品中，也能感受到这一点。在这些信息当中，欧洲农村很少有中国常见的在农田中精耕细作的场景，取而代之的是大量畜养牲畜，生产、食用奶制品的片段。这种以畜牧生产为主的农业生产方式为欧洲人带来的好处，就是体质普遍好于东亚农耕区的民族。当然，在东亚民族意识到奶制品对体质的重要作用，并有针对性地弥补这个短板后，这种差距在迅速缩小。

欧洲人在身体条件上的优势（但并不代表是健康的），也许让很多亚洲人羡慕不已，尤其是在这个西方文化占据主导地位的时代。然而，亚洲，尤其是东亚民族，却不用为自己的土地感到自卑。因为说穿了，欧洲的土地之所以侧重畜牧业，是因为它的综合条件比不上东亚。我们很容易在地图上发现，欧洲大陆在纬度上整体要比东亚大陆高出一个层级。以英、法、德为核心的西欧地区，与漠北蒙古高原处在同一区间（纬度）；而北欧的纬度，则已经和西伯利亚拉平了。唯一能够和东亚地区处在同一起跑线上的，就是以亚平宁半岛为代表的南欧地区（意大利）。这样一横向对比，相信大家就能够理解为什么欧洲文明起源于地中海沿岸，以及现代欧洲人为什么那么热衷于跑到地中海去晒太阳了。

问题是，尽管大西洋的湿润水汽能够很大程度冲抵掉高纬度所带来的寒冷，但欧洲半岛的整体环境还是比不上与海洋同样近距离接触的东亚半岛。而有条件大面积种植对气候环境要求更高的农作物，也让东亚地区的人口承载量要远高于面积更大的欧洲大陆。

虽然欧洲大陆在种植业的规模上无法和东亚地区比拼，但当他们选择对环境要求更低的畜牧业作为农业产出的主要生产方式时，却有蒙古高原所无法比拟的条件。那些从森林中走出的原始渔猎民族很快就会发现，他们并不一定要像亚洲游牧民族那样，选择游牧的生活方式。在南俄草原，牧草更长的生长期、更高的产量，使得欧洲人可以选择像农耕民族一样过上定居生活。那些在秋季收割、晒干的牧草，能够支撑他们所畜养的牲畜度过寒冷的冬季。

定居生活所带来的好处，并不仅仅在于可以让欧洲人住上更舒适的木屋

（而不是像亚洲游牧民族那样，住在简陋的帐篷里）。对于人类来说，定居生活意味着能够有时间和精力经营“家”这个概念，并因此发掘出进一步改善自己生活的方法，更促进了人类文明的进步。具体到畜牧这种生产方式来说，开始定居并经营固定牧场的欧洲人，会更有动力通过选育、种植牧草的方式，来提升草场的载畜量——发展到现在，已经有了四季常青的牧场。相比之下，亚洲游牧民族所能做的技术改进，更多是在寻找自然规律，以期有效地利用天然牧场。

即使是现在，我们依然能够在蒙古高原上看到坚持游牧生活方式的牧民。而帮助他们进入定居生活状态，以便更好地接触现代文明，也成为牧区政府的一项重要任务。很多早已超出温饱状态、追求更高精神生活的“小资”，却不认同这种人为干涉的做法。他们认为，在地球的某些角落保持一些原始的生活状态，让他们有机会走马观花般体验一下，能够让他们的精神世界获得极大的满足，并体现所谓的人文关怀。只可惜，让牧民年复一年地在青藏高原或蒙古高原持续这种生活状态并不容易，若干年后，能坚持下来的就屈指可数了。

对于“小资”一族来说，看似与自然和谐相处的游牧生活方式，处处显露出浪漫气质，但对于古典时期生活在干旱地区的游牧民族来说，选择游牧生活方式其实是出于无奈。在集高海拔、高纬度、低湿度于一体的蒙古高原上，你很难找到一片草场能够供给牲畜全年所需的牧草。为了生存下去，蒙古高原中部和东部平原的游牧部落，必须在一年当中迁徙 3~8 次。其迁徙半径，中部地区约在 10~20 公里，东部地区约在 30~50 公里。

就游牧生活方式而言，能够在水资源丰富的低地草场上生活，其实也是一种幸福。相比而言，那些在戈壁荒漠中凭借有限的、低矮的荒漠草场生存的部落，以及在高原西部以山地草原为主的区域内生存的部落，一年当中的迁徙强度和半径要大得多：每年 10~15 次的迁移频率，以及 100 公里以上的游牧半径，是他们的基本生活状态。辛劳是必然的。

相较于农耕民族对生存环境所做出的改造努力，游牧生活方式对自然环境的改造几乎为零。这也意味着他们对灾难的抵抗能力更低。一旦遇上大的自然灾害，相互之间的生存竞争几乎是不可避免的。对于处在农业区边缘的游牧民族来说，他们的幸福之处在于，那些辛勤耕种的农民家中总是储备着丰富的物资可以“取用”。当然，文明发展到一定阶段，游牧民族试图无偿取得这些储备物资时，通常会引发道德层面上的问题。然而，当你一直生活在丛林法则中，这种掠夺方式和针对动物的渔猎行为之间并没有本质区别。

现在我们知道了，阿尔泰游牧集团在蒙古高原遇到的困难，要远大于印欧游牧集团在南俄草原遇到的困难。不过，事物总是两面看的，为了适应这种恶劣环境，蒙古高原的游牧民族也形成了惊人的耐力和战斗力。更为重要的是，除了已经适应高原生活的他们，其他地区，包括西干草原的游牧民族，对这片苦寒之地都没有太大的征服欲望。反过来，东干草原的游牧民族更有动力向周边更温暖、水资源更充足的地方迁移。在印欧游牧集团的先发优势丧失殆尽后，来自东干草原的阿尔泰游牧集团开始以不同的民族标签一次又一次地向西扩散。由此导致的一个后果是，曾经为印欧游牧集团所占据的中亚地区，逐渐被阿尔泰语系民族所覆盖。另一个后果则是，欧洲人的历史中从此出现了“黄祸”这个让人闻之色变的词语。

蒙古戈壁与蒙古高原的地理分区

对于大多数生活在低地的人来说，高原的概念很多时候是模糊的。其实高原只是整体海拔较高，其内部同样会有相对的高、低之别。草原是蒙古高原的经济基础所在。不过，在这片高原之上，除了连片的草原之外，还存在大片缺少雨水或河水润泽、被称为戈壁的土地。

戈壁属于荒漠的一种，在蒙古语中有石头、干旱的意思。不同于沙漠，戈壁所呈现的地貌特征主要为大片裸露的砾岩。在大风和远古洪水的侵蚀之下，地壳表层土壤被带走，进而露出下层的岩石。这些岩石又

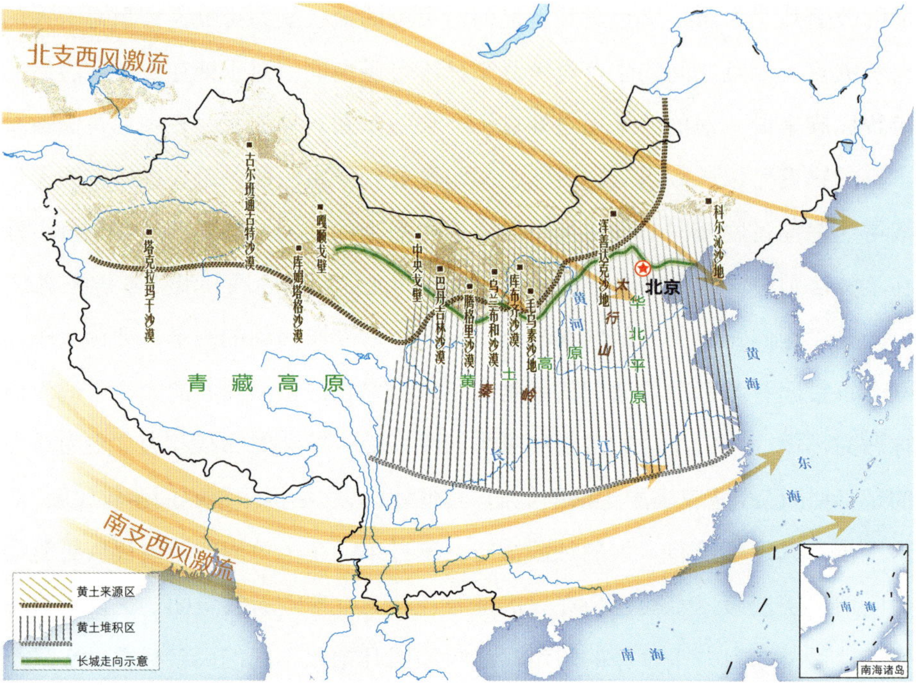

黄土搬运路线示意图

继续被风蚀为大小不一、类似卵石的石块（表面没有水蚀而成的卵石那么圆滑）。

蒙古高原每到冬季必然刮起强烈的西北风，这是戈壁地带土壤丢失的直接原因。当然，如果再追根溯源的话，这笔账还得算到北面的西伯利亚身上。不过，在人力无法改变风向、风力的情况下，这股每年影响我们生活的西北风的形成原因到底是什么，暂时也没那么重要了。

作为中国人，也不要只是抱怨西北风对我们生活的影响。要知道，那些经年累月从蒙古高原风运而来的土壤，在受到秦岭等高大山脉阻拦后，大都落到了中国西北的黄土高原上，部分黄土又由黄河搬运至下游，积淀成为现在的华北平原。如果大家认同华夏文明起源于黄河中下游这片黄土地的话，那么感恩一下为此付出生态代价的戈壁也是应该的。

然而，随着时间的推移，西北风为长城以南地区带来的不再只是黄土了。在表层土壤几乎丧失殆尽后，砾石表层会进一步被风化成细碎的沙质，并且在风力的作用下沿着相同的路径南下，受阻于高大山脉或者高原后，进一步在戈壁的南部边缘形成沙漠。这也造成了一个地理现象，那就是蒙古国境内并没有连片的沙漠，中国内蒙古自治区南部则有一条断续的沙漠和沙地（未完全沙漠化的土地）带存在，比如河西走廊地区的巴丹吉林沙漠、腾格里沙漠，陕北高原北部的毛乌素沙地，以及大兴安岭西南端的浑善达克沙地。有鉴于此，将这片荒漠地带统称为戈壁沙漠会更为准确。

中国古代为防御北方威胁而建筑的长城实际上是一条农业线，或者说土地、气候能够支撑大规模农业生产的边际线。在沙漠化的影响下我们会发现，上述沙漠和沙地带大体正是沿着长城北麓在延伸。很多没有高地依托的长城墙体，甚至已经湮灭于沙漠之中了。进入工业时代以后，蒙古高原的地缘政治影响力已大不如前，然而当我们从更深层次了解这片土地与华夏文明的关系及对环境的影响后，就会发现，研究这片高原之地的前世今生，依然有着很强的现实意义。

先来看看这条横贯中国和蒙古边境的戈壁沙漠带到底包含哪些区域。在地形图上寻找到这片荒漠的边缘，并不是一件容易的事。因为它本身并不像盆地、河谷那样，有明显的山体作为板块边缘，很难在地图上一目了然地显示出来。而了解这片戈壁荒漠的分布范围，对于我们解读古代游牧民族的地缘结构，却有着非常重要的作用。因为在中原王朝与蒙古高原游牧民族长达两千多年的地缘博弈中，这片辽阔的荒漠区，极大地影响了双方之间的博弈方式。

虽然说很难从地形的角度一眼看出蒙古戈壁的地理边界，但通过河流水系分布，还是可以确定这片干旱之地的范围。由于表面干旱的原因，戈壁地区的水资源主要存在于地下，地面河流几乎都是以季节河的形式存在。即使是靠近高大山脉的戈壁边缘地区能够四季获得山地补水，那些山地之水所汇集而成的河流，通常也没有机会冲破大漠戈壁的阻隔，汇入一条最终能够入海的大河。这种不能走百川归海模式的河流，被称为内陆河。

可以说，如果你在地图上看到一条河流是内陆河的话，那么它所处的就是荒漠区了。再进一步说的话，在亚洲腹地，但凡没有被外流河流域覆盖的区域，基本就可以被归类为荒漠区了。需要注意的是，这些荒漠区当中如果包夹有高大山脉的话，那么山脉将有机会拦截更多的水汽形成降水。这些降水不仅能够让山脉披上绿装，更能够在山麓的荒漠地带滋养出一块块绿洲，而这些可农可牧的绿洲，往往就是农业、游牧两大集团争夺的焦点。

为了便于大家理解，我们可以把蒙古国境内的戈壁地带称为“外蒙古戈壁”。从大兴安岭西南一路向西绵延至准噶尔盆地的整个荒漠地带中，“外蒙古戈壁”居于核心地带。古人对于整个蒙古高原游牧区向来有漠南、漠北之说，简单来说，“外蒙古戈壁”之南即为漠南地区，北边的蒙古草原则为漠北地区。

除了向内蒙古地区渗透以外，戈壁地带其实还一路向西延伸至阿尔泰山与天山之间的准噶尔盆地。向西南方向扩张的高原游牧民族，可以在跨越这片戈壁之后，向天山南北的草原、农业绿洲渗透。在突厥汗国时代，向这个方向扩张的突厥势力被称为西突厥；而在蒙古人控制北方草原时期，进入准噶尔盆地及其以西、以南地区的蒙古部落，则被称为漠西蒙古。

现在我们知道了，如果结合蒙古高原游牧民族的活动区间和“外蒙古戈壁”这个分隔区来看的话，可以划分出漠北、漠南、漠西三个区间来。不过从地形和地缘角度来说，漠西并不属于蒙古高原，因此对它的解读会放在“西域”部分。真正在古代对长城以南地区构成直接威胁的，还是戈壁以北的那片高原。

我们可以在蒙古国的行政划分中找到“外蒙古戈壁”的大致范围。在蒙古首都乌兰巴托南部，有四个名带戈壁的省份：中戈壁省、南戈壁省、东戈壁省，以及面积较小的戈壁苏木贝尔省；在更远的西南方向，还有戈壁阿尔泰省。这五个以戈壁地貌为主的省份，面积加起来就有55.5万平方公里了。而整个蒙古国的面积，也不过156.65万平方公里。

蒙古行政区划示意图

比之纯粹的沙漠地带，戈壁要相对“养人”一些，尤其是靠近戈壁边缘及高大山脉之处，甚至能滋养出连片的草场。这主要是因为那些砾岩的缝隙之间还存有少量土壤，能支持一定数量的植物生长。只不过这种荒漠化草原不仅生态系统十分脆弱，产草量也非常低。

在这样贫瘠的土地上，无论野生动物、牲畜，还是人类本身，密度都不可能太高。数字能带给我们更直观的感受。在耕地面积仅占总国土面积 0.3% 的蒙古国，其人口密度约为 2 人 / 平方公里。是不是感觉已经很低了？尤其是在和已经将 6.71% 的土地开发成耕地的中国内蒙古自治区（人口密度约为 21 人 / 平方公里）对比之后。然而，在戈壁地区每平方公里土地只能承载 0.4 人左右的数据面前，估计读者已经能够嗅到一丝绝望的气息了。

尽管戈壁地区的游牧条件非常恶劣，但比起纯沙漠区，穿越的难度还是要低很多。即使在没有草场的纯戈壁滩中，地下往往也有丰富的水资源（可以掘井），能够为小规模的游牧部落及南下的游牧大军补水。这也是漠北草原与漠南草原在地缘上能够紧密联系在一起，并且长期对长城以南地区构成压力的根本原因。反观横亘于非洲北部的撒哈拉大沙漠，地缘阻隔力度就要大得多了。以至很长一段时间，其南部的非洲都如一个地缘孤岛般自我循环。

需要说明的是，即使以“外蒙古戈壁”的南缘为线，将蒙古高原简单划分为漠南高原、漠北高原两部分，漠南的概念也不能与中国内蒙古自治区画等号。这是因为，今天的内蒙古自治区还包括属于漠北部分的呼伦贝尔草原及锡林郭勒草原。

相比中国的漠南地区，大家对漠北的地区结构要陌生得多。这部分土地，今天并非为蒙古国所全部拥有。17 世纪沙俄东扩，及 20 世纪初“帮助”“外蒙古”地区独立时，先后占据了两个让很多中国人魂牵梦萦的地理单元——贝加尔湖地区及唐努乌梁海，以至我们今天可以单列出“俄属蒙古高原”这样一个地缘政治单元来。

不过，以漠北高原的地缘结构来说，上述两个地理单元只能算是边缘板块。在后面的内容中我们会看到，两千多年前，这两片土地第一次为中原王朝所知晓，是因为两个被匈奴流放于此的汉臣——李陵和苏武。至于漠北高原的核心区，则在“俄属蒙古高原”与“外蒙古戈壁”之间。

第二节 | 漠北

整个漠北高原的核心区可以分为三部分，山脉再一次显示出了它在板块分割问题上的绝对优势。作为蒙古高原的主体，漠北高原的范围东起大兴安岭，西至阿尔泰山脉。这两条将漠北高原与东北平原、西域分割开来的山脉，整体呈现为一个上宽下窄的倒八字形。在这个“倒八字”之间，还有两条体量较小的山脉——肯特山及杭爱山组合而成的另一个“倒八字”。

四条两两相对的山脉，将整个漠北高原核心区分为三个类盆地板块：东部的黑龙江上游草原、中部的色楞格草原，以及西部的大湖盆地。纯粹做地理解读，是不是有点枯燥？没关系，接下来我们就结合历史、人文、气候等多重因素，从地缘角度带大家去了解这片既熟悉又陌生的土地。

色楞格草原

对于游牧民族的生产生活方式，一直以来有一句很写实的概括——逐水草而居。就杭爱山来看，这其实也是农耕民族的需求。哪里有水，能生长自身生存所需的植物，哪里就是家园所在。相比游牧民族靠天吃饭、居无定所的生活方式，农耕民族的生产方式决定了他们要通过改造自然环境来提升一块土地的

俄罗斯
斯塔诺夫山脉
（外兴安岭）
哈萨克斯坦
伊尔库茨克
克孜勒
乌兰固木
乌列盖
恰克图
呼伦贝尔
乌兰巴托
车车尔勒格
乌里雅苏台
阿尔泰
西乌尔特
赛音山达
锡林浩特
达兰扎德嘎德
乌鲁木齐
哈密
敦煌
嘉峪关
呼和浩特
包头
赤峰
沈阳
北京
天津
俄属蒙古高原
漠北地区
蒙古
外蒙古戈壁
中华人民共和国
漠南地区
大湖盆地区
色楞格草原
呼伦贝尔高原
锡林郭勒草原
准噶尔盆地
古尔班通古特沙漠
吐鲁番盆地
巴丹吉林沙漠
腾格里沙漠
毛乌素沙地
浑善达克沙地
科尔沁沙地
渤海
辽东湾
罗布泊
博斯腾湖
贝加尔湖
库苏古尔湖
呼伦湖
贝尔湖

漠北地区及周边示意图

产出。不过，以蒙古戈壁的自然条件，即使是有现代技术支撑的我们，也很难将其改造为一片绿色之地，更别说是古人了。因此，无论是对蒙古戈壁，还是对它以北那片有水有草的高寒之地，中原王朝都很少表露出兴趣。

尽管蒙古戈壁的自然条件注定它不可能成为游牧民族的核心草场，但游牧民族的生产生活方式却使得他们更容易在这片干旱之地中机动甚至小规模生存，这也使得这片干旱之地事实上成为游牧民族的地缘优势所在（“我比你更适应”）。不过，仅凭戈壁滩所蓄养的那点人口，是无法对长城以南的农耕者造成长达两千多年困扰的，游牧民族需要一片真正水草丰美之地，来提升自己的人口基数。

前面我们为漠北草原划出的三个板块中，被肯特山、杭爱山包夹形成的色楞格草原在位置上当属中心板块。色楞格草原之名来自色楞格河。色楞格河发源于杭爱山北端，注入东北方向的贝加尔湖，是蒙古高原上最大的河流。其整个流域面积达 45 万平方公里，由兴安山脉（雅布洛诺夫山脉）、肯特山、杭爱山、唐努乌拉山、东萨彦岭等山脉合围而成。

这个类盆地区域内部的一个重要特点，就是河流众多且分布均匀。由周边山脉上流入腹地的河水，首先汇集到一起（色楞格河），然后向北注入贝加尔湖。也就是说，从水系的角度来看，蒙古高原的这一中心板块是被扇形分布的色楞格河水系均匀覆盖的。

这种地势低缓、水源充足的结构，无疑有利于形成连片的草原，这也让色楞格河水系地区成为众多游牧民族的驻地，比如最先统一蒙古草原的匈奴，最初正是活跃于色楞格草原的一支游牧部落。不过，需要注意的是，在划分地缘板块时，色楞格河下游靠近贝加尔湖的部分，并没有被归入色楞格草原的范畴中。

这样分割的依据，并不仅仅是因为这一地区目前已经成为“俄属蒙古高原”的一部分，更是因为在环境的变化下，贝加尔湖周边地区的地带性植被已经变成以寒温带针叶林为主。贝加尔湖西南至俄罗斯、蒙古接壤的色楞格

色楞格草原及周边示意图

河下游地区，整体则归为过渡性的森林草原地带。半游牧半渔猎经济，是这一地区的生活写照。以至在成吉思汗统一蒙古高原时，生活在贝加尔湖周边地区的部落还被称为“林中百姓”。

理解了贝加尔湖周边地区的植被变化，也就不难理解1727年（雍正五年）清朝与沙皇俄国签订新边界条约时，会以今天俄罗斯、蒙古边界的恰克图为界，将整个贝加尔湖周边地区“让”给俄国人。因为对于蒙古草原来说，恰克图以北已属可有可无的边缘地区。即使清王朝的统治者出于自身地缘属性的原因，较以往诸中原王朝更加关注漠北及草原民族的利益，也不认为贝加尔湖及其周边地区属于应该竭力争取的范畴。

今天再回顾那段历史，肯定会有很多人扼腕叹息，尤其是在得知作为世界上最大最深的湖泊，贝加尔湖居然贮藏着全球五分之一的淡水后。然而，此一时彼一时，受限于当时的生产力，今人很难要求当时的人会想到有朝一日能够从贝加尔湖及其周边地区的资源中受益。就像我们的祖先曾经大规模围湖造田，放在现在一定会被环保主义者所诟病。

匈奴是已知最早崛起于色楞格草原的游牧势力。作为中央之国打通陆地丝绸之路的推手，这个崛起于两千多年前的草原帝国，在本书以后的内容中还会经常出现。在地理环境没有发生根本性变迁的情况下，解读匈奴时代的草原结构，及其与中原王朝之间的博弈，将为我们找到打开两千年来东亚、北亚地区地缘关系之锁的钥匙。

匈奴最初只是游牧于蒙古高原色楞格草原的一个部落之名。只不过这个部落最终在高原内部的竞争中脱颖而出，建立了统一的政治体系，遂顺势成为当时整个北方游牧民族共同的称呼。（后来所谓的“突厥”“蒙古”，也是如此。）因此，我们其实不用太纠结于北方那些游牧民族到底应该如何分类。事实上，只有那些以相对独立的形式在亚洲地缘政治版图上占得过一定位置的游牧部落，才有可能被历史记住，否则就只能湮没在历史当中，并被更强大的民族所代表了。

尽管在地理命名上，色楞格河凭借自己的长度优势，取得了代言整个流域的荣誉，但就色楞格草原，甚至整个漠北地区的情况而言，最重要的河流却是色楞格河东岸的鄂尔浑河。从位置上看，鄂尔浑河更偏向于整片草原的中轴线，更为重要的是，它的东西两个源头，分别指向杭爱山的东南端和肯特山的东南端。为示区别，指向肯特山的这个源头，被命名为图勒河（匈奴称余吾水）。

杭爱山与肯特山这两座呈倒八字形排列的山体，像一座半开的大门一样，让开了色楞格草原南出戈壁的战略通道。居于其间的鄂尔浑河及其支流图勒河，则呈人字形封堵住这个出口。而鄂尔浑草原在相对较低的纬度，在其他条件类似的情况下，相对较低的纬度能使年平均气温更高些，进而让草的生长期更长一些。

虽然游牧民族习惯于逐水草而居，但如果想要从政治角度将草原诸部统一起来，主导者还是需要选择一个“风水”比较好的地方扎下他的大帐，甚至像定居民族那样建造一座真正的都城。无论从生产、生活还是军事方面考虑，背山靠水之地都是定居筑城最好的选择。

结合鄂尔浑草原与肯特山、杭爱山之间的地理关系，我们会看到，历史上无论是谁统一草原，其所选择的定都之地，都是在鄂尔浑河靠近山脉南端的两个源头之处。比如位于肯特山西南麓、图勒河畔的匈奴单于庭，以及今天蒙古国的首都乌兰巴托；位于杭爱山东南麓的鄂尔浑河正源河谷处的突厥、回鹘牙帐（都城），以及蒙古帝国的都城哈拉和林。

以哈拉和林遗址及乌兰巴托这两座有迹可寻的新旧蒙古都城来定位的话，二者之间相距的315公里开阔地带，便是肯特山与杭爱山之间的近端距离，同时也是色楞格草原通过戈壁沙漠的大门所在。当然，戈壁本身并没有什么好期待的，重要的是通过这片荒漠才能抵达漠南及看见长城。控制二者之间的草原地带，不仅意味着得到了一片水草丰美的草原，更意味着掌控了整个草原通往戈壁沙漠、进而南下农业区抢掠的主动权。

尽管就色楞格草原的地理环境来说，乌兰巴托及哈拉和林一带，无论从哪个方面看都是最好的都城选择，但在东亚核心区的农耕民族看来，这种差别相当于没有差别。因为即使是乌兰巴托一带，平均气温低于零下15摄氏度的冬季也长达五个月，在气温最低的1月份，平均气温甚至能低至零下30摄氏度。这样的气温条件，加上较低的降雨量，别说是支撑古典时期的农耕生产方式，即使是已经适应了环境的游牧民族，能够从土地上收获的资源也是有限的。（所以蒙古国现在的人口也不过几百万。）

由于无法在漠北进行大规模农业开发，历史上汉、唐、明等多个中原王朝，虽然曾深入漠北显示自己的力量，但总的来说，都属于“以攻代守”的防御手段。除了消耗对手的战争潜力（人口和牲畜），使其在很长一段时间内不得不休养生息以外，更多是在告诫游牧者，大漠戈壁并非农业文明的禁区。而单从经济角度看，这种劳师远征是非常不划算的。

可以说，如果漠北草原的游牧势力不南下对长城沿线构成威胁的话，中原王朝是绝对不会理会这片没有耕种价值的土地的。这同时也意味着，一般情况下匈奴人和其他游牧民族在漠北高原的整合工作，也不用考虑远在阴山—燕山以南的农耕民族的影响。

然而，华夏农耕文明在成长过程中并非只受到过漠北草原的影响。在中央之国成形的周王朝时期，阴山以南的河套地区，陕西、山西的北部高原地区，都曾经活跃着互不相属的游牧民族。只是在经历过春秋战国时代的重塑期之后，不仅华夏内部趋于统一，那些在黄土高原边缘的游牧区域基本上也都被华夏文明覆盖了。

公元前 3 世纪初，赵、燕两国开始在阴山—燕山一线修筑长城，意味着华夏农业区在北方地理环境边界趋于稳定。也正是从这一时期起，以匈奴为代表的游牧势力开始出现在长城之北。这条农牧分界线非常稳定，14 — 16 世纪修筑的明长城与 2200 多年前的秦长城相比并没有突破，有些地区反而因为环境的恶化出现了大幅南移的情况。其中最典型的，就是后文会解读到的河套地区。

回到匈奴整合草原的问题上来。如果匈奴想代表游牧文化向趋于统一的中央之国发起新一轮冲击，首先要做的不仅是让戈壁以北的势力取得共识，还必须跨越戈壁，征服漠南地区的游牧部落。匈奴一族为赵、燕等国所知晓的公元前 3 世纪初期，应该就是匈奴统一色楞格草原诸部，并开始染指漠南草原的时段。在这个过程中，赵、秦两国对黄土高原北部那些原本活跃着楼烦、义渠、林胡等民族的游牧之地的征服，客观上削弱了漠南游牧者的地缘潜力，使得在随后的两千多年中，整个北方游牧势力的主导权一直掌握在漠北草原的控制者手中。

对于匈奴来说，统一色楞格草原仅仅是他们建立游牧帝国的第一步。在蒙古高原之上，他们还有很多板块和部落需要征服。单从方位上来看，匈奴人在征服这片漠北中央草原之后，可以向东、南、西、北四个方向继续扩张。

向北的话，匈奴人最多能够把控制线北移到贝加尔湖以南那片被我们标注为“俄属蒙古高原”的森林草原地带。至于贝加尔湖以北地区，并没有特别的价值。以小的板块命名角度来说，这一地区被叫作外贝加尔高原，而从大的划分来看，整个贝加尔湖以北、一直到北冰洋的西伯利亚中部地区，被称作中西伯利亚高原。至于整个西伯利亚的地理环境，即使没有后面专属章节的分析，大家也应该能够感觉到，在古典时期的技术条件下，向这一片永久冻土带索要生存之地，是非常不明智的。

既然继续向北深入西伯利亚地区是一件没有价值的事情，那么向南穿越“外蒙古戈壁”以寻找温度更高的草场，应该就是最好的选择了。从大的方向来看，这种选择并没有问题。匈奴后来也的确把扩张重心放在了漠南，并以之为跳板持续对长城防线施压。问题是，无论在漠北还是在漠南，匈奴都面临着另一个叫作东胡的游牧集团的挑战。到后面我们会发现，如果按先秦时的归类标准来看，中央帝国两千多年来面临的游牧威胁，其实就是从所谓“胡”与“东胡”两大集团中分化出来的。

在展开漠北高原外另两大核心地理板块之前，我们先来厘清一个方位问题。左、右是中国古代常用的方位词。在华夏文明的左、右方位观中，充当参照物的是河流。当以一条河流为参照物定位时，你的脸应该朝向下游方向，并以左、右手的位置来定位河流的左、右两岸。这一认定的形成，源自东亚农耕民族迁徙或者说开发的方向。对于种植者来说，随着农业技术的提升及水患治理水平的逐渐提高，整体呈现出从河流上游高地向中下游低地扩散的趋势。

如果按照这种农业区习惯来认定方位的话，以色楞格草原为中央核心区的匈奴人，应该把杭爱山以西地区视作左翼、肯特山以东地区视为右翼。然而事实并非如此，匈奴人的方向认定正好与南方的农耕者相反。在匈奴统一漠北草原之后，为单于经略杭爱山以西大湖盆地区的贵族被称为右贤王，肯特山以东黑龙江上游草原的副手则被任命为左贤王。

造成这一差异的原因在于，北亚河流的整体走向及下游环境与东亚存在本质区别。如果匈奴或者其他漠北游牧部落也把扩张生存空间的希望放在河流的下游，那么等待他们的不仅仅是北方那些无法游牧的寒温带针叶林带，更有令人绝望的永久冻土带。相比之下，南方更加温暖的草场及富庶的农业区显然更有吸引力。当漠北游牧者习惯于把目光投向南方时，左、右之位也就定下了。

对于匈奴人来说，高原左、右两翼的开拓同样重要。只有把这些同样住在毡房里、逐水草而居的部落结为一致行动者，匈奴才有足够的力量与正在统一的中央之国对抗；另一个技术原因则在于，如果匈奴不能统一整个蒙古高原的话，那么他们即使能够穿越蒙古戈壁，并在汉地获得额外的资源（或交换，或劫掠），也难保自己的后方不被其他游牧民族所侵袭。

相比中央之国正在强化的中央集权制，匈奴人建立的草原帝国结构要松散得多，就其内部的组织架构而言，与中央之国之前盛行的分封制颇有些类似。各大小部落都有自己相对固定的草场，而这些部落之间，又分级管理。其中，左、右贤王的政治地位仅次于单于。相对于之前各自为战，仅以原始的血缘关系来区分敌友的状况，匈奴能够建立这样一套草原分封体系，已经是很大的进步。后世的诸草原政权，在组织结构上同样遵循这一草原分封原则。

从地缘位置来看，色楞格草原是蒙古高原，尤其是漠北的绝对中心。无论最终统一草原的部落最初崛起于何方，色楞格草原最南部通常都是新草原帝国地缘政治中心的选择，具体地说，就是杭爱山与肯特山南端之间，鄂尔浑河、图勒河上游地区（这两条河流是色楞格河最南端的两条支流，分别发源于杭爱山南端和肯特山南端）。比如匈奴帝国的龙城、突厥汗国的汗庭（于都斤山）、蒙古帝国的哈拉和林，以及现代蒙古国的首都乌兰巴托，都在这个地理中心。

黑龙江上游草原

就色楞格草原东西两侧的情况来说，右翼的地形明显要复杂一些，比较下来，左翼就显得平缓多了。在这里，我们要先解读一条山脉——兴安山脉。“兴安”一名，中国人并不陌生。作为东北平原西部和东部边界的大兴安岭和小兴安岭，是我们自小在地理课本中见过的名词。除此之外，关心历史的朋友一定会知道大兴安岭北边的外兴安岭。这几条喇叭形交会的山岭，共同围就了外东北地区。

上述三条山脉合称为兴安岭。在它们的西部、贝加尔湖以东的俄罗斯境内，还有一条兴安山脉与之相连。这四条山脉组合在一起，形成了一个爪字形结构。兴安山脉就是这个“爪”字的最左一撇。不过，大家在地图上未必找得到这条山脉，鉴于这条山脉现在属于俄罗斯，因此常见地图上标注的是它的俄文名称——雅布洛诺夫山脉，一如外兴安岭的正式名称现在是“斯塔诺夫山脉”一样。

之所以先指出兴安山脉的存在，是因为它与大兴安岭、肯特山脉一起，三面围就了蒙古高原的左翼地区。比南部戈壁区要幸运的是，这些走向基本与海岸线平行的山脉，能够帮助这个簸箕状地理单元从太平洋季风中得到相对不错的降水量。这些降水汇集而成两条主要河流——北部的鄂嫩河（下游称石勒喀河）和南部的克鲁伦河（额尔古纳河）。

与蒙古高原腹地的河流形成一个完整的色楞格河水系，并最终注入贝加尔湖一样，这两条发源于肯特山东坡的河流，在大兴安岭与外兴安岭相交处的缺口合流汇入中俄边境的黑龙江，并最终注入太平洋。从位置上看，它们相当于黑龙江的南、北两源，这也是为什么我们要将整个板块打上黑龙江上游草原的标签。

一个区域的河流能够外流入海，本身就证明它更有机会产生水草丰美之地。有了这些生命之源，蒙古高原左翼，特别是靠近大兴安岭，同时能够受大兴安岭西麓河流补给的区域，植被覆盖状况就要理想得多了。历史上，黑龙江上游草原也是蒙古帝国的兴起之地。其中，鄂嫩河又叫斡难河，在成吉思汗统一蒙古诸部和明成祖朱棣远征漠北的战事中，这一地区都曾经进行过决战。

黑龙江上游草原及周边示意图

鄂嫩河不是黑龙江北源的全部，它与另一条发源于肯特山北端的河流音果达河合流之后，被统称为石勒喀河。需要注意的是，目前整个流域中只有鄂嫩河上游河段属于蒙古国，沿兴安山脉北上的大部分流域，则与色楞格河下游一样，属于俄罗斯外贝加尔边疆区所辖。

水并非决定生存环境的唯一因素。在北亚这种高海拔、高纬度地区，温度的影响会显得同等重要。也就是说，如果不缺水的话，越靠近南边的河流流域，就越适合人类生存。从这个角度说，鄂嫩河—石勒喀河流域算得上是整个流域中最精华的部分。同理，位置更偏南的克鲁伦河流域的草场，又要比鄂嫩河流域的草场更为优质，以至在蒙古文化中，克鲁伦河被视为母亲河（匈奴时代称弓卢水）。

大多数情况下，人类遵循着从河流上游向下游方向迁徙的规律，不过在追寻信仰的原点方面，这一规律却正好相反。能够成为一条母亲河起点的高大山峰，既能够从技术层面将山、水两大地缘要素联系起来，又足够让观者产生敬畏感。因此，在世界各民族中，往往存在着圣山崇拜的文化。这些圣山又都与崇拜者所依存的某一水系相连。

今天被蒙古人视为圣山的不儿罕山，正符合上述规律。这意味着，作为肯特山脉的最高峰，不儿罕山同时还是克鲁伦河的源头。遵循这一规律，我们也可以沿着图勒河（余吾水）上溯，找寻当年霍去病大破匈奴之后祭天的狼居胥山在肯特山脉的大致位置。

除了让人心生敬畏的源头部分以外，克鲁伦河靠近大兴安岭的另一头也同样让人印象深刻。在从肯特山东坡源出，并横穿整个蒙古国东部之后，克鲁伦河流入中国境内，在大兴安岭西麓之水的共同作用下，形成了蒙古高原最为优质的草原——呼伦贝尔大草原。呼伦贝尔大草原得名于两个湖泊，一个叫呼伦湖，一个叫贝尔湖。其中面积较大的呼伦湖完全位于中国境内，南部面积较小的贝尔湖则充当着中蒙两国的界湖（93% 的水域归属于蒙古国）。不过，这两个相通的湖泊并非克鲁伦河的终点，在溢出湖面之后，克鲁伦河从板块南部收集而来的雨水，又开始更名为额尔古纳河，并沿着大兴安岭西麓的中俄边境北上，在与石勒喀河汇合之后形成黑龙江干流。

在蒙古高原游牧体系中，像克鲁伦河和呼伦贝尔大草原这样的自然条件，注定会成为一个各方聚焦的关键板块。力图统一蒙古高原，建立第一个游牧帝国的匈奴，当然更不会放过了。只是，在匈奴所代表的色楞格河游牧部落联盟准备越过肯特山向东发展之时，发现这里并非无主之地。一个在中国历史上同样占据了重要地位的边缘族群——东胡，正在经营着包括呼伦贝尔草原在内的大兴安岭西麓草场。

正如古典时期很多纠缠不清的边缘民族一样，东胡的面目也同样模糊不清。很多时候，大家纠结的是东胡到底是什么人种、应该包括哪些民族一类的问题。其实这些问题讨论起来并不会有结果，也不会有太大的意义。因为即使我们有机会穿越回去，没有文字记录历史的游牧民族，也未必说得清自己的历史。

事实上，对于游牧民族来说，所谓血统并不是最重要的。恶劣的环境，使得他们珍惜每一个可能为己所用的潜在劳动力（战士），并养成了“养重于生”的观念。也就是说，后天能否成长并融入自己的部族，意义远大于血统的来源。在这种观念指导下，那些从战争中掠夺而来的人口，只要愿意，都可以成为他们当中的一分子，尤其是那些文化归属感尚未形成的幼童。

游牧文化这种拿来主义的务实做法，甚至不会受到人种的限制。正因为如此，我们在繁杂的历史记录中，经常能够看到对一个游牧民族有不同的种族特征描述。直到今天，在网络上讨论某一古典游牧民族的人种，依然是很多人热衷的话题。当然，这类讨论的最终结果一般都没有结果。

东胡作为一个独立的游牧集团出现在华夏文明的视线中，最初也是在匈奴崛起时代。在中央之国开始把匈奴人叫作“胡人”的时候，那些居于匈奴之东、肯特山直至大兴安岭区域的游牧民族，就被称为东胡了。事实上，东胡之所以能够以独立面目出现在中央之国视角的游牧体系中，并非因为其人种、源流和匈奴有明显的区别（前面也说了，他们自己都未必搞得清楚）。造成这一点的基本原因，是肯特山以东的蒙古高原本来在地理结构上就呈独立状态，是蒙古高原的二级地缘板块。相比之下，这些依托黑龙江上游河流和大兴安岭的游牧部落之间，更容易发生交集和博弈，并形成和色楞格河流域有一定区别的地缘文化。不过，在地理条件上有机会自成体系，并不是东胡之族让历史记住的主要原因。其根本原因，还是在于蒙古东部的这个地缘板块在古典时期曾经成就过许多影响到中央之国历史进程的著名游牧民族，如鲜卑、契丹、蒙古。而按照地缘位置归类，它们都被认定和公元前的东胡有亲缘关系。这些被很多历史研究者认定同出东胡体系的族群之间的共同特点，就是兴起之地都在蒙古高原的东部。

一个能让两千多年前的中国人感受到的“胡”与“东胡”之间差异的特征，很有可能是二者在语言上的差异。语言学家将曾经覆盖整个北亚、东北亚地区的语言归为阿尔泰语系。阿尔泰语系又分为三大语族，分别为突厥语族、蒙古语族以及通古斯语族。这当中最为成功的当属突厥语族，从小亚细亚至天山南北的广袤土地上，覆盖了约2亿操各式细分民族语言的人口。有一个夸张的说法：如果一个土耳其人驱车从伊斯坦布尔一路向东，那么在见到中国的长城之前，他都可以无障碍沟通。实际情况当然没那么简单，不过，归为同一语族的民族语言互相学习起来比较容易却是事实。

作为一项重要的地缘指标，部分民族主义者有时也会以之为依据，期待其为现实的政治利益服务。泛突厥主义者们所谓“从亚得里亚海到中国的长城都应该是某国利益区”的狂想，在伊斯坦布尔以东地区的“理论依据”莫过于此（以西则是历史上奥斯曼帝国曾经覆盖巴尔干半岛）。

然而，无论在规划国家未来版图还是利益区的问题上，脱离了自身的地理位置及其他地缘因素影响，将语言的归属作为核心依据，都是没有意义的。同属印欧语系日耳曼语族的英格兰人和德意志人，绝不会因为语言、民族源头上的共同点而表现得像一家人；印度、巴基斯坦分别把自己的官方语言命名为印地语、乌尔都语的政治做法，也不能掩盖它们其实是同一种语言的事实。

回到“东胡”和“胡”的分类问题上来。从语言上看，二者之间的差异很可能就是突厥语族与蒙古语族的差异。也就是说，古匈奴语言如果放在现在，应该归为突厥语族，古东胡语则归为蒙古语族。崛起的时间过早，是这两个早期代表性游牧民族没有能够成为语言学标签的根本原因。

在蒙古高原之上，两大族群长期以肯特山为地理分割线。也就是说，东胡民族及其后裔在蒙古高原东部会更具优势，中、西两大板块则为突厥语族民族所覆盖。这一平衡，直到史上最后一个游牧帝国——蒙古帝国建立之后，才宣告打破。与之在蒙古高原上存在竞争关系的突厥语部落，整体迁徙至中亚乃至更远的地区，蒙古高原则整体为蒙古语族部落所覆盖。

当然，如果人类到今天还没有进入工业时代，欧亚大陆还一直在游牧和农耕的博弈循环中，也不排除突厥语族部落重回蒙古高原，并将东胡后裔压缩至黑龙江上游草原，甚至挤压入大兴安岭地区的可能性。就像西汉初年，匈奴冒顿单于彻底击败东胡之后，残余的东胡势力被迫退入大兴安岭及其边缘地区，并形成鲜卑、乌桓两族一样。

与位于戈壁大漠以北的色楞格草原相比，东胡之地与核心农耕区的地缘关系要更紧密些。而这种紧密关系的形成，地理上的原因是大兴安岭的存在。对于大兴安岭的基本地貌，我想大家都应该有个基本印象，那就是林木茂盛。作为一条与海岸线平行，与海洋之间又存在大片低地和缺口的山脉，大兴安岭比它身后的那些山脉要更容易接受太平洋季风的润泽，并积蓄更多的雨水。也正是由于水从东来，大兴安岭东麓的河流水系，从质量上要明显优于西麓。这也为我国东北地区成为对水资源要求更高的森林地带奠定了环境基础。

高森林覆盖率的环境特点，同时使得东北地区成为一个独立于草原游牧文明以及燕山以南农业文明之外的特殊地缘板块，渔猎文化、渔猎经济是这一板块最显著的特点。这一板块在语言学上的特点，则显示为被阿尔泰语系的另一个语族——通古斯语族所覆盖。中国人熟悉的金、清两大王朝的建立者，便属于通古斯语族。“通古斯”得名于贝加尔湖西侧的通古斯卡地区。西伯利亚原住民族的语言，同样属于这个语族。鉴于西伯利亚的大部分地区与我国东北地区一样为寒温带针叶林所覆盖，两个地区古典时期的居民存在亲缘关系并不让人感到意外。

相比草原游牧地区，水资源更为丰富的森林渔猎地区往往更容易被开发为耕地。也可以说，人类历史上获得的耕地，很大程度上是源自对森林的开发。以东北地区的情况而言，过低的温度是大规模农业开发的主要障碍。不过随着农业技术的提高及全球农业技术的交流（例如土豆、玉米的引入），渔猎文化及通古斯语在仅仅不到一百年的时间里，就成了被保护对象。

虽然大兴安岭西麓的水资源状况不如东麓，但在临近大兴安岭的低地中，孕育出一片对水资源要求相对较低的草原还是可以的。尤其是可以得到肯特山和兴安山东麓河流补给的北部地区，植被在温度较高时期的状况是让游牧民族十分满意的。其中综合条件最佳的，就是我们上一节提到的呼伦贝尔大草原（核心为克鲁伦河和从大兴安岭流下的海拉尔河汇集而成的呼伦湖）。

如果说东胡之地的东面可以在水资源上左右逢源，那么南面的情况就不尽如人意了。因为在这个方向，大兴安岭面对的是干旱的蒙古戈壁。其临近大兴安岭的低地，不仅得不到来自西面的河流补给，还要受到更多来自戈壁沙漠的恶劣气候的影响。当然，由于大兴安岭的存在，那些从山岭西麓流下的河流，虽然没有能力伸入戈壁腹地，但还是可以自呼伦贝尔大草原以南，沿大兴安岭向南铺设一条草原走廊。最后覆盖这片草原的游牧民族蒙古人，将这条大兴安岭西麓草原走廊命名为锡林郭勒草原。今天它的行政建制也继承了这个名称（锡林郭勒盟）。基于同样的历史继承，呼伦贝尔草原行政上的归属也是呼伦贝尔市（地级市）。

需要说明的是，由于直面蒙古戈壁，锡林郭勒草原上的河流没有机会汇入呼伦湖、贝尔湖，并成为黑龙江水系的一部分，而是在草原上形成了以乌拉盖高壁为代表的一个个小型咸水湖。不过，在地缘划分上，我们依旧可以把这条草原走廊归入漠北的范畴。它与漠南草原的分割线为大兴安岭与燕山山脉之间的缺口一线。比较方便的定位方法，是在地图上找到锡林郭勒盟的行政中心锡林浩特市，这座草原城市以南区域即属于漠南的范畴。

当然，这个时候你可能还会发现一个问题，那就是今天锡林郭勒盟的范围还要向南延伸至燕山北麓，与河北相接。也就是说，在地缘政治上，锡林郭勒地区本质上是一个横跨漠南、漠北的行政区。考虑到今天的漠南与部分漠北地区已经整合为内蒙古的概念，相信大家对这种规划背后的原因，应该不难体会出来。

当燕山以南的农业区进入秋季收获期，游牧民族的牲畜也正是膘肥体壮时。由于游牧经济的不稳定性，游猎经济往往是游牧经济的有效补充，只不过相较于草原的动物资源，游猎富庶农业区的吸引力要大得多。当向南方农业区“打草谷”（契丹人对劫掠农业区行为的称谓）成为一种周期性的生活方式，甚至成为游牧文化的一部分时，锡林郭勒这条草原走廊的重要性就体现出来了。无论是原本居于大兴安岭西部草原的东胡部落，还是后来入驻于此的匈奴人，都很容易发现，相比穿越高原腹地的大漠戈壁，沿大兴安岭西麓草原走廊南下的障碍要小得多。当这条草原走廊即将走到尽头时，燕山也就在眼前了。

今天，锡林郭勒草原及大部分的呼伦贝尔草原，都幸运地留在了中国版图内。就地理位置来说，这条草原地带不仅是漠北地区施压长城线的重要通道，也是维持东北地区地缘政治安全的屏障。客观地说，东北地区作为中央之国最后一个王朝根基之地的地位，为大兴安岭西麓这条草原地带纳入中国版图创造了有利条件。

从地缘政治角度看，呼伦贝尔草原、锡林郭勒草原没有被从中国版图中剥离，不仅提升了大兴安岭及燕山一线的安全度，反过来也对“外蒙古”及“俄属蒙古”的地缘安全构成了压力。在历史上，这一压力曾经通过一次源自东北地区的失败的进攻行为展现出来。

在混乱的20世纪初，原属清王朝统治范围的大兴安岭两侧是日本、俄国觊觎的对象。两大帝国争夺的结果，便是俄国支持“外蒙古”独立，并将其纳入了自己的势力范围，日本在东北地区扶植了自己的傀儡政权。在这一瓜分中国北方地区的过程中，清王朝为了自身安全而对蒙古诸部所做的内、外蒙古划分，为两国划分势力范围提供了最初的依据。只不过一如我们前面分析的那样，内、外蒙古之分，并不等同于传统的漠南、漠北之

诺门罕战役示意图

分。呼伦贝尔草原的大部，也就是今天属于中国的部分，被归入了伪满洲国统治范围（锡林郭勒草原则暂时以自治的形式保留在中国版图内）。

俄国人肯定不会满意自己的势力范围内缺少呼伦贝尔草原这块重要拼图，而日本人同样希望凭借这个跳板，在蒙古高原乃至西伯利亚得到更多。问题在于，长期以来，俄国（苏联）的主要压力都源自欧洲方向，尤其是纳粹所领导的德意志第三帝国的崛起，更是让苏联不得不把主要精力放在西线。所以，最先试图打破平衡的，反倒是已经在大兴安岭西麓占得先机的日本人。

日本人以呼伦贝尔草原为跳板，挑战苏联在蒙古高原存在的战役，就是历史上著名的诺门罕之战。这场发生在呼伦湖和贝尔湖支流哈拉哈河河畔的战役，以日本的彻底失败而告终。此后，将战略方向确定为“南下”的日本，以及认定东线无战事（可以集中精力应对西线战事）的苏联，在东北亚地区一直维持着“和平”状态。直至 1945 年 8 月，同盟国阵营取得全面胜利时，这种状态才被苏联打破。

大湖盆地

与蒙古高原其他板块相比，大湖盆地算得上一个比较特别的板块。它的特别之处在于，所有的河流都是内流河。也就是说，从盆地周围的山地上流向腹地的河流，最终没能汇成一条河流，并流向大海。从地理结构上看，大湖盆地诸河流内流的命运，其实是无法避免的。因为整个盆地的缺口在东南部，即使这些山脉上流下的河流有力量冲出盆地，也会悲哀地发现，等待它们的并不是从其他高地汇集而来、与之合力冲向大海的河流，而是一望无际的蒙古戈壁。在这种地理结构下，大湖盆地周边山地流下来的河水，除了在盆地腹地汇集成大大小小的湖泊之外，别无出路。

由于大湖盆地的东南部靠近干旱的戈壁区，整个盆地内的湖泊也呈现出南小北大的格局：南半段靠近戈壁，蒸发量相对较大，土地也更容易荒漠化；北半段受戈壁的影响相对较小，所蓄积的湖泊也相对较大。其中较大的湖泊有三个：乌布苏湖、哈尔乌苏湖、吉尔吉斯湖。

既然湖泊之水是从山上来的，那么它们也必定对应着各自的上游河流。既然定性为盆地，自然会有围边的山地。西南方向的阿尔泰山脉、西北方向的唐努乌拉山、东北方向的杭爱山，是围就这个内流区的三大山脉。从水资源的贡献度来看，这三大高地倒是属于同一级别，我们前面所说的三大湖泊之水，正是分别来自这三大高地。其中，阿尔泰山上流下来的科布多河汇成了哈尔乌苏湖，杭爱山上汇出的扎布汗河蓄积了吉尔吉斯湖，而唐努乌拉山则为乌布苏湖及汇入该湖的特斯河做出了最大的贡献。

既然围就大湖盆地的三大山脉成就了三大水系和三大湖泊，那么很自然，大湖盆地的北半段也可以分割为三个亚板块。由于两千多年前的匈奴帝国过的是逐水草而居的生活，我们很难找到他们生活的遗迹来验证这三个亚板块在匈奴帝国中居于何等地位。不过，在中国古代时期后期，清帝国出于控制蒙古高原的需要，以及近代蒙古国独立之后，建立符合现代国家要求的

大湖盆地及周边示意图

行政区划的需要，在大湖盆地北部建立了几处重要城镇。其中可能最为熟悉中国历史的朋友所知晓的，就是清帝国兴建的科布多（科布多河流域）和乌里雅苏台（扎布汗河流域）。

在清帝国统治蒙古高原时期，外蒙古的政治中心并不在传统的色楞格河流域上游地区（具体地说，就是鄂尔浑河与图勒河上游），而是在大湖盆地中、杭爱山西南麓的乌里雅苏台。之所以会做这样的安排，是基于地缘位置的关系。兴起于东北地区的满洲人在试图化解蒙古高原的威胁时，与汉族主导的中原王朝有所区别。对于长城以南的华夏农耕民族来说，征服阴山—燕山一线的漠南草原部落，为长城与漠北草原之间设置一个缓冲区，能极大提升自己的安全系数。然而，对于视东北地区为祖地的满洲人来说，仅仅控制漠南草原显然是不够的。如果不能将大兴安岭西侧的呼伦贝尔—锡林郭勒的草原走廊纳入直接控制区的话，大兴安岭东侧的东北地区的战略安全会很成问题。这一点，满洲人的先祖女真人就有惨痛的教训。虽然他们为了防备蒙古高原游牧民族的袭扰，直接控制了锡林郭勒草原（当然也包括阴山北麓的草原地带了），并在大兴安岭西侧构筑了中原王朝未曾尝试过的草原长城，但呼伦贝尔草原及其以北的蒙古东部地区，还是成为金王朝的心腹之患。在成吉思汗通过统一蒙古东部地区进而成为草原之主后，金王朝也成为蒙古帝国崛起道路上的牺牲品之一。

女真人的教训告诉满洲人，如果他们想避免自己的后院起火，就需要把整条大兴安岭西侧的草原走廊控制在手。最起码，作为这条草原带核心的呼伦贝尔草原，需要帝国强有力的控制。在这种思路指导之下，在大部分古代时期适用的、对蒙古高原游牧区用“漠南”“漠北”加以区别的方式，就不适用了。传统的漠南地带，加上呼伦贝尔—锡林郭勒草原带，成就了“内蒙古”的地缘概念。至于在此之外的蒙古高原，自然也就是“外蒙古”了。

清帝国是如何利用各种技术手段来控制内、外蒙古地区的，并不是我们今天要关注的。所谓内、外有别，仅仅从这两个字的区别上，就足以显出帝国对这两个地区在控制力上的差异了。当然，“外蒙古”地区作为清王朝时期中央帝国的组成部分，并没有什么问题，只是政府在管控力方面相对弱些。乌里雅苏台将军辖区包括“外蒙古”地区，与其他非帝国核心区的管理一样，其组织模式为军政合一。

既然东蒙的核心草原带已经成功地从传统的漠北板块分离出来，那么“外蒙古”地区的政治中心，势必也会向西移动一点。由此，在大湖盆地核心区南部、扎布汗河上游兴建的乌里雅苏台城，也就成了整个“外蒙古”地区新的政治中心。其实如果仅仅是为了更好地控制大湖盆地、唐努乌梁海，以及色楞格草原的话，杭爱山—肯特山南端的传统地缘中心（乌兰巴托及其以西至杭爱山地区）仍然是一个不错的选择。最起码在肯特山以东，仍然有大片土地归入了“外蒙古”板块，虽然这些土地不如大兴安岭西麓草原走廊肥沃。

纯粹从几何角度看，蒙古高原传统的地缘核心区仍然居于中点。不过，清帝国最终还是选择将控制“外蒙古”地区的乌里雅苏台将军府设立到大湖盆地之中。这一选择的地缘理由，就是所谓的“外蒙古”地区当时所涉及的并不仅仅是阿尔泰山以东、地理意义上的蒙古高原，阿尔泰山脉南麓的额尔齐斯河流域（也就是准噶尔盆地北沿）同样属于蒙古游牧部落的控制区。

蒙古人并不是唯一渗透到阿尔泰山以南的高原游牧民族。事实上，在漫长的历史中，包括匈奴人在内的诸多草原民族，在控制大湖盆地之后，都会很自然地渗透到阿尔泰山以南，并将直接控制线推进到额尔齐斯河上游。为什么会这样，我们在后面会有解读。现在我们的关注焦点，还是在大湖盆地。

如果你观察够仔细的话，会发现乌里雅苏台城并非建立在大湖盆地的腹地，而是在扎布汗河上游河流的山谷之中。按照我们在东亚农业区的经验，河谷、盆地腹地（下游地区）才是最利于植被生长的区域，也因此能承载更多的人口，并成为板块核心。乌里雅苏台的选址似乎告诉我们，在大湖盆地当中，最优质的牧场并非存在于湖泊众多的盆地腹地，而是在那些海拔相对较高的上游河谷中。

在这里，我们需要先对“大湖盆地”这个地理标签的范围再做一个细化。狭义的大湖盆地，指的是阿尔泰山、唐努乌拉山、杭爱山西北段合围出的地段。我们先前提到的乌布苏湖、吉尔吉斯湖、哈尔乌苏湖等几个规模较大的湖泊及其周边地区，就是狭义大湖盆地的腹地。有一条曾经在汉匈博弈中出现过的山脉“汗呼赫山”（古称“稽落山”，公元89年，东汉车骑将军窦宪及副将耿秉击败北匈奴主力于此），横向将这片腹地切割成了两块。北面的乌布苏湖地区自成一块，南面的吉尔吉斯湖、哈尔乌苏湖，包括二者之间面积略小的另两个湖——哈尔湖与德勒湖共为一区。事实上，南部湖区之间都存在河道相连。也就是说，从杭爱山南麓汇流下来的扎布汗河与从阿尔泰山北麓流下来的科布多河，在盆地腹地汇集到一起。而唐努乌拉山东部，以及杭爱山西北侧的河流，则单独打造出特斯河和乌布苏湖区。

当我们把视线从乌里雅苏台城向南转移时，会发现盆地仍在向东南方向延伸。只不过在这半段，只剩下杭爱山西南麓在向腹地提供淡水了，阿尔泰山南延山脉几乎对盆地腹地的湖泊没有贡献。也正因为如此，这一部分的湖泊在规模上远没有北段的大。在地理分类中，这部分由阿尔泰山脉南延伸段与杭爱山东南段包夹而成的谷地，有时也被单独称作“湖谷”。

尽管从地理结构上看，广义的大湖盆地也会包括湖谷地带，但相比北段，湖谷的自然条件要更加恶劣。而造成这种恶劣环境的直接原因，是南部的阿尔泰山山势开始走低，没有力量提供足够的水源。这不仅使得湖谷内部荒漠化，还使得山脉本身植被稀疏。正因为如此，这段阿尔泰山脉延伸段的名字被标注为“戈壁阿尔泰山”。如果从环境来说，戈壁阿尔泰山与湖谷地带，其实也是“外蒙古戈壁”的一部分。

戈壁阿尔泰山的悲剧，与它的地理位置和海拔有很大关系。在蒙古高原，如果想从大气中获得更多的水资源，有两个条件至关重要：一个是与海洋的距离，另一个则是高度。与海洋距离越近，太平洋季风就越有机会带来湿润的水汽；而高度越高，就越有机会将之转换为雨水（雪）。从距离的角度看，蒙古高原东部显然会更有优势；而从蒙古高原的地势来看，西高东低的格局，又是西部山地占优。这种纠结的结构，成就了蒙古高原中南部的悲剧。

具体到高原西部的核心板块——大湖盆地（广义），其地势最高的西段地区，干旱程度就要低于东部地区。也就是说，越靠近蒙古戈壁的地区越干旱。这一点，我们也可以从蒙古国在大湖盆地的行政建制中得到验证。盆地中乌里雅苏台及其以南的重要城市，都是建于上游河谷中。而西北部的省会城市乌兰固木及科布多，则靠近湖区（前者靠近乌布苏湖，后者靠近哈尔乌苏湖）。

虽然大湖盆地的西北段，自然条件要比东南段好，但就盆地腹地的整体条件而言，比之色楞格河流域以及蒙古高原东部，还是要差上许多。不仅有很多湖泊是咸水湖，而且荒漠、荒漠草原的比例也比较高（荒漠化程度自西向东逐渐严重）。大湖盆地板块腹地的草场情况虽然不尽如人意，但整个板块还是有机会在蒙古高原三分天下有其一，甚至有机会翻越阿尔泰山脉，将势力范围渗透到准噶尔盆地。

之所以会这样，是因为欧亚大陆东部草原带自东向西延伸到阿尔泰山南北时，形式和结构发生了重大变化。我们印象中那种一望无际、地势平缓的草原带开始消失，取而代之成为主角的，是立体分布于高大山脉之中的山地草场。

与漠北高原中、东部相比，大湖盆地腹地的低地草场情况并不尽如人意。不过，周边存在的高大山脉却为游牧其中的部落提供了另一种选择——山地牧场。我们知道，游牧民族的生活被形容为“逐水草而居”。支撑这种生活方式的基础在于，在一个部落的游牧范围内，存在不同生长期的草场。而除了牧草的品种、降水等因素，决定这些草场生长期的另一个主要原因就是温度。山地复杂的地形结构，恰好能够提供不同的温度选择。

一般情况下，海拔越高就意味着气温越低。按照这种逻辑，山地草场应该只能让游牧民族用来避暑了。但实际上，在一些结构复杂的山地，某些高海拔地区的气温却有可能比低海拔地区还要高。像山地轮廓呈块状和层状（断块山）的阿尔泰山就是这种情况。当然，草地的产生还跟水资源的供给情况有关，水太多的话，森林就会成为主角；太少，又会荒漠化。如果一定要具体解读，阿尔泰山之中哪一区域是草场、森林、荒漠地貌，这些草场又分别适合在哪一季节放牧的话，应该可以写一篇博士论文了。对于我们来说，知道像阿尔泰山这样的山脉之上存在气候环境迥异的山地牧场就可以了。

其实，像大湖盆地这种以山地牧场为主的地缘板块并不是孤例。在我们后面将要解读的中亚—西域板块，腹地干旱的环境也同样使得山地牧场成为游牧民族的研究对象。他们会根据自己的生活实践，依据不同山地的自然条件，分割出二季、三季甚至四季牧场来。即使是在那些低地牧场为主的区域，那些有条件在夏季避暑或冬季躲风的山地牧场，也往往会作为某一季节的迁徙地。

以大湖盆地的位置来看，对于东亚核心区内的华夏文明，其直接影响要小于蒙古高原东部，然而这并不代表以大湖盆地为核心的蒙古高原右翼对中央之国的形成没有发挥过重要作用。在“河西走廊”部分，这一作用将会呈现在大家面前。

乌兰巴托
漠北地区
蒙古
外蒙古戈壁
杭爱山脉
戈壁阿尔泰山
阿尔泰
达兰扎德嘎德
赛音山达
西乌尔特
克鲁伦河
贝尔湖
乌勒盖音高毕
大兴安岭
锡林浩特
锡林郭勒草原
西拉木伦河
浑善达克沙地
燕北草原
七老图山
滦河
燕山
内蒙古高原
阴山草原
阴山
阴山丘陵
大青山
狼山
河套平原
巴彦淖尔
包头
呼和浩特
乌兰察布
北京
天津
渤海
华北平原
石家庄
太原
济南
太行山
桑干河
吕梁山
汾河
鄂尔多斯高原
库布齐沙漠
毛乌素沙地
黄河
漠南地区
中央戈壁
阿拉善高原
巴丹吉林沙漠
腾格里沙漠
乌兰布和沙漠
贺兰山
银川
中华人民共和国
陕北高原
黄土高原
陇中高原
兰州
西宁
青海湖
青海南山
拉脊山
乌鞘岭
河西走廊
祁连山
黑河
疏勒河
嘉峪关

漠南地区及周边示意图

第三节 | 漠南

从地理位置来看，如果从色楞格草原直线穿越戈壁南下的话，那么漠北游牧民族将要直面的，将是今内蒙古自治区境内的阴山山脉。而如果从东部沿锡林郭勒草原南下的话，横亘于匈奴或者东胡面前的，则是燕山山脉。依存于这两大山脉的草原地带，是整个漠南草原的核心。

需要注意的是，蒙古高原和漠南草原的概念，并非止步于上述两大山脉。河西、河套两地区，无论在地理还是地缘上，都与上述两个概念有剪不断理还乱的关联。接下来的内容，就将为我们拨开笼罩在漠南身上的迷雾。

燕北草原

上天对于蒙古高原东部的厚爱，并不仅仅在于为其提供了一条依附大兴安岭而生成的草原带。事实上，当由北而南迁移的游牧民族沿大兴安岭西麓南下到达燕山北麓时，会惊喜地发现一条新的河流和新的草原带。这条河流叫作西拉木伦河，主要是由燕山东北坡流下的雨水汇集而成的。由于它的位置正好处在南北向的大兴安岭与东西向的燕山山脉相接处的缺口，所以在东流过程中也会接受来自大兴安岭南部的支流补给。

燕北草原及周边示意图

作为辽河的西源，西拉木伦河在与另一条从燕山北坡而下的老哈河相汇之后，被称为西辽河，后者又在与源出长白山脉的东辽河合流成辽河之后，南流入渤海。在大兴安岭与燕山山脉之间，具体说是在由西拉木伦河与老哈河交汇形成的这片三角地带，同样滋生有一片草原——科尔沁草原。

与呼伦贝尔、锡林郭勒一样，科尔沁之名也是来自蒙古称霸草原的时代。不过，整个西辽河流域的历史，远不止为一代又一代游牧者提供草场那么简单。在中华文明的起源当中，长期被忽视，却又因为惊人考古发现而曝光的上古文化——红山文化，便出现于此。这个出现在距今五六千年前的文明，带给中央之国文明史的最大冲击在于：它明显区别于黄河文明，是独立起源的文明，其文明程度甚至高于同时期的黄河流域。

对于一直以黄河文明为正源，甚至是唯一来源的中央之国来说，这种结果多少让人有些尴尬。在一些传统的史家看来，与黄河流域并重支撑起中央之国的长江流域，甚至都不存在单独起源的文明。换句话说，长江流域进入文明期，都是因为某支黄河流域的部族迁移到此。《史记》为楚、吴、越等先秦南方诸侯续上来自黄河流域的家谱的做法，更是加深了这种印象。

然而在进入 20 世纪后，随着由西而入的考古学在中央之国的兴起，越来越多的证据表明，黄河流域并非中央之国文明的唯一起源地。现在我们所看到的，覆盖众多地理单元的华夏文明，更应该是中国境内多文明融合的结果。这个文明体之所以被称为华夏，并长期将黄土高原视为唯一起源地，并不是因为最初的华夏文明比中国其他地区的文明程度更高，而是因为在政治博弈的问题上，这片黄土地有着天然的地缘优势，这一优势体现在地势、土地的适耕性等多方面。在经过夏、商、周、秦，乃至汉、唐等朝代背书后，以“华夏”为名的文明体系及自我认知趋向成熟。

事实上，承认这一融合过程本身，并无损于华夏文明的自豪感。在历史的进程中，每一个文明都存在兼容并蓄的发展过程。一个文明要想一直有生命力，这种吸收及融合就是必不可少的。我们会看到，历史上基于华夷之辩而被中央之国概念排斥在外的边缘板块、边缘文化，已经被更具包容性的中华民族文明概念所涵盖。同样在世界其他多民族、多种族国家，以国家认同为导向，推广出更具包容性的民族、文明概念亦是常规做法。比较典型的例子，便是所谓将所有美国人都包含进去的美利坚民族、覆盖所有印度人的印度斯坦族的提法。

从地理位置来看，西拉木伦河流域正处于东北平原、华北平原与蒙古高原三大板块相接之地。这使得到达此处的游牧民族不仅得到了一片水草丰美的草场（科尔沁草原），更获得了通往华北平原、东北平原的跳板。除了位置以外，由这个特殊地理位置所引发的环境变化，也对周边板块的地缘博弈造成了深远影响。由于西拉木伦河流域处在东北平原与蒙古戈壁的交接处，它的地缘属性并非恒定，而是一直在变化的。在5000多年前红山文化兴盛时，这一带的环境显然要比现在好许多。凭借原始的工具和技术创造红山文化的先人们，已经能够在这片土地上发展原始的农业了。

能够有如此良好的环境，那些从大兴安岭南部以及燕山北麓流下来的河水，自然是功不可没。它们在共同汇入西拉木伦河之后，继续向东进入东北平原。而在进入平原地区后，西拉木伦河被称为西辽河，并与东部长白山脉流下来的东辽河合流成为辽河，南向流入渤海。

相比靠近蒙古戈壁且没有山脉阻隔的西拉木伦河流域，可以受到燕山保护的辽河下游平原（下辽河平原）情况就要稳定多了。最起码，那些从蒙古高原吹过来的风沙不会影响至此。而相对较低的纬度，以及丰富的水资源，也使它成为中原王朝北出燕山，向东北地区乃至朝鲜半岛扩张的跳板。当然，反过来的话，源出于东北渔猎文化区的民族，如果能够得到下辽河平原这片农耕之地，同样会极大增加其入主中原的筹码。

关于下辽河平原在华北平原与东北平原地缘博弈中的重要地位，在《谁在世界中心》中，已经有所解读了。对于游牧民族来说，身处辽河流域上游的科尔沁草原要更为重要。东胡、匈奴在蒙古高原东部发展的时候，西拉木伦河流域的气温、环境虽然未必如红山文化时期那样适合农业生产，但绝对能生成游牧生产所需的优质草场。因此，兴起于蒙古高原东部的游牧民族一旦以科尔沁草原为基地，就足以找到机会跨越燕山中的几条通道，进入华北平原窥探农民的收成。机动不足、资源有余的中原王朝应对的方式，便是沿燕山山脉一线修筑长城。

然而前文已经提及，这一地区的环境并不稳定，身处大兴安岭和燕山山脉缺口，从蒙古戈壁方向而来的“穿堂风”，不可避免地为这片森林、草原交会之地带来不稳定因素。一方面，蒙古戈壁表层沙土有机会沿河谷深入大兴安岭以东；另一方面，这种结构对水汽的聚结亦有影响，以至在周边地区的年降水量都在400毫米的情况下，科尔沁草原的降水量明显要低一个层级（只有350毫米）。

在上述自然因素的影响下，现在我们所看到的科尔沁草原，在很多地图上已经被标注为“科尔沁沙地”了。当然，这种沙、草相间状况的形成，人类过度的生产活动也是重要的催化剂。在生态环境脆弱的地区，如果不注意保护环境的话，周边环境恶劣板块的渗透便会更加容易（恢复起来就难了）。类似的情况也发生在黄土高原与蒙古高原相接地带。

大兴安岭与燕山山脉的这个缺口，以及强大的西北风，使得科尔沁草原的环境不够稳定，而直面戈壁、沿大兴安岭西麓延伸至此的草原走廊带，同样会陷入沙与草争地的状态。如果我们在地图上寻找，就会在锡林浩特之南找到一片被标注为“浑善达克沙地”的区域。一方面受西侧蒙古戈壁的风沙之苦，另一方面又有能接受临近高地水资源（包括地上、地下）的地理条件，浑善达克沙地成为不多见的“水沙漠”，即沙漠中存在众多的小型湖泊、河流。随之而来的，便是沙、草相间的奇异景象。

对于今天的我们来说，被归入漠南范畴的浑善达克、科尔沁两片土地，算是悬于天堂与地狱之间。如果维护改造得好，并非没有机会打造成一片农、林、牧相互依存的绿色之地。而对于两千多年前的游牧民族来说，他们倒不用考虑这么多。天然形成的草场，已经足以满足他们的游牧生活方式了。在中央之国的农耕民族还没有跨越燕山向北渗透时，辽河下游地区的自然状态，同样也是游牧、渔猎民族所喜欢的，特别是这一带有着相对更温暖的气候。

科尔沁草原并非唯一受益于燕山之水而形成的草原。燕山山脉整体上呈现为西南一东北走向，滋养科尔沁草原的是来自山脉东北部，也就是面向东北平原方向的燕山之水；而面朝蒙古高原方向的西北坡，则生成了另一个著名的草原——坝上草原。这片草原位于河北省西北部，与内蒙古自治区相接，西起张北县，东至多伦县、围场县一带。其位于河北省内的主体，今为承德、张家口两市所辖。

提到承德，大家首先想到的肯定是著名的承德避暑山庄。自17世纪末的康熙时期起，清王朝在坝上草原的北部圈定了一片皇家猎场——木兰围场（围场县因此而得名），并于每年秋季与满、蒙诸旗在此行围狩猎。为了保障皇家及随行人员的出行，北京至木兰围场一线相继修建了20余座行宫，位于燕山腹地的热河行宫（承德避暑山庄）便是其中最重要的一座。

很显然，这条以狩猎、避暑为名，穿越燕山山脉的出游线路，本质是一条以华北平原（北京）为起点，强化对蒙古草原控制力的战略通道。事实上，清王朝并不是最先重视坝上草原战略地位的王朝。有类似入主中原经历的辽、元等朝，都曾经在此有过重要布局。比如与北京元大都并立的元中都、上都，正位于坝上草原的东西两端。其中，元中都位于今天河北境内的张北县，上都则被划入了内蒙古自治区锡林郭勒盟境内的正蓝旗。

需要说明的是，由于锡林郭勒盟作为一个行政区，在地理上跨越了漠北、漠南两个分区，锡林郭勒草原往往也被用来指代锡林郭勒盟内所有的草原。“坝上草原”一称则看似为河北省所专有。受现实行政切割影响而造成的地缘错位，是一种常见的现象。就好像“内蒙古”和“内蒙古草原”这样的分类方式，并非历史和蒙古高原地缘划分的常态一样。

一个比较简单的辨别方法是，作为漠北草原组成部分的锡林郭勒草原，承接的山地补水来自大兴安岭西坡，坝上草原承接的山地补水则来自燕山西北坡。能够同时从大兴安岭、燕山获益的，就是科尔沁草原了。如果我们从燕山、大兴安岭分水岭，顺着河流把视线向中蒙边境西移，就会发现这些地表河流在流到中蒙边境前就已经消失不见了。这些因水资源缺乏而荒漠化的土地（全年降水不超过200毫米），只在有降雨的夏季才会短暂呈现出草原景象。以至如果你一定要把它归入草原而不是荒漠的范畴，也只能算是二者之间的过渡性地貌——荒漠草原。

从地理角度归类的话，科尔沁草原和坝上草原可以统称为燕北草原。战略上看，控制这片草原地带的游牧者，能够寻找机会穿越燕山山脉进入华北平原。由此，燕山山脉及其上修筑的长城成为中原王朝在华北平原的屏障。西端的张家口及东端山海关，是整条燕山防线的起止点。

由于燕山山脉同时也是华北与东北地区的天然分割线，所以有机会突破这条防线入主中原的，还包括金、清等东北渔猎政权。很显然，即使不在南下问题上产生竞争关系，这两个以大兴安岭为分割线的板块之间也会产生博弈关系。在二者的地缘博弈中，科尔沁草原成为关键。

科尔沁草原其实并不属于蒙古高原，而是属于中国东北地区。这就好像下辽河平原虽然在地理分区上属于东北，但在经济属性上却为农耕一样。这使得科尔沁草原不仅在游牧体系中能够承担进入华北农业区的跳板功能，更能成为游牧民族渗透东北地区的前哨。这一双重属性亦体现在今天的行政区划中，今天科尔沁草原所涉赤峰、通辽两市，属于内蒙古自治区而不是辽宁省。

事实上，基于科尔沁草原乃至以承德为核心的燕山山脉这种大板块相接之地的地缘属性来说，单独划出一级行政区来也是可以的。民国时期，在日、俄争夺东北地区控制权的背景下，上述地区曾设热河省。我们在历史资料中，经常会看到“东四省”“热河抗战”的说法。

在近现代以前，不管是哪个发端于东北地区的渔猎政权想要入主中原，除了要先控制下辽河平原这块农耕基地，以弥补人口和经济上的短板之外，还要解决掉从科尔沁草原渗透而来的游牧威胁。从这个角度说，曾经一度觊觎中原的高句丽之所以未能南下，在于同时期蒙古草原也崛起了突厥这样的强大游牧政权。而唐王朝崛起之后，不仅解除了草原上的威胁，同时也击溃了高句丽。

反观金、清两朝，在这个问题上的历史机遇就要好得多了。在女真人崛起之时，当时控制蒙古草原并在燕山南北建立统治的辽王朝已经步入了衰退期。辽王朝横跨燕山南北的统治结构，使得女真人可以通过征服契丹人，一举完成征服蒙古草原及入主中原两个战略目标。清王朝崛起之时所面对的蒙古草原，更是在明王朝的打击下早就陷入了四分五裂的状态。正是在征服了漠南、漠北的蒙古诸部，解决后顾之忧后，清王朝才发动了入关战役，并入主北京[1]。

---

[1] 1636 年，在后金改国号为清的同年，漠南蒙古十六部正式归属于清朝。1638 年、1646 年，漠北蒙古和青海的厄鲁特蒙古各部先后向清朝纳贡称臣。1644 年，清军入关，明朝灭亡。

基于方位的原因，以科尔沁草原为核心的燕北草原，历史上一直是高原左翼势力的辐射范围。这一地缘特点在先秦时期就已经被记录下来，游牧于这一地区的，是整体位于高原左翼的东胡部落。公元前300年，偏居于华北平原北部，以今北京地区为核心的燕国，为了壮大自己的实力，曾经跨越燕山山脉进行过一次扩张，史书记载“东胡却千余里”，战果是下辽河平原以及之前被东胡部落所覆盖的燕山山脉成为燕国的领地。燕人甚至在燕山北麓（而不是山脉之上）兴建长城，将下辽河平原置于长城之南。

这次重大打击，无疑严重影响了东胡部落的实力，以至当色楞格草原的匈奴人开始向两翼扩张时，东胡部落很快被击溃，历史上第一个完成蒙古草原统一工作的草原帝国得以轻松完成最关键的一块拼图。而从鄂嫩河到张家口的高原左翼草原，则成为匈奴左贤王治下的领地。

然而，匈奴帝国的崛起，并不意味着这个东胡族系就此退出地缘政治舞台。如果要说，谁是从东胡之地入主中原的先行者，那么这个荣誉应该授予鲜卑人。其实，鲜卑族群的形成和匈奴的东扩有着直接的关系。当匈奴人向东扩张，占据大兴安岭西麓草场之后，一部分东胡之民被匈奴帝国直接吸收，成为匈奴的一分子，而并不愿意就此湮灭的东胡部落则退入了山高林密的大兴安岭。这些被迫在自己的生产生活过程中加入渔猎成分的东胡部落共分为两支，其中漠北部分退入大兴安岭北部，形成了鲜卑人，漠南部分则在大兴安岭南部形成了乌桓人。这一南一北两支东胡部落，在大兴安岭南北分别定位了属于自己的圣山——乌桓山、鲜卑山。

尽管退入大兴安岭的两大东胡部落避免了被匈奴融合的命运，却也必须正视匈奴在蒙古高原的领导地位。在具体的合作态度上，鲜卑人和乌桓人有着不同的认识。这最终也直接影响了两支部落的命运。解读这两支分属漠北、漠南的东胡部落的归宿，不仅对理解科尔沁草原的地缘价值有益，更能通过这个例子理解高原左翼的地缘关系。

与在中原地区始创分封体系的周人会将那些非血亲关系的诸侯吸收进来

一样，那些被匈奴征服的部落，除了被打散并入嫡系部族以外，也有机会成建制地加入草原帝国体系，前提是他们要表现出足够的服从度。对于匈奴人来说，这样做的好处，是能够以较小的成本（杀敌一千，自损八百）将对手并入己方阵营；坏处就是，一旦自己的控制力变弱，那些能够完整保留自己部族文化的被征服者，一定不会放弃重获独立的机会。

位置更为敏感的乌桓，就是这样一个成建制地臣服于匈奴帝国的典型。而他们得到的回报，则是被允许从乌桓山上下来，在科尔沁草原及其周边地区保持自己的游牧生活方式。当然，匈奴能够"恩赐"这样一块草原，并不是出于善心。乌桓除了按岁纳贡之外，同样要服从匈奴帝国的军事调遣。不过，前文也说了，以强大的武力威慑这些曾经的对手，并使之成建制地为己所用，固然是一种节约成本的方式，但可靠性要差上许多。在汉武帝大破匈奴之后，这些本为匈奴左翼前哨的乌桓人，又反过来成为汉帝国对付匈奴的助手。

当乌桓决心在战略上依附更为强大的汉帝国时，他们的命运也发生了重大变化。一方面为了更好地控制乌桓，另一方面也为了使其免受匈奴的直接威胁，汉帝国在和乌桓的合作过程中，不断将其内迁至燕山南北的几个边郡。在三国时代，乌桓甚至成为曹操主力骑兵的来源之一。也许对于先前在塞外苦寒之地游牧的乌桓人来说，生活在温暖的南方，甚至一定程度上接受一些农耕生产方式，并不是件坏事。只是这样一来，他们也就没有机会像匈奴一样在蒙古高原建立属于自己的游牧帝国了。

每一个人和每一个民族，都有权利选择自己的生活方式。与乌桓选择在匈奴与汉帝国之间周旋不同，退入大兴安岭北部的鲜卑人，似乎更安于接受在山林之中以渔猎为主的生活方式。这也使得他们基本上没有什么机会在汉帝国与匈奴的残酷博弈中露脸。我们无法知晓，鲜卑人困守于大兴安岭北部，是主观上不愿意被匈奴所同化，还是因为匈奴不希望在自己左翼核心的草原为鲜卑人分割出一片草场所致。不过，客观的结果却可以知晓，那就是当匈奴在汉帝国强大的武力压迫下，被迫分裂、衰退之后，作为与匈奴核心之地最近的独立部族，一直在积蓄力量的鲜卑人有机会从山林中下来，接收呼伦贝尔草原一带的东胡故地（还包括数以万计的部众），并在漠北匈奴被迫西迁之后，成为蒙古高原之主。

当然，作为游牧势力进入华北平原的前哨之地，科尔沁草原也并非没有机会诞生出强大的游牧政权。同属东胡后裔的契丹人，以及他们所创建的辽王朝，就是这片草原孵化出来的。在契丹人的兴盛过程中，科尔沁草原与东北渔猎之地、华北农耕之地紧密的地缘关系，亦在其经济和政治结构上留下深刻的烙印。一方面，受两大山脉的影响，科尔沁草原边缘含有更多森林草原的成分。这使得契丹人在崛起之初，除了游牧经济以外，渔猎经济也占据了相当的比重（史书记载为“以畜牧、田渔为稼穑”）。另一方面，在得到长城以南部分土地并立国之后，契丹人并没有全面汉化，也没有试图破坏当地的文化、经济结构，而是“因俗而治”，采取南北两院制分治汉地和草原之地。

鲜卑、契丹、蒙古东部游牧政权的成功，抬升了蒙古高原左翼的地缘政治地位，并使得归入蒙古语族的东胡后裔，得以在亚洲草原上一直与突厥语族并存，甚至在蒙古帝国崛起之后，控制整个蒙古高原（同时将突厥语部落迁入中亚等地）。从这个角度看，在阿尔泰语系草原民族的内部博弈中，蒙古语族似乎取得了最终胜利。

不过，对比突厥语族游牧民族在中、西亚的成功扩张，蒙古帝国在政治上的成功，却并没有转化为语言、民族、文化等方面更长远的地缘影响力。我们会看到，今天在这个星球上有约两亿人可以被纳入突厥语族范畴，而蒙古语族覆盖的人口却只有500多万。

阴山草原

“敕勒川，阴山下，天似穹庐，笼盖四野。天苍苍，野茫茫，风吹草低

阴山草原及周边示意图

见牛羊。”在描述草原的文字中，这首出自《乐府诗集》的诗应该是流传最广的。作为漠南草原的核心部分，在蒙古高原游牧民族与中原王朝的博弈中，阴山草原的地位极为重要。如果说燕北草原是进入华北平原的前哨，那么阴山草原对接的就是黄土高原。

先来看看阴山山脉的内部结构。总的来说，断块山结构的阴山山脉内部可以分为四个部分，由西向东分别为组成阴山主脉的狼山、阴山、大青山，以及位于山西高原北部，介于阴山主脉与燕山山脉之间的阴山丘陵。这四个地理分区，在今天的行政划分上亦有体现。其中，狼山位于巴彦淖尔市境内，阴山以包头市为核心，内蒙古自治区首府呼和浩特背靠的是大青山（呼和浩特一词在蒙古语中的原意为“青色的城”）。至于比较容易被忽视的阴山丘陵地带，则归属于乌兰察布市。

观察上述行政与地理的对应关系，会发现一个明显有别于大兴安岭、燕山山脉的不同之处。与大兴安岭分属内蒙古、黑龙江、吉林三个省份，燕山山脉润泽河北、内蒙古、辽宁，乃至北京、天津这两个直辖市不同的是，阴山山脉及其收集的降水，全部位于内蒙古境内。考虑到上述行政划分形成的 20 世纪中叶，也是中国开始由传统经济全面向工业化迈进的时间，同时参考科尔沁草原因残存的游牧属性而被划入内蒙古范畴的例子，阴山山脉的这一行政归属，意味着它在中国古代整体所呈现出的强烈游牧属性。换句话说，游牧经济在阴山山脉之南，同样占据优势。相比之下，大兴安岭、燕山山脉对游牧、渔猎、农耕三种传统经济及文化形态，则具有明显的地缘分割作用。

阴山山脉的这种属性，很大程度与气候环境有关。从位置上看，大兴安岭、燕山山脉和阴山山脉，是蒙古高原与东北平原、华北平原，以及黄土高原的地理分割线。如果将之视为一个山系的话，那么整个山系周边的降水情况，呈现出由东向西逐渐递减的趋势。在东北端的大兴安岭地区，年降水量可以达到500毫米左右（东侧高于西侧），而到了阴山山脉的西端狼山地区，年降水量就只有可怜的 100 毫米。即使是东部降水较多的丘陵地带，年平均降水量也不过 350 毫米。一个地区的年降水量如果低于 400 毫米的话，那么草本植物将取代乔木成为覆盖地表的主要植被；如果低于 200 毫米的话，那么地表所呈现出的自然植被状态，最多只能是草原与荒漠的过渡形态——荒漠草原（直至变成荒漠）。

以自然降水的情况来看，阴山草原中条件最好的，应该是东段阴山丘陵地带了。从地理结构来看，这片阴山主脉延伸部的最大特点就是一个字——乱。整个区域山势凌乱，丘陵、盆地、台地交错。不过，居于其中的游牧者却能真实感受到受山脉走势影响产生的环境差，并将这片丘陵地带分为前山、后山两个地区。前山、后山以大青山东延出来的灰腾梁为地理分割线。其中，乌兰察布市区所在的集宁区及其以南地区，为前山地区，气候相对比较温暖，雨量能够达到 350~400 毫米；集宁以北的后山地区，则受西北风的影响较大，气温较低，且降水相对较少。

阴山丘陵地带之南所对接的是山西高原最北部的大同盆地。今天内蒙古与山西之间的行政边界所在，即是古代农、牧博弈形成的自然分割线。对于试图从阴山草原南下的游牧者来说，大同盆地是他们入主中原的重要跳板。一旦得到大同这个农业基地，游牧政权便有力量继续南下，或者沿着大同盆地的核心桑干河谷（永定河上游）东行，穿越燕山与太行山之间的丘陵盆地，进入华北平原。历史上遵循这一线路扩张的最成功案例，便是鲜卑人建立的北魏政权。

大同盆地并不是从阴山草原进入农业区的唯一选择，在阴山丘陵东侧，是以张家口盆地为核心的燕山西南丘陵地带。贯穿张家口盆地的洋河，在经过一系列燕山山前小盆地（统称张家口盆地），与流出大同的桑干河合流，汇集而成永定河汇入华北平原北部。游牧者可以从阴山丘陵或者坝上草原两个方向进入张家口，然后沿河谷向华北平原北部发动攻击。历史上著名的“土木堡之变”，其战争过程便是对上述路线的一次典型实践。

今天，地理上定位于燕山西南丘陵地带，西与阴山丘陵、南与太行山北相接的这片土地，与部分坝上草原一起，归入了河北张家口市的行政范围。与阴山丘陵和坝上草原不同的是，张家口盆地的自然降水尽管也只有 400 毫米左右，但河流贯穿的特点，使之有机会开展灌溉农业，并因此在古代聚集更多的农业人口。基于这一特点，历史上张家口成了华北平原在西北方向抵御游牧民族入侵的前哨。为了拱卫华北的安全，很多王朝都会在张家口与北京之间的分水岭上（准确说是燕山、太行山之间的缺口）修建长城。特别是明王朝定都北京后修建的被世人称为八达岭长城的明长城，已成为长城最具代表性的名片。

鉴于燕山山脉、阴山山脉、太行山脉相接的这片丘陵盆地具备的重要地缘价值，张家口及乌兰察布这个地理分区在近代曾经一度被整合为察哈尔省。只不过与热河一样，这个为了缓冲日本入侵而建立的省份，在中国再次恢复统一之后，便从行政区划中消失。张家口、乌兰察布依它们的核心地缘属性，分别成为河北与内蒙古的一部分。

黄仁宇先生曾经提出“15 英寸等雨线”（381 毫米）的概念，来解读长城的走向问题。当然，影响农业形态的因素并不只有降水，还有温度。最起码在降水充足的东北地区，我们需要一条以“无霜期”为参考指标的温度线，来解释长城的走向。同时，如果自然降水不足的话，依靠河流开展灌溉农业，同样可以进行绿洲式的农业开发。以种植业所需要的条件来说，阴山山脉并不是游牧经济扩张的极限。

在阴山主脉以南，被黄河那个著名“几”字弯包围的地区，分布有两处高原，分别为东南部的陕北高原，以及占据大部的鄂尔多斯高原。其中，河谷纵横的陕北高原虽然有环境恶化的走势，但整体上一直属于可以开展大规模农业的板块。反观地势平坦、几无地表水分布的鄂尔多斯高原，降水和积温（植物生长周期内所需要的日平均气温的总和）依然很难达到种植业的要求，海拔 1100~1500 米的高度，又使之无法从黄河之水中获益。更为不幸的是，本应为鄂尔多斯高原西、北迎风面提供保护的阴山山脉、贺兰山脉，海拔和连续性上都不足以对鄂尔多斯高原形成天然防护。在年复一年的西北季风作用下，不仅鄂尔多斯高原的表层土壤容易剥离（包括沙化），更可能被来自西北戈壁地区的黄沙所侵蚀。对比之下，生活在山西高原和华北平原的人则要幸福得多，尽管每年冬天也会有沙尘暴的烦扰，但有燕山、吕梁山、太行山等高大山脉的保护，这一地区受到的影响要小得多。

鄂尔多斯高原的地势和环境，使得它今天整体呈现为沙、草相间结构。环境最为恶劣的西北部，变身为库布齐沙漠，东南部与陕北、陇东高原相接之地，则因山势阻挡了大量的风沙，而变成毛乌素沙地。即使勉强可以归类为草原的区块，其类型也多是荒漠草原状态。当然，在一些相对温暖、湿润的历史时期（比如先秦），鄂尔多斯高原的环境会比现在更好些，但整体而言，这片土地一直是游牧者的天下。这也是今天的鄂尔多斯地区会划入内蒙古境内，而秦长城的走向实际正是沿着鄂尔多斯高原与陕北、陇东两个陕西北部高原的分割线延伸的根本原因。

从地理分区看，鄂尔多斯高原更应该被划入黄土高原的范畴。不过考虑到环境以及传统经济形态，它很多时候会被认为是广义蒙古高原的一部分。不管鄂尔多斯在地理上到底是归入蒙古高原还是黄土高原，就定义蒙古草原以及漠南概念来说，无疑应该把鄂尔多斯板块包含进去。

由于被黄河“几”字弯包围，很多时候鄂尔多斯高原也会同陕北高原一起，被纳入河套的概念中。尽管从“河套”二字的地理本意来说，这样的归纳并没有问题，不过考虑“河套”一词在地缘层面的意义，它指向的更应该是仅仅由黄河水滋养的那几处河套平原地区。

河套

能够被称为“河套平原”的一共有三处：一是由狼山、鄂尔多斯高原合围而成的后套平原，当下的中心城市为巴彦淖尔市；二是由阴山—大青山与鄂尔多斯高原、山西高原包夹而成的前套平原，分别依附大青山、阴山的呼和浩特、包头两市，是前套平原的双子星，同时也是内蒙古呼包鄂城市群的中心城市；阴山山脉西南方向的贺兰山，是成就另一处河套平原的关键，这片地处鄂尔多斯高原西部的平原，被命名为西套平原。

从地理上看，西套平原与蒙古高原的关系，显然比阴山山脉脚下的前套、后套平原要更远一些。无论在历史和现实中，西套平原更像是一个介于周边几大板块之间的孤立板块。900多年前，党项人据此建立的西夏王朝，以及今天我们所看到的宁夏回族自治区，都是这种地理孤立性的体现。基于这一行政属性，西套平原又被称为宁夏平原或者银川平原。

狭义情况下，河套平原一般只是指向前套、后套平原。不过在游牧民族与中原王朝的博弈中，这三个具备同样地理属性的黄河中游平原，都有重要的战略价值，只不过西套平原因为其地理孤立性，有可能成为第三方生存的基地罢了。决定三个河套平原在游牧体系中地位的，除了与黄土高原相邻的位置以外，还有黄河水为它们创造的优异草场条件。

河套平原及周边示意图

谈到游牧生活，大家脑海中浮现的一定是蓝天、白云、一望无际的大草原，以及成群的牛羊。然而在地理学以及牧民的概念中，草原其实是分为很多类型的。在欧亚大陆草原中占据主导地位的，是处于寒冷、半干旱的大陆性气候中（降水量为250~400毫米），以旱生的多年生草本植物为主的干草原，这种草原又被称为典型草原。在干草原上畜养最多的牲畜，一般是对水资源需求相对较少的绵羊。如果降水量进一步降低到200毫米以下，那么草原就会逐渐向荒漠过渡，更加耐旱的山羊和骆驼将成为荒漠草原乃至荒漠的优势物种。

在牧民眼中，干草原并不是最好的草场，真正好的草场应该是背靠山林、依托山地带来的丰富水资源形成的草甸草原。蒙古牧民用自己的语言，将之命名为“杭盖”。草甸草原是森林向草原过渡的一种植被类型，高于干草原的自然降水（能达到 450 毫米 / 年）或者充沛的河流补水，是草甸草原形成的关键。更多的水意味着更多的物种，相较植物品种单一的干草原，草甸草原能够生长很多对水分条件要求较高的优质牧草，所谓“水草丰美”，其实就是用来形容草甸草原的。

在蒙古高原上，草甸草原产草量最高能达到每亩 150 公斤干草，典型草原产草量一般为每亩 100 公斤，而荒漠最多只有每亩 20~30 公斤。在草甸草原的环境下，牛、马这种对水、草条件要求更高的大牲畜，也能大规模饲养。像与大兴安岭、燕山山脉紧密相连的呼伦贝尔草原、坝上草原，最吸引牧民和旅游者的其实就是它们核心部分的草甸草原了。

在自然状态下，水资源丰富的河套平原，所呈现出的植被状态就是优质的草甸草原。在草甸草原，植物群落的高度可达到 40~50 厘米。《敕勒歌》形容的“风吹草低见牛羊”的景象，便是出现在阴山脚下的河套平原。生活在南方的朋友并不是没有机会体验这种感觉，比如中国四大淡水湖之首的鄱阳湖，近年来就因为枯水时间过长，以至让草本植物有了足够的生长周期，而被网友戏称为“鄱阳湖大草原”。

在东亚农耕文明的成长过程中，通过兴修水利开发农田一直是非常重要的方式。耕种规模的扩大，在增加人口潜力的同时，改变了很多地区的自然生态环境。如果不是人类已经意识到保持鄱阳湖水体面积对整个地区生态环境至关重要的话，相信所谓的“鄱阳湖大草原”在出现之初就会被开发成耕地。尽管水资源情况较好的草甸草原是牧民和其他人心目中的“草原形象代言”，但恰恰是这种良好的环境为之带来了被开发为耕地的风险。

并不是每一片草甸草原都会被开发为耕地。温度仍然是必须考虑的重要因素，在纬度较高的呼伦贝尔草原，这种变化的风险相对要小得多。然而，在纬度较低的河套平原，改变的风险就要大很多。中国五千年的文明史中，气温并不是一成不变的。从公元前 8 世纪的春秋时期到东汉初年的公元 1 世纪，是中国历史中的一个温暖期，根据史书记载，山东半岛的粮食种植甚至能够达到一年两熟。

这种气候上的变化，同样对河套平原的政治归属产生了重大影响。公元前4世纪末，通过“胡服骑射”拉平与游牧民族之间军事技术差距的赵国，一举将领土扩张至阴山山脉，并在狼山—阴山丘陵一线修筑赵长城。此后的秦、汉两代，亦通过长城和军事优势，总体上保有了对河套平原的控制。然而，长城和中央之国在人力、资源上的优势，并不是中原王朝控制河套平原的关键。如果不是因为气温的上升，使得前套、后套平原有了农业开发的可能，无论是赵、秦还是两汉，实际上都无法“移民实边”，去控制游牧民族更占优势的河套平原。

每一个温暖期之后，都会伴随着一个温度相对较低的寒冷期。对于东亚农耕区腹地来说，这往往意味着粮食减产甚至灾荒；对于像河套平原这样的农牧相接之地来说，变化会更为明显。之前那些勉强可以耕种的土地将被迫重新恢复自然状态。新的寒冷期在东汉时期就已到来，一直延续至南北朝末年（公元1—6世纪）。这一时期中国地缘政治呈现的巨大变化，就是强大的汉王朝虽然在初期还能够压制北方游牧政权，但具体到河套乃至整个西北地区的政治安全，则要依靠那些内迁的游牧部落。这场自公元1世纪中开启的民族迁徙，后来造成了中国历史上最为混乱的一个时期。

从大历史的角度看，唐王朝是中国历史上的第二个强盛期。隋唐时期，中国再次进入新的温暖期，是中原王朝再次强大的重要背景。在这种情况下，河套平原的农耕经济又得到了一定程度的恢复，并成为唐王朝压制游牧区的重要支撑。只不过在唐王朝崩溃之后，周期性的降温再次消融了河套平原的农耕潜力。此后尽管还有短暂的温暖期出现，但中央之国的整体温度都没有能够恢复到公元前后的程度。

相对而言，纬度更低的西套平原，比前套、后套平原要更具农业潜力。在前套、后套平原因为温度原因重回草原状态的情况下，西套平原仍然可以进行一定程度的农耕开发。如今银川每年的无霜期仍然能够达到 180 天左右，而包头的无霜期最高也只有 140 天。历史上，西套平原能够成为西夏的根基，并最终能够生成一个自治区的行政建制，除了地理上的孤立以外（周边皆为荒漠、半荒漠地区），这种相对较好的农耕条件是重要基础。

从地缘结构上看，即使河套平原具备移民开发的条件，历史上中原王朝想要控制上述板块也存在很大变数，这是因为三个河套平原本质上都是对应山脉与鄂尔多斯高原合围而成的。尽管因为地势原因，这三个盆地状河谷平原有机会成为农业绿洲，但干旱少水的鄂尔多斯高原却始终是游牧者的天堂。另外，阴山山脉与贺兰山脉并没有对包括鄂尔多斯高原在内的整个河套地区形成完整的保护。这些因素结合在一起，沿线构筑一条完整的长城防线，成本是难以承受的。这意味着，河套平原无论在战略还是战术上，都非常容易陷入被游牧力量包围的境地。在这种情况下，自秦国开始沿陇东高原、陕北高原的边缘修筑的长城，就成为中原王朝拱卫陕西和关中安全的主要手段。

河西走廊

一提到河西走廊，马上就会让人联想到甘肃省。不过，河西走廊并非甘肃省的全部。哑铃形状的甘肃省，其轮廓本身就显露出了它的建制使命——连接西域与黄土高原所代表的华夏核心区。西域地区的东大门北山（天山最东端），以及黄土高原最西部的陇西、陇东两个高原，是这个哑铃的东西两端，而中间的细长地带，就是河西走廊了。

相信对于大多数人来说，理解河西走廊位置的重要性不是一件难事。作为黄土高原、青藏高原、西域、蒙古高原四大板块的交会处，河西走廊那条狭长的绿色带，承担了太多的地缘使命。河西走廊的“靠山”祁连山脉，因其四五千米的平均海拔，更有机会拦截到更多的水汽。西北—东南的走向，也

河西走廊及周边示意图

使得祁连山脉比青藏高原北部边缘的昆仑山脉、阿尔金山脉更能接触到来自太平洋的水汽。假如我们换一个角度来审视“风水”一词的话，作为东亚大陆最后一块能明显接收到太平洋水汽的板块，祁连山脉和河西走廊在历史上能够比较稳定地成为华夏农耕区的一部分，与大家同享同一“风水”带不无关系。

然而，说到河西走廊的地理结构，想来很多人会陷入误区。因为从板块的角度来看，河西走廊的绿洲带并非我们从表面所感知的那样，是一条带状。整个河西走廊的核心，是由一个个沿祁连山麓分布的绿洲串联起来的，在这些绿洲之间，仍然充斥着来自北部荒漠区的风沙。那些从祁连山北坡奔流下来的水（包括雨水），最终汇集成两大水系：西部的额济纳河（黑河内蒙古境内河段）水系、东部的石羊河水系。前者在山前的冲积扇成就了酒泉、张掖两片绿洲，后者则以武威为中心。

漠北高原左翼的游牧者，沿大兴安岭山麓南下可以对接燕北草原；居于色楞格草原的部落，在穿越外蒙古戈壁后能够抵达阴山草原。而如果居于高原右翼的游牧者也要直线向南寻找新的草场，难度则大得多。与大湖盆地同经度的区域内，紧贴青藏高原东北角的河西走廊是唯一成规模的绿地。

在漠北草原南下河西走廊的征程中，中国境内阿拉善高原（行政建制为阿拉善盟）是一片必须穿越的荒漠地带。地理位置上，阿拉善高原位于天山山脉、河套地区、河西走廊、戈壁阿尔泰山之间。与之重叠的还有两个地理标签：西部的巴丹吉林沙漠、东部的腾格里沙漠。这意味着整个阿拉善高原的环境，甚至比与其隔西套平原相望的鄂尔多斯高原还要恶劣。如果说后者的一些区域还勉强能往荒漠草原范畴靠拢，那么阿拉善高原就完全可以被定位为荒漠了。

无论是荒漠还是荒漠草原，游牧者终归是比农耕文明更容易适应的。这也是为什么阿拉善高原与鄂尔多斯高原一样被归入了内蒙古范围。如果不是来自青藏高原或者祁连山的水，在高原的东北边缘滋养了几个绿洲的话，河西走廊这条连接黄土高原与西域的狭长通道，并无可能存在。

不过，从漠北南下的游牧者实际并不需要抵达祁连山麓，就能够获得补给。从地图上可以看到，在甘肃哑铃状的外轮廓上，河西走廊所代表的中间地带，并非边缘光滑的带状，而是在东北方向有两个明显的凸起。常识告诉我们，如果这两个深入阿拉善戈壁的凸起，只是一片对农、牧双方用处都不大的荒漠，通常情况下并不会划入一个位列核心区的省份。也就是说这种行政分割法，很可能意味着这两个区域内存在着足以让双方争夺的绿洲。事实也的确如此，甘肃中部的这两个凸起的确与两块依附于河西走廊的绿洲——居延海和潴野泽有关。

居延海和潴野泽是额济纳河与石羊河的终端湖，由于河道的不稳定性，居延海和潴野泽在沙漠中的位置并不十分固定，就像我们后面会分析到的罗布泊一样。在这种沙漠之地，这种不稳定性反倒不是一件坏事。最起码它让河流所带来的矿物质无法累积于一地，从而变成人畜无法饮用的咸水湖。一路向北的额济纳河与石羊河的珍贵淡水，使河西走廊的绿洲带得以向阿拉善戈壁的腹地渗透。

自汉帝国强势渗透河西走廊并对上游经济进行农业开发后，额济纳河、石羊河终端的水面都不可避免地大幅缩小，尤其是水量原本就更小一些的石羊河。20世纪50年代，最盛时曾经长约100公里、最宽处达50公里的潴野泽，终于完全干涸了（消失之前被称为青土湖）。依赖这片水域而生的甘肃省民勤县，今天展现在世人面前的形象，大多是当地居民如何与恶劣的自然环境抗争、试图在沙漠中固沙植绿的勤勉之举。

相比无力维持潴野泽存在的石羊河，额济纳河所显示的力量要更为强大些。今天我们依然可以在额济纳河下游紧邻中蒙边境的地方，看到两个小型湖泊。而在两千多年前，被称为居延海的大湖，曾覆盖数千平方公里的土地，面积堪与现在中国的第一大湖——青海湖相比。如此宽阔的湖面，能够为周边地区带来多少绿色，就可想而知了。

对于试图从漠北南下的游牧民族来说，能够穿越整个阿拉善戈壁，抵达戈壁阿尔泰山南麓，居延海是极为重要的中继点。今天，尽管甘肃省在额济纳河方位上能够沿河道向北延伸一个凸起，但额济纳河下游及居延海一带，则与阿拉善高原一起归属于内蒙古。基于这片绿洲在地缘政治上一直为河西走廊承担缓冲作用，这种划分并无不妥。否则的话，将边界向北延伸至中蒙边界的甘肃省，将不得不直面国防压力。只不过，这种缺少天然地理分割线的划分，多少也为与额济纳河相邻的额济纳旗（内蒙古）、金塔县（甘肃）带来了一些困扰。如果在地图上仔细观察这段省界，会发现它仍处于有争议的未定状态。

在漫长的历史中，作为河西走廊绿洲的延伸，居延海畔发生了无数故事。其中最为人所关注的历史发生在西夏时期。这倒不是说西夏对于居延海绿地的经营有过人之处，而是因为西夏人在居延海畔所建立的重要据点——黑水城，在20世纪初被发掘了出来。黑水城得名于黑水（古弱水），即我们现在所说的黑河。

说到这里，顺便澄清一个误区。曾经不止一次有朋友问，为什么西夏仅仅凭借西套平原就能够和辽（金）、宋呈现三足鼎立之势。实际上，西套平原只是西夏国的核心区。包括居延海绿洲、潴野泽绿洲在内的河西走廊绿洲，以及河套地区的后套平原、鄂尔多斯高原都曾经完全属于西夏（自然也包括这些绿洲相间的整个阿拉善戈壁了），其控制区甚至还渗透到前套平原、陇西高原、陕北高原的边缘地区。在匈奴崛起的年代，这样的控制区基本就相当于匈奴右贤王在漠南的领地。之前汉、唐帝国对西北这些水草丰美之地进行的农业开发，是西夏有机会跻身地缘政治舞台中心的重要基础。只是做到这点的前提是党项人必须与时俱进，而不是单纯坚持他们的游牧生活方式。很显然，他们做到了。

从地理位置上看，黄土高原之上的华夏族，应该更有机会渗透到河西走廊。问题是，对于这个从黄土中发现农业潜力的族群来说，东部有着更为广阔的空间。毕竟，与华北平原等东部板块相比，河西走廊可供农业开发的那些土地，就不算什么了。只是，当游牧民族从西、北两个方向对中央之国造成强大压力之后，华夏文明才会去思考，如何把自己的农耕线尽量往西、北两个方向推进。在压缩对方游牧空间的同时，为自己获得更多的缓冲之地。

对于华夏文明来说，向周边地区扩张的过程，本身就是一个不断延伸农业线的过程。这种以农为本、人地合一的做法，固然是华夏文明能够历经千年而不倒，并且越做越大的根本原因，但从环境的角度来看，在那些农牧相接处开展大规模农业活动，环境代价也是很惨痛的。相比自然生长的草场，种植农业所需要的水要多得多。当然，产出和单位土地的人口承载量也相应要高得多。

在人口增长的压力下，环境就会变得更加脆弱，甚至形成恶性循环。为了生存，人类不断竭泽而渔式地改变环境，反过来，恶劣的环境又将压缩人类的生存空间。唯一能够从中直接“受益”的，大约就只有考古学家了。诸如黑水城之类的遗址，要不是因为被沙漠所覆盖，应该是留不到今天的。这种结果显然不是人类所追求的，今天我们在这里研究“地缘”这个课题，包括回顾历史，最大的意义并不在于政治或者军事层面，而在于从更高的维度来审视人类应该如何正确改造和适应环境（不光包括地理环境，也包括人文环境）。

回到河西走廊的话题上来。额济纳河与石羊河所成就的绿洲，并非河西走廊的全部支撑点。在汉武帝代表中央之国和华夏文明将河西走廊的草场变成农业绿洲时，汉帝国一共在这条走廊地带设有武威、张掖、酒泉、敦煌四郡。今天我们依然能够在甘肃的行政建制中看到这些古地名。其中，武威对应的是石羊河冲积扇绿洲，张掖、酒泉则分属额济纳河的两条上游河流流域。接下来要解读的，是知名度最高的敦煌。

尽管同属河西走廊板块，但敦煌绿洲的地缘属性与另几片绿洲有很大不同。如果说武威、张掖、酒泉及其所依附的两条河流是背靠祁连山，面朝东北方向的黄土、蒙古两大高原的话，那么处在塔里木盆地入口处的敦煌，直面的就是整个西域—中亚板块了。其地缘政治地位乃至因莫高窟藏经而提升的文化地位，都得益于这个枢纽般的位置。

从位置上看，敦煌绿洲并不是仅由祁连山之水所滋养的。它在青藏高原方向所面对的，正好是祁连山脉与阿尔金山脉相接处的缺口。如果沿着这个缺口一路向东的话，就将抵达青海湖以及河湟谷地，并打通一条横贯青海的丝绸之路（青藏高原部分会有详细解读）。不过，敦煌的存在，并不依赖这条可能为人类所利用的通道，从祁连山、阿尔金山两大山脉西流而下的疏勒河水，才是敦煌绿洲存在的基础。

从收集太平洋水汽的角度来看，疏勒河上游山地的位置并不理想，毕竟地势至此，它所面对的山地已经开始面朝欧亚大陆腹地了。祁连山脉南坡以及阿尔金山脉东部山地，为此提供了面积更大的集水区。前者提供了疏勒河的主源，后者则延伸出了另一支上源——党河。二者在山前合流之后向西，与塔里木河在盆地中所收集的淡水一起，汇集成著名的罗布泊。只不过在如此脆弱的环

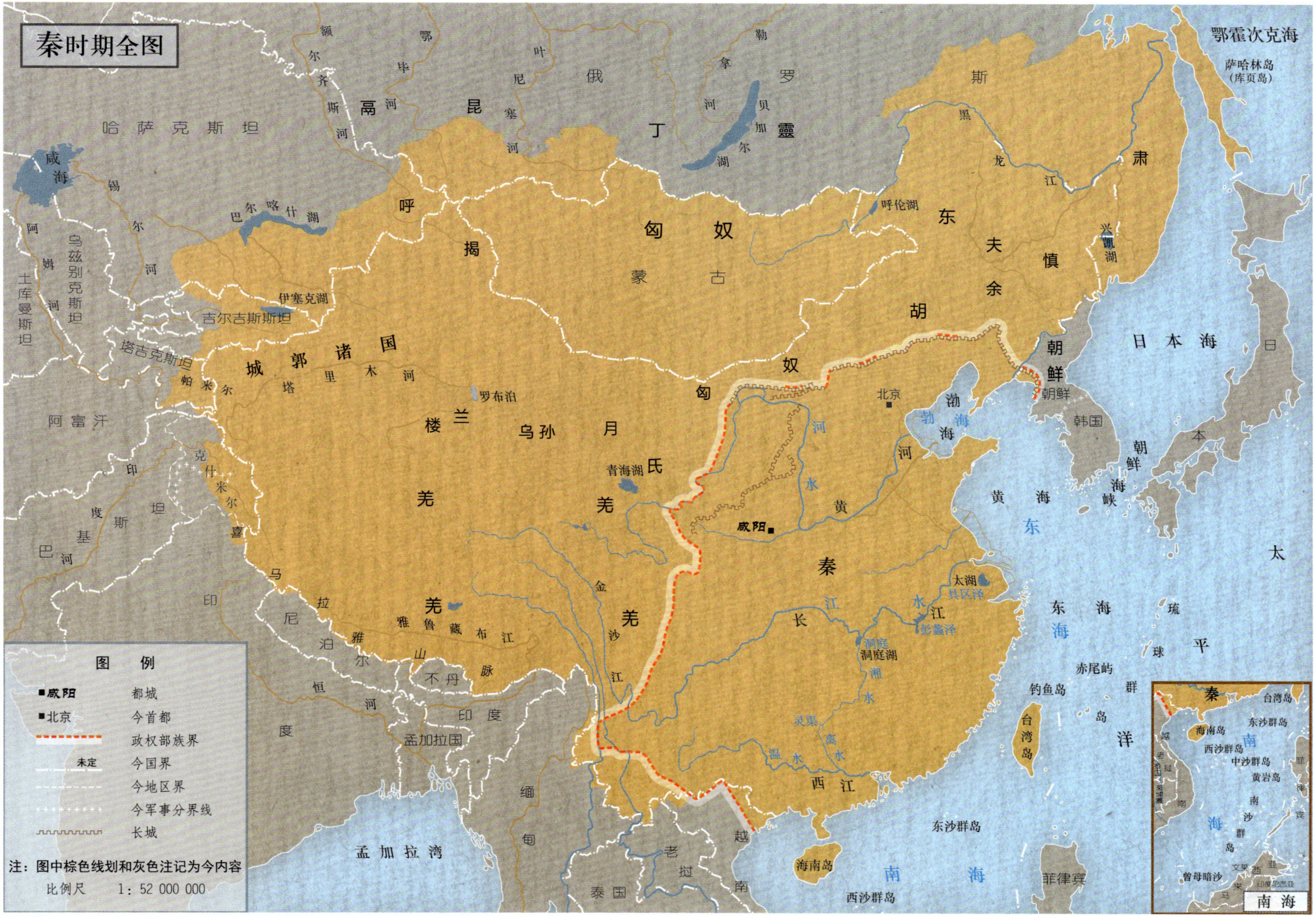

秦时期全图
图例
咸阳 都城
北京 今首都
政权部族界
未定 今国界
今地区界
今军事分界线
长城
注：图中棕色线划和灰色注记为今内容
比例尺 1：52 000 000
匈奴
东胡
夫余
肃慎
呼揭
城郭诸国
楼兰
乌孙
月氏
羌
秦
朝鲜
咸阳
北京
哈萨克斯坦
俄罗斯
蒙古
日本海
黄海
东海
南海
渤海
孟加拉湾
鄂霍次克海
萨哈林岛
(库页岛)
台湾岛
海南岛
钓鱼岛
赤尾屿
东沙群岛
西沙群岛
中沙群岛
黄岩岛
曾母暗沙
青海湖
罗布泊
巴尔喀什湖
伊塞克湖
呼伦湖
兴凯湖
洞庭湖
彭蠡泽
太湖
具区泽
贝加尔湖
咸海
塔里木河
雅鲁藏布江
金沙江
长江
黄河
湘水
漓水
灵渠
西江
黑龙江
喜马拉雅山脉
吉尔吉斯斯坦
塔吉克斯坦
乌兹别克斯坦
土库曼斯坦
阿富汗
巴基斯坦
印度
尼泊尔
不丹
孟加拉国
缅甸
泰国
老挝
越南
韩国
菲律宾
琉球群岛
太平洋
南海

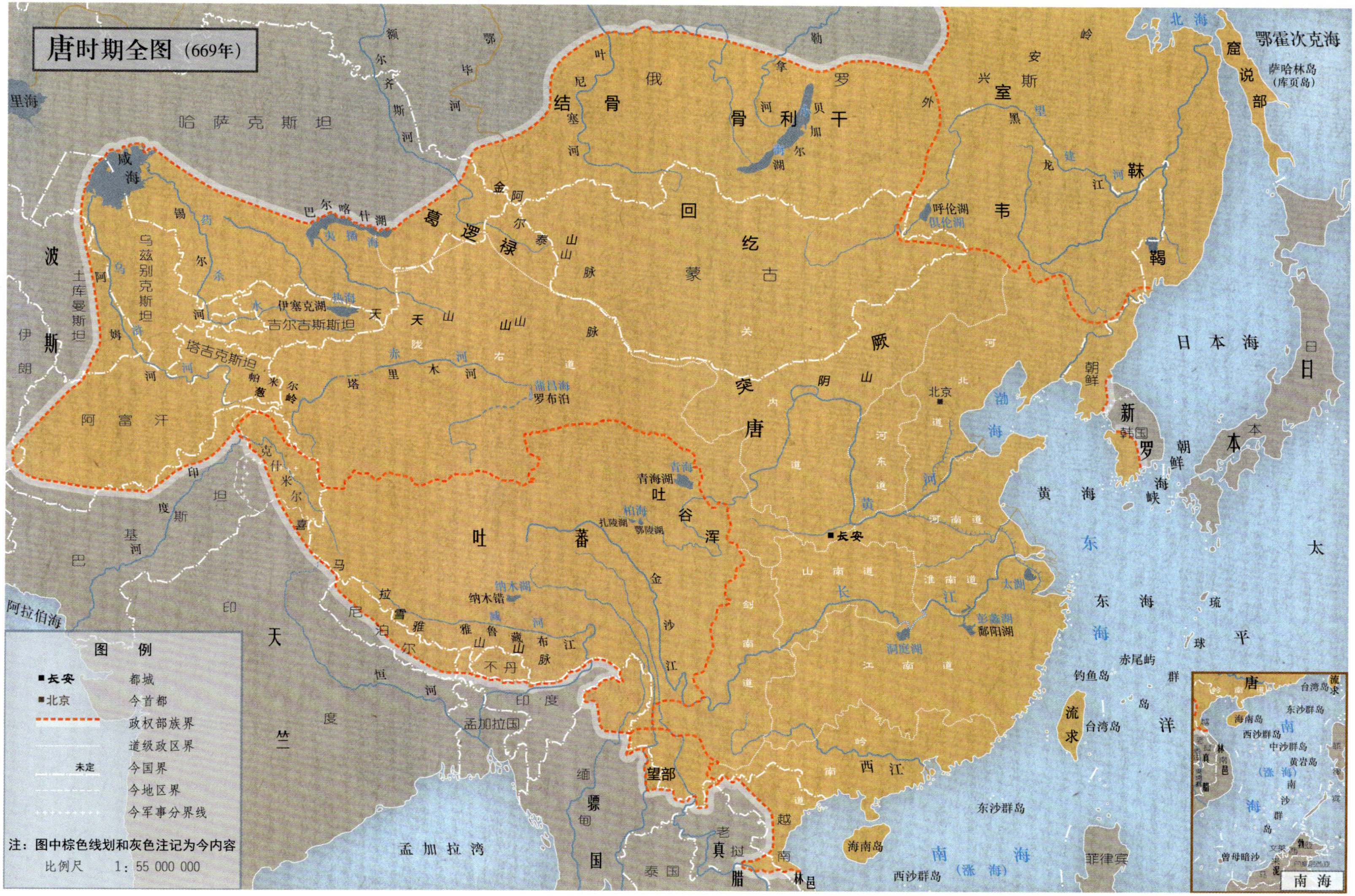

中国疆域变迁示意图　　根据谭其骧先生主编《中国历史地图集》制作

地图会说话系列·《地缘看世界：欧亚腹地的政治博弈》

境里，这个神秘湖泊经常会“玩失踪”，以至我们今天暂时看不到它的存在。

敦煌城的定位处于党河河畔，与之在地缘政治上紧密相连的玉门关，则位于合流之后的疏勒河畔。从地缘位置上看，敦煌绿洲的重要性，体现在它是河西走廊连接天山南北的枢纽点。通过这个点，经河西走廊西进的商旅，既可以选择进入天山北路的准噶尔盆地，也可以选择沿塔里木盆地南、北山麓继续西行。区别在于塔里木盆地边缘，有一连串农业绿洲充当稳定的支撑点，使其成为汉代开通的丝绸之路的主线。其中，沿塔里木盆地北沿的线路被称为“北道”，南沿的则被称为“南道”。

至于天山北麓或者说准噶尔盆地的情况，则要困难得多。到中亚—西域部分我们会知道，这一地区在古代并不具备打造农业绿洲的条件，因此一直属于游牧区。及至唐代，征服西突厥之后，沿天山北麓的路线才被打通，并被称为“新北道”。

敦煌的这一枢纽位置，使其也面临着很大的地缘政治风险。对于中原王朝来说，如果不能够直接控制西域或者羁縻（最低限度是塔里木盆地的绿洲带），那么保有敦煌这个突出部是十分困难的。正因为如此，未能如汉唐那样控制西域的明王朝，才会在16世纪初把河西走廊防线退至扼守酒泉绿洲的嘉峪关，并把嘉峪关以西之民迁至关内。

在大多数历史时期，能够在河西走廊对中原王朝造成威胁的力量，都是源自蒙古高原的游牧势力，这也是要把河西走廊板块放在蒙古高原部分来解读的原因。然而，蒙古高原对河西走廊的地缘威胁，并非仅仅透过有居延海绿洲中继的阿拉善高原来达成，更多的时候，战略影响是来自西域方向。因此，要准确了解河西走廊的地缘政治定位，以及它在丝绸之路中的作用，还需要通过后面对中亚—西域板块的解读来完善。

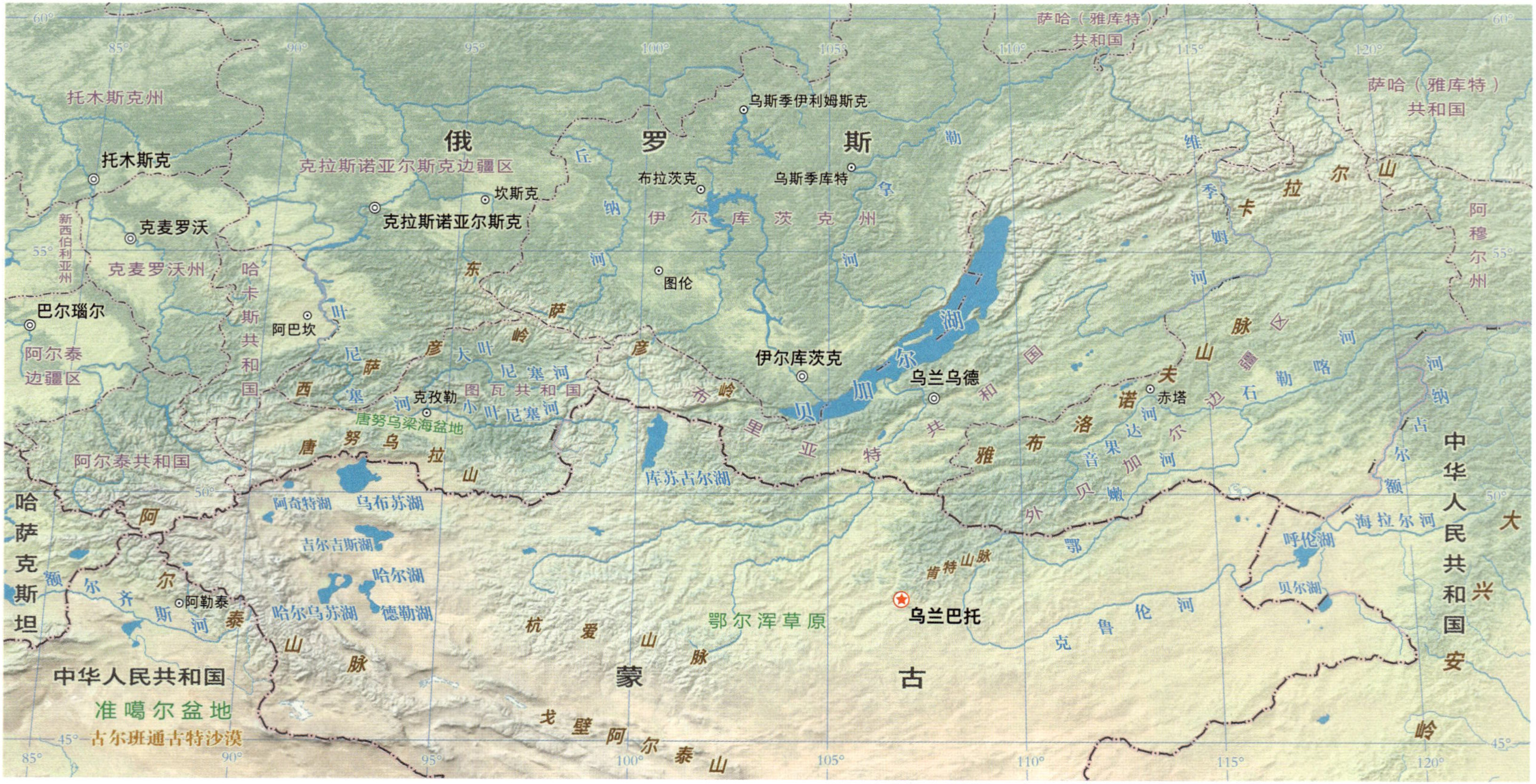

俄属蒙古高原及周边示意图

第四节 | 俄属蒙古高原

17 世纪，在西欧沿海国家倾力进行海洋扩张的大背景下，地处东欧的俄国也试图打开它的海洋通道。俄国人为此在波罗的海、黑海与瑞典、奥斯曼等国家进行了一系列战争。西线的扩张，使得俄罗斯今天能够拥有北冰洋和大西洋的出海口。不过单纯从领土角度来看，俄国在亚洲的扩张显然更让人瞩目。尽管随着苏联的解体，曾为俄罗斯帝国和苏联一部分的中亚五国获得了独立，但几乎完整保有西伯利亚的俄罗斯，仍然是最强大的大陆国家。从海洋角度看，受益于东线扩张而获得的太平洋出海口，也让俄国与美国一样成为这个星球上仅有的两个能连通三洋的国家。

蒙古帝国的衰弱，是俄国在东欧平原崛起的契机。此后整个欧亚大陆西边缘地区（西欧）在技术上的领先，帮助俄国完成了在欧亚大陆中心地带的扩张。在成吉思汗之孙拔都代表帝国西征东欧，并征服当时的罗斯诸国 600 年后，东扩的沙皇俄国终于反过来站上了蒙古高原。这一历史和现状，使得我们必须从地缘政治角度单列出俄属蒙古高原这个板块来。

从行政角度看，俄属蒙古高原包括今天俄罗斯境内的图瓦共和国、布里亚特共和国及外贝加尔边疆区的南部地区。接下来的内容将告诉我们，谙熟地缘政治之道的俄国人，为什么一定要得到这些蒙古高原的土地。

唐努乌梁海与阿尔泰诺尔乌梁海

唐努乌梁海位于大湖盆地区的北部，从漠北的地缘政治分区来看，属于右翼板块。地理结构上，这是由蒙古高原最西北角的三条山脉——西萨彦岭、东萨彦岭、唐努乌拉山合围而成的一个高山盆地。与蒙古高原整体呈西高东低的走势有所不同，唐努乌梁海盆地周边山势，呈现的是东高西低的走势。也就是说，唐努乌梁海与色楞格河流域之间的山体，地势是最高的，而面向西西伯利亚平原的地势相对较低。不要小看这一点区别，在地缘政治中，这一点区别最终决定了唐努乌梁海的归属问题。

与所有由山脉合围而成的河谷、盆地一样，那些从山脉之上冲刷出众多河道的雨水，最终会在最低点汇合成一条河流。在大多数情况下，汇合之后的河流会寻找一个缺口冲出谷地，并在和更大的河流汇合之后奔向海洋。当然，也不是所有的雨水都有这份回归海洋的幸运，仍然会有一些内陆河没有力量找到大河，只能在低地蓄积出一个湖泊作为最终的归宿，就像唐努乌梁海之南那些流入大湖盆地的河流一样。

由于东萨彦岭以及唐努乌拉山西部的地势要高于西萨彦岭，所以合流之后的河流有机会从地势较低的西萨彦岭寻找到缺口，打开通往北冰洋的大门。对俄国地理结构知晓一二的朋友，应该听过这条河流的名字，它就是俄国水量最大的河流——叶尼塞河。也就是说，为俄国带去最多水资源的叶尼塞河（利用率倒不是最高的，因为流域人口密度太低），正是发源于唐努乌梁海。

任何一个稍有战略眼光的政治家，都不会愿意自己境内的河流受制于人。或者说，无论你是主观上有计划，还是客观上遵循自然渗透的规律，沿河流向上、下游方向扩张，都很自然地有把一条河流两边的土地归入同一政治体的需求和欲望。从这个意义上说，如果俄国人在尽握主动权的情况下，却不试图将本国和蒙古的政治分界线定位在叶尼塞河与色楞格河（也包括大湖盆地）的分水岭之上的话，那也当不起他们在地缘政治研究领域享有的诸多赞誉了。

在幼儿教育中，经常出现水汽是如何变成雨水并最终流入大海的童话故事。在这些故事中，能够回到大海中的小雨滴都是幸福的。然而以叶尼塞河为背景写类似童话的话，也许这是一个悲剧性的结尾。因为在唐努乌梁海盆地的日子，是故事主角最美好的时段。接下来它将穿越寒冷的西伯利亚，注入更加寒冷的北冰洋。

按照我们在温带的生活经验，每一条大河的下游地区通常都是地理条件最好的区域。平坦而肥沃的土地、充足的水资源，一旦人类有力量对其加以疏导，肥沃的良田就能够使所承载的人口呈几何数级增长（相对自然状态）。不过，西伯利亚却是一个截然不同的世界。后面的西伯利亚部分会告诉我们，气候短板是如何让叶尼塞河下游丧失农业开发机会的。

在没有工业助力的古代，西西伯利亚的大部分土地不仅让农耕民族无力开发，就算是靠天吃饭的游牧民族，也不会有太大兴趣。反倒是靠近上游高地的区域，因内部气候多样，而有机会为人类所利用。群山环绕的唐努乌梁海，就是这样一个典型的例子。所谓山水总相连，山脉越高，拦截水汽、蓄积雨（雪）水的能力就越强，因此相比地势平缓、腹地无高大山脉分割的蒙古高原中央戈壁区，唐努乌梁海在水资源方面是很有优势的。不过，凡事有利有弊，高大山脉过密的存在，虽然有利于植被生长，却也会让森林挤占了游牧民族更为喜欢的优势草场的生存空间。

由于合成唐努乌梁海的三条山脉相距较近，唐努乌梁海盆地内事实上并没有太大规模的草场。发源于东萨彦岭上的大叶尼塞河，与发源于唐努乌拉山东端的小叶尼塞河，在西萨彦岭和唐努乌拉山之间，合成了叶尼塞河的起始段。这些河流两侧，就成了这些生产方式整体以渔猎为主、辅以畜牧的部落的生存之地。越往高处去，渔猎的比例越高。也就是说，西段的叶尼塞河河谷，畜牧的比例高些；东段的大、小叶尼塞河等支流，渔猎的比例更高。总的来说，唐努乌梁海与贝加尔湖周边地区一样，是一个更多带有渔猎属性的板块。

在蒙古崛起之时，生活在唐努乌梁海及其以东，直至贝加尔湖东、南森林地区的半游牧、半渔猎部落，都被统称为“林中百姓”，以区别于那些驰骋在大草原上的游牧部落。在成吉思汗决心征服蒙古高原西、北部这些森林民族时，生存于唐努乌梁海的斡亦剌惕部（明称“瓦剌人”）是最先与蒙古人合作，并走出森林的“林中百姓”，这也成为其他森林部落迅速纳入蒙古帝国体系的导火索。这种政治上的“先知先觉”，为瓦剌人在蒙古帝国崩溃之后成为蒙古高原的主导力量取得了先发优势（因其可以获得比其他部落更好的政治待遇）。

瓦剌人之所以会成为“林中百姓”中最先归顺成吉思汗的部落，和他们的位置有着很重要的关系。他们所聚居的山林，正是在唐努乌拉山脉的最东端，这里也是小叶尼塞河的最上源处（共有八条小河，故被称为八河流域）。与蒙古高原核心游牧区色楞格河流域无缝对接的地理位置，使得瓦剌人成为最容易下山彻底游牧化的民族。

进入游牧体系的瓦剌人很快便融入了成吉思汗打造的草原帝国体系，并以蒙古部落的身份继续着与农耕区的千年博弈。在元朝灭亡后，瓦剌人逐渐成为草原上最强悍的部落，甚至一手酿成了农牧战争史上中原王朝最惨痛的失败之一——土木之变。在这次战役中，明王朝甚至直接损失了一位皇帝（明英宗，被瓦剌所俘）。除此之外，这些13世纪从唐努乌梁海走出的“林中百姓”后裔，还创造过很多历史，比如以“东归英雄”称号被载入史册的土尔扈特人、曾经称霸天山南北的准噶尔人，都是从瓦剌部落中分化出来的。在清朝，他们被统称为厄鲁特蒙古。

只要具备人类生存条件，每一片土地都不会成为无主之地。一个部落迁走之后，很快就会有另一个部落填充进来，并在相同的环境下延续着相似的生活状态。在瓦剌人走出唐努乌梁海后，填补进唐努乌梁海盆地的部落被称为图瓦人，今天俄罗斯境内有图瓦共和国。从民俗特点来看，图瓦人与其他蒙古部族并没有太大区别。不过，图瓦语却并不属于蒙古语族，而是属于突厥语族，一些专家认为图瓦人的准确定位应该是蒙古化的突厥部落。

唐努乌梁海的边缘位置，以及它与蒙古高原主体若即若离的地缘关系（河流不是指向高原腹地，而是西伯利亚），加上不甚突出的游牧环境，不仅造就了图瓦人的双重属性，更使得这一地区在历史上并没有成为决定蒙古高原命运的核心板块。不过对于中央之国来说，这个板块却有着特殊的意义。这里所说的特殊，并不是很多人纠结的清王朝曾经在唐努乌梁海建立过统治的问题。事实上，唐努乌梁海地区与华夏文明的交织，远比很多人所认知的要早。可以说，在西汉时期，这一地区就已经播撒了华夏文明的种子。

之所以会有这种情况，与当地群山环抱、水源充足的小环境分不开。周边山脉最大限度地隔离了来自西伯利亚与蒙古高原腹地的恶劣气候影响（冷空气和沙）。相对湿润的小气候以及因森林覆盖率高而腐殖成的良好土壤条件，使得相对开阔的大叶尼塞河河谷不仅有着自然条件不错的草场，同时也具备了农业开发的基本条件。

以农耕这种生产方式来说，地势平缓的森林地带远比草原要有吸引力。依靠原始的刀耕火种方式，焚烧过的森林很快就能变成耕地。等到那些因焚烧草木而产生的肥力被快速消耗掉后，原始的农耕者就会把目光投向另一片森林。不过，在中央之国，随着人口的增加，这种粗放的农业方式已经变得过于奢侈。以积肥、秸秆灰还田等方式对固定土地精耕细作、保持肥力的方式，成为东亚农耕区的普遍做法。这种生产方式以及对土地的态度，深深地决定了这个民族的性格。

如果想在唐努乌梁海的山间河谷中进行农业开发，倒不用去考虑改良土壤的问题。千百年来因植物腐败所形成的腐殖土，足以使农业开发者只考虑“播”和“收”两个程序（想想东北平原的黑土地是怎么形成的）。事实上，在东北亚、北亚森林地带，只要温度不是冷到难以忍受，能够提供农业生产最低限度的积温，小规模的农耕生产、畜养牲畜就会一直存在，并作为渔猎生产方式的重要补充。

从原本的生活模式来说，渔猎区会比游牧区更吸引农耕人口。这很大程度上是因为渔猎区与农业区的居民有些相同的定居方式，当你有机会稳定下来，并视自己脚下的土地为家园时，才会有机会在其中发掘出新的潜力。而在历史上，把农业技术带入北方渔猎区的，往往就是那些因为战争原因被掠入北方的中原农民。

你很难要求两千多年前的匈奴人或是其他游牧民族自然生成农耕的概念，并试图开发唐努乌梁海的农业潜力。通常情况下，被掠入游牧区的农业人口，会依掠夺者的军功被分配给各部落，并分散到蒙古高原的各个角落。不过，让那些或主动或被动来到蒙古高原的汉地移民，有一个更容易适应的环境生活，将有利于发挥他们从中原带来的技术特长。另一方面，相比渔猎、游牧的生产方式，同一片土地如果被开发为耕地，其产出量要远远高于草场和森林。

李陵是最早让唐努乌梁海进入中央之国视线的历史人物。在这个悲剧英雄被迫归降匈奴之后，匈奴人将他和他的部下安置到了这个蒙古高原的边缘之地。很显然，这种做法一方面能在地理层面杜绝李陵归汉的可能，另一方面也可以利用唐努乌梁海盆地内的小环境安抚那些归降的汉军。

李陵的故事并没有随他本人的逝去而从中国历史中消失。真正在宏观历史层面引发我们兴趣的，是一个叫作黠戛斯的部落。这支生活在叶尼塞河上游地区的部落，曾经向唐帝国的统治者表述过他们当中部分成员的华夏血统，并试图以此为纽带建立政治联盟。黠戛斯部所指向的血统来源就是李陵。基于中央帝国在东亚地区的文化统治力，边缘民族的这种攀附行为是非常常见的。不过，结合唐努乌梁海的地理结构以及李陵经略过此地的史实，黠戛斯部的部分成员的确有很大可能是李陵所代表的、曾经在唐努乌梁海及其周边地区生存的汉地移民之后。只不过因为李陵是他们当中声名最为显赫的，才有幸成为代言人罢了。至于黠戛斯是不是现代的吉尔吉斯人，那就是另一个话题了。最起码目前看起来，这段历史还没有被渲染的空间。

回到唐努乌梁海的问题上。封闭的高山盆地环境，使得这块土地有机会为人类保留一些原始的东西。比如现代图瓦人所操持的语言，就被认为是一种古老的突厥语，并为许多语言学家所瞩目。而他们与自然和谐相处的生活方式，也是许多人感兴趣的。当然，对于一些中国人来说，会很遗憾这片土地目前已经归属俄国。不过如果只是对图瓦人的生活方式感兴趣，并试图通过他们感受唐努乌梁海的地缘特点的话，倒是不用出国。在新疆阿尔泰山南麓，中国西北地区唯一与俄罗斯相交的边境区域，生活着一支从唐努乌梁海地区迁移过来的图瓦人（在中国被纳入蒙古族范畴）。喀纳斯湖是中国境内图瓦人生存之地的地理标签。

除唐努乌梁海以外，地理上属于蒙古高原（并被清朝纳入“外蒙古”范围）、后又与唐努乌梁海一起为俄国所占据的，还有一个完全为山地的板块，那就是覆盖阿尔泰山脉西段的阿尔泰诺尔乌梁海（也称“阿勒坦淖尔乌梁海”）。事实上，在蒙古高原西端，以“乌梁海”为名的土地共有三块，分别是唐努乌梁海、阿尔泰诺尔乌梁海，以及今为中国和蒙古国共有的、地理上为阿尔泰山脉东段的阿尔泰乌梁海。

被保留在中国境内的阿尔泰乌梁海地区，演变为今天的阿勒泰地区，而被俄国吞并的阿尔泰诺尔乌梁海，则建制有阿尔泰共和国。阿勒泰、阿尔泰这两个略有差异的命名，其实只是为了便于区分。生活在这些地区的古老部落，被称为乌梁海人。

今天，生活在俄罗斯阿尔泰共和国的数万乌梁海人，被命名为阿尔泰人。与很多在13世纪后被迁入蒙古高原腹地、在语言和文化上完全蒙古化的“林中百姓”不同的是，“阿尔泰诺尔乌梁海”阿尔泰人和图瓦人一样，虽然在习俗方面很大程度上已经蒙古化，但在语言上仍然属于突厥语族。

沙皇俄国需要阿尔泰诺尔乌梁海的地缘政治原因，与一定要拿到唐努乌梁海的理由是一样的。唐努乌梁海哺育了叶尼塞河，鄂毕河的源头则指向阿尔泰边疆区。很显然，既然俄国人得到了全部的西伯利亚，自然也就没有理由让西伯利亚的那些母亲河有一个外国源头。

如果再仔细观察西伯利亚水系构成，我们会发现阿尔泰山脉南坡同样为鄂毕河提供了重要的水源。源自中国阿勒泰地区的额尔齐斯河，在收集好阿尔泰山脉南坡之水后，向西通过哈萨克斯坦，再北流入俄罗斯境内与鄂毕河汇合。换句话说，如果追求绝对地缘安全，无论是当年与清王朝博弈的沙俄，还是华丽转身后的苏联，显然不会满意把阿勒泰地区留在中国境内。结合这一地缘政治设定，再去看沙俄、苏联时期与阿勒泰地区有关的一些历史事件，相信一定会有不一样的感悟。

当然，随着苏联的解体与哈萨克斯坦等中亚国家的独立，阿尔泰山脉的地缘政治结构又发生了新变化。对于在地缘政治上相互忌惮的中俄两国来说，当下阿尔泰山脉地区所形成的中、俄、哈、蒙四国相接的格局，不失为一个巧妙的平衡。中俄双方在这个位置上所保留的54公里边境线，既能保证双方有独立的通道沟通（同时又与另两国接壤），又不至于为安全而虚耗大量的人力、物力。

另一个关于地缘政治的有趣发现是，如果在欧亚大陆中心地带的范围内观察将中、俄、哈、蒙相接的这个点，我们会发现它不仅是这个中心地带的地理中心，是西伯利亚、“外蒙古高原”、西域、中亚四大板块相接的位置，更是能够承担欧亚大陆中心地带地缘政治中心点的关键所在。

当然，无论是地理还是地缘政治层面的中心点，这个“点”本身是不具备任何统治力的。中心点周边四大板块的潜力及归属才是问题的关键。在中国只保有西域，而俄国直接控制西伯利亚、中亚，间接控制“外蒙古高原”的那段历史时期，中国在西北所承受的压力可想而知。只是在苏联分裂、欧亚大陆中心地带新格局形成的今天，四分天下有其一（且几乎完整拥有青藏高原）的中国，在欧亚大陆中心地带的身位，无论如何不能说弱了。

贝加尔湖和外贝加尔地区

唐努乌梁海地区并不是蒙古高原之上唯一高森林覆盖率的区域。在其东、南两面的环贝加尔湖地区，森林同样取代草原成为主要植被（越往北覆盖率越高）。从地缘政治层面来说，这一地区被命名为“外贝加尔”，很显然，与远东、中东、近东这些概念的命名规则一样，是一个以欧洲为视线起点的标签。当然，每一个国家都有权力以自己为中心，为自己的周边板块命名。比如，被欧洲人称为“印度支那”的那片土地，中国人会更愿意称之为中南半岛（中国之南的半岛）。

既然解读到“外贝加尔”的概念，肯定就不能不提贝加尔湖。这个蓄积了世界 1/4 淡水的高原湖泊，第一次进入中央之国的视线，是因为被匈奴放逐于其南岸的汉朝使者——苏武。当时它的名称还是“北海”，在中国“海中地”的方位观中，这一定位意味着它已是华夏文明地理认知的边缘了。

每一条河流，都有它们最终的归宿。蒙古高原是这个星球上为数不多能发源出两片大洋水系的高地。肯特山以东的河流，除了消失在大漠戈壁中的内陆河以外，成规模的河流最终都通过黑龙江汇入了太平洋；而色楞格河流域大大小小上百条河流最终的归宿却是北冰洋。只不过在它们到达北冰洋之前，先得填满贝加尔湖。在填满贝加尔湖这个大坑之后，这些蒙古高原之水，才有机会向地势较低的西北方向打开一个缺口，最终通过叶尼塞河流入北冰洋。

事实上，色楞格河的流量并不大，能够蓄积起世界第一大淡水湖，很大程度上得益于贝加尔湖区的低蒸发量（太冷了）。同时，平均深度 730 米、最深处达 1620 米的贝加尔湖也有能力保住绝大部分的私家珍藏。不过，在某一个地质时期，贝加尔湖的海洋之路应该会比现在更通畅些，以至来自北冰洋的斑海豹有机会溯河而上，变身为世界上唯一的淡水海豹——贝加尔海豹。

贝加尔湖和外贝加尔地区及周边示意图

将贝加尔湖与叶尼塞河连接在一起的河流叫作安加拉河。对于这个名字，可能绝大部分人会感到陌生。不过提起它的另一个名字，估计就能引起很多人的兴趣了：上通古斯河。没错，总是在罗列世界之谜的书籍中出现的通古斯大爆炸，就发生在上通古斯河流域。同时，通古斯地区还被很多人认为是东北渔猎民族的起源地。

从流域划分的角度看，安加拉河也是叶尼塞河的一条支流。只不过叶尼塞河正源之名被授予了唐努乌梁海中的大、小叶尼塞河。基于地缘政治的考虑，俄国人在和清帝国时期的中央之国分割“蒙古国”划定边界时，唐努乌梁海盆地和贝加尔湖一样，都作为叶尼塞河的源头，成为俄国志在必得的区域，尤其是生存条件相对较好的外贝加尔高原南部（相对于贝加尔湖西北部而言）。

作为蒙古高原的东北边缘板块，外贝加尔地区的地理范围包括俄、蒙边界以外，贝加尔湖以东、大兴安岭—外兴安岭以西，以雅布洛诺夫山脉（兴安山脉）为核心的区域。需要注意的是，目前俄罗斯以雅布洛诺夫山脉为分割线，在此建制有布里亚特共和国及外贝加尔边疆区两个行政区。为了与行政上的外贝加尔区别开，地理上的外贝加尔可以称作外贝加尔高原。

外贝加尔高原的地势整体呈现为西北向东南逐渐下降的趋势，降水量同样遵循这一规律，由1000毫米降至300毫米。整个高地内部的河流分为三部分：色楞格河下游，向西流入贝加尔湖，最终通过叶尼塞河注入北冰洋的部分；向北穿越山脉分水岭，汇入勒拿河并外流北冰洋的部分；向东接入黑龙江，并成为太平洋水系一部分的石勒喀河流域。

以三大水系交汇的地理特点来看，外贝加尔高原应该是很有可能成为一个地缘枢纽点的。然而事实上，外贝加尔并没有取得这样的地位。这很大程度上是因为这片高原的纬度实在是太高了。除了南部隶属贝加尔、黑龙江水系的部分，有一定数量的草场和森林草原存在以外，其大部分属于亚寒带针叶林区，乃至在西北高地上还生成有冰川。在地理分区时，我们甚至可以把雅布洛诺夫山脉以北的勒拿河流域划入西伯利亚的范畴。

1689年（康熙二十八年）签订的《尼布楚条约》，以及1727年（雍正五年）签订的《布连斯奇界约》，是今天俄蒙两国在贝加尔湖东、南方向边界的历史及法律依据。其中，《尼布楚条约》也是中俄历史上签订的第一个正式条约。尼布楚城位于石勒喀河下游，西距鄂嫩河口约60公里，得名自石勒喀河左岸支流尼布楚河。对于渗透至此的沙皇俄国来说，尼布楚城和石勒喀河最大的价值在于能使其顺流而下进入黑龙江（阿穆尔河），并最终获取太平洋的出海口。为了达到这个目的，哥萨克们不仅在外贝加尔地区修筑了尼布楚城，更在外东北板块内的黑龙江畔构筑了雅克萨城。

如果俄国人所觊觎的，仅仅是外贝加尔这样的蒙古高原边缘板块，那么清王朝并不会特别警觉。然而，清王朝以东北为后院，沙皇俄国对黑龙江的渗透，很显然会引发双方激烈的对抗。正是在这一地缘政治背景下，从1685年开始，中俄之间围绕着外东北的政治归属权进行了两次雅克萨之战，并直接催生了《尼布楚条约》。条约规定：中、俄以额尔古纳河、格尔必齐河为界，再由格尔必齐河源顺外兴安岭往东至海，岭南属中国，岭北属俄国。今天中、蒙、俄三国在这一地区的交汇点原则，便是在此条约背景下确定的。

清王朝签订《尼布楚条约》的地缘政治目的，主要是为了遏制俄国势力渗透东北地区，它也的确做到了（虽然在1858年《瑷珲条约》签订后，中

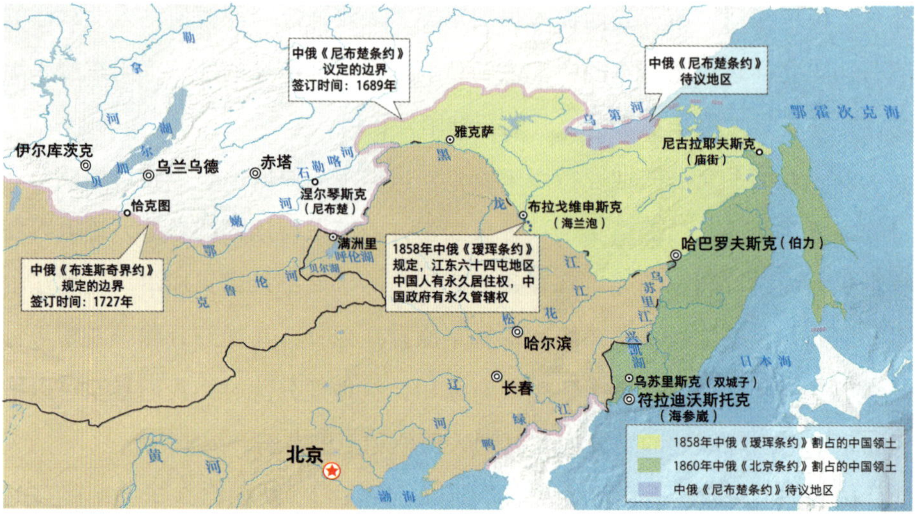

《尼布楚条约》《瑷珲条约》《布连斯奇界约》划界示意图

国还是失去了黑龙江以北的外东北地区），但对于中、俄两国在蒙古高原的边界划分没有做出详细的约定。在这种情况下，才有了后来形成今天蒙、俄东半段边界的《布连斯奇界约》。在这个用来确定边界具体走向的条约中，色楞格河畔的重要通商口岸恰克图（今属俄罗斯）以及额尔古纳河上游，成为划定边界线的两个重要地标。

依据上述条约，俄国人完整地得到了贝加尔湖以及外贝加尔湖地区。在具体的边界划分中，一支特别的蒙古部落——布里亚特人的归属，成为重要的参考。生活在贝加尔湖东部和南部的布里亚特人，在成吉思汗时期也被归于“林中百姓”的范畴，并随之成为蒙古民族的一部分（元代称“不里牙惕”）。很显然，这一分类的地理背景是布里亚特人生活的地区同样以森林为主。

在俄国人侵外贝加尔地区并征服布里亚特人后，部分不愿意接受俄国统治的布里亚特人被清王朝重新命名为巴尔虎人，安置到了肥美的呼伦贝尔草原。今天呼伦贝尔草原建制的三个县级行政区：新巴尔虎左旗、新巴尔虎右旗、陈巴尔虎旗，便是得名于此。目前，仍在俄罗斯外贝加尔高原境内的布里亚特人，人口约为 40 万，主要集中在布里亚特共和国。

从地缘背景来看，俄国能够控制外贝加尔高原，与外贝加尔高原不是纯粹的草原地带有很大的关系。这种边缘地位，使得蒙古高原的控制者不会为了保有它们而倾注更多的资源。受温度和植被条件影响，在外贝加尔地区能够让游牧经济占据相对优势的，只有色楞格河下游及石勒喀河上游地区（包括鄂嫩河下游）。今天布里亚特共和国的首府乌兰乌德，以及外贝加尔边疆区的首府赤塔，正定位于这两条河流之侧。在两地总计 210 万的居民中，有将近 40% 的人口生活在这两座城市中。

需要注意的是，以外贝加尔地区的自然条件来说，实际是无法支撑这个人口规模的（尽管跟农业区比已经很低了）。基于资源而发展的工业经济以及俄罗斯的移民实边政策，是外贝加尔乃至整个远东地区人口总量高于古代的关键所在。相比之下，缺乏这两个因素的蒙古国，当下 300 万的人口承载量，与古典时期相比并没有质的变化。

第二章

大中亚

40°
60°
45°
30°
40°
15°
60°
西
哈萨克
伏尔加河
乌拉尔河
黑海
大高加索山脉
小亚细亚半岛
里海
地中海
咸海
图兰低地
于斯蒂尔特高原
克孜勒库姆沙漠
卡拉库姆沙漠
阿姆河
塔什干
阿什哈巴德
科佩特山脉
杜尚别
德黑兰
厄尔布尔士山脉
卡维尔盐漠
伊朗高原
库赫鲁德山脉
扎格罗斯山脉
幼发拉底河
底格里斯河
喀布尔
多巴加格尔岭
萨尔哈德高原
山脉
印度河平原
阿拉伯高原
内夫得沙漠
阿拉伯半岛
代赫纳沙漠
鲁卜哈利沙漠
汉志山
红海
波斯湾
阿拉伯海

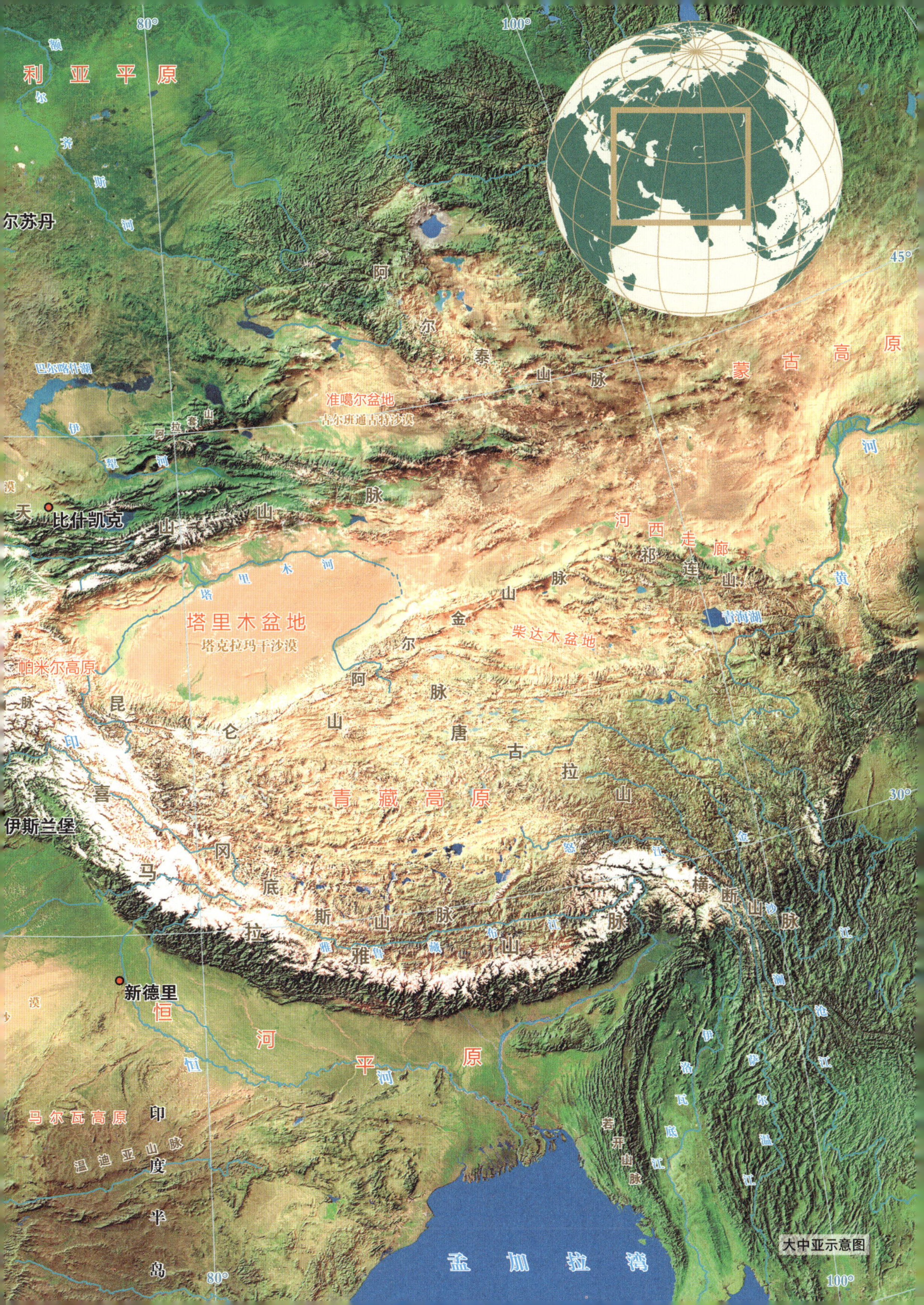
80°
100°
利亚平原
额尔齐斯河
尔苏丹
阿尔泰山脉
45°
蒙古高原
巴尔喀什湖
伊犁河
阿拉套山
准噶尔盆地
古尔班通古特沙漠
天山山脉
比什凯克
河西走廊
祁连山
黄河
塔里木河
塔里木盆地
塔克拉玛干沙漠
阿尔金山脉
青海湖
柴达木盆地
帕米尔高原
昆仑山脉
唐古拉山
青藏高原
印度河
喜马拉雅山脉
伊斯兰堡
冈底斯山脉
30°
怒江
金沙江
横断山脉
雅鲁藏布江
新德里
恒河平原
恒河
澜沧江
伊洛瓦底江
萨尔温江
若开山脉
马尔瓦高原
温迪亚山脉
印度半岛
孟加拉湾
80°
100°
大中亚示意图

不可否认，在地理大发现之后，权力和利益的斗争更多地体现在对海洋的争夺上。然而，这并不代表对欧亚大陆腹地的争夺就失去了意义。作为边缘国家，中国在陆地边境上必须耗费更多精力，这固然有可能成为一块短板，但在国际秩序稳定的今天，中国与周边国家解决完所有边境纠纷后，这一短板又有可能成为中国压倒美国的一块长板。毕竟不是所有国家都有海岸线，尤其是身处亚洲腹地的中亚地区。

第一节 | 大中亚的范围与板块划分

在开始分析中亚之前，我们需要确定一下中亚的地理范围。如果按照字面上来理解，亚洲的中部就是中亚了，在亚洲所划出的地理中心是新疆的乌鲁木齐。而目前一般提到的“中亚”却是指向中亚五国，也就是哈萨克斯坦、乌兹别克斯坦、土库曼斯坦、吉尔吉斯斯坦、塔吉克斯坦五个国家，并不包括乌鲁木齐所在的新疆地区。

很多地理概念之所以模糊不清，主要是受到了政治因素的影响。国与国之间的划界，地理结构是一个重要参考，但又不可能完全依照这个标准。因此，我们需要单纯地从地缘结构上来划定一下中亚的范围。事实上，俄国人当年所占据的中亚地区，只是地缘中亚的一部分，由于它们都曾经是俄国的一部分，所以被称为“俄属中亚”会更加准确。从地缘位置、地缘结构上看，伊朗高原、兴都库什山脉，以及天山南北的两个盆地，也应该与之放在一个大板块当中。为了和一般认识中的“中亚”概念区别开来，我们可以将这个位于亚洲之中的大板块称为“大中亚”。在这个大板块中，除中亚五国之外，还要加入伊朗、阿富汗两个成员。而中国由于有部分领土覆盖到了“大中亚”所涉及的地理单元，也是“大中亚”地缘政治舞台上的重要成员。

通常情况下，政治家们决定的国境线并不能真正反映地缘结构。由此有

传统中亚五国与“大中亚地区”对比示意图

一些介于板块相接之处的国家，往往就不知道如何归类了。就像伊朗通常被划入西亚板块，而在本书中又被划入“大中亚”一样。同样的事情也发生在阿富汗身上，这个主体在兴都库什山脉的国家，也经常在中亚和南亚中摇摆。实际上，这只是被动地被“专家”们划来划去，阿富汗人本身并不会在意自己到底属于哪个板块。

在北部也存在同样的问题，哈萨克斯坦的北部其实已经伸入了西西伯利亚平原的南部，西部有部分更是进入了欧洲。而在东部，无论是研究中亚五国的地缘和历史，还是研究新疆的情况，都必须将两者联系起来才能获得客观准确的结果。鉴于中国在新疆无可置疑的主权，以及中国整体被定位为东亚国家，再将中国定位为一个中亚国家，显然是不合适的。但是，这并不妨碍我们从地缘结构的角度来探讨中国与中亚的渊源。

由于“大中亚地区”内部存在错综复杂的地缘关系，依照各自的基本地缘属性，我们可以将其再细分为三个地缘圈：

一、西域地缘圈。具体的范围就是塔里木盆地与准噶尔盆地，加上将二者连接在一起的伊犁河谷。之所以要将之合称为“西域”这个古称，是因为这代表着中国在这一区域的历史。既然西方可以以欧洲为参照物，将亚洲分割出远东、中东、近东的概念，那么从中国的角度进行分析时，以东方的视角，将中国的这片领土定义为“西域”也无可厚非。

地理是地缘板块划分的基础，不过所谓“地缘”，与地理之间的最大不同，就是加入了“人”的因素。尤其是一个地理板块相接的过渡地带，划分时就更需要参考族群分布、现实行政管理等方面的因素了。综合各种地缘因素，西域地缘圈的西部边界，也可以理解为中国与中亚国家之间的国境线。

二、图兰地缘圈。伊朗高原以北、里海以东、阿尔泰山—天山山脉以西、西伯利亚以南的中亚腹地，有一片面积达150万平方公里的平原，地理上的名称叫作图兰低地。在远古时期，这里曾经是地中海的海床，里海和咸海就是海水退却之后的遗存。如果是在雨量充沛的东亚，这种低地通常是非常不错的农业用地。不过在因高地环绕而无法接受海洋水汽的中亚地区，这种低地就没那么幸运了。干旱气候使得沙漠和盐碱地占据了图兰低地的大半，只有河流两岸的狭窄地带才有机会形成规模性的定居点。

从地缘关系来看，图兰地缘圈的范围还应包括与之结合紧密的哈萨克丘陵。再往北就是隶属北亚范畴的西西伯利亚平原了。整个地缘圈的基本地缘特色就是“低”，即使像吉尔吉斯斯坦、塔吉克斯坦这样貌似建立在高原山地上的国家，其人口大部分也处在边缘低地上。

以现在的行政划分来看，图兰地缘圈也可以直接对应狭义的“中亚”概念。在苏联的作用下，中亚被分成了五个民族国家，即哈萨克斯坦、吉尔吉斯斯坦、乌兹别克斯坦、土库曼斯坦和塔吉克斯坦。这一地区曾经是俄国的领土，因此也可称为“俄属中亚”。当然，任何政治上的切割，都很难真正完美地和地缘结构结合起来。不过大的地缘规律总是要遵循的。因此将图兰地缘圈结合在一起的根本因素，其实并不是俄国人当年的组合，而是因为他们彼此之间的确存在紧密的地缘关系。[1]

在这种地缘关系的作用下，除了塔吉克人以外，板块内的民族大部分可以归为操突厥语的民族。需要注意的是，民族、语言方面是否趋同，只是划分地缘圈的一个重要标准，并不是最重要或者唯一的标准。要是仅仅按照这个标准，远在小亚细亚的土耳其，就应该和图兰地缘圈划在一起；而新加坡这个所谓的“华人国家”就必须与中国捆绑在一起。事实上，上述误区也不同程度存在于现实的地缘政治关系中，尤其是存在于一些不具备综合分析能力的、非官方性质的民族主义言论中。

另一个需要注意的问题是，塔吉克斯坦在地缘上的双重属性。尽管在俄国人的组合下，帕米尔高原的大部，以及生活于这个高原及其边缘低地的塔吉克人，被打包进了“俄属中亚”这个地缘政治板块中，但塔吉克人在民族、语言上与图兰地缘圈的其他成员并不相同，而是与伊朗的主体民族波斯人、阿富汗的主体民族普什图族相近。在中亚国家已经彻底获得独立的情况下，这层属性很有可能让其与下一个地缘圈——伊朗地缘圈结合得更加紧密。

三、伊朗高原地缘圈。除了伊朗高原之外，这一板块还包括伊朗高原东部的兴都库什山脉。整个板块位于“大中亚地区”的南部，地理特点是“高”。它的战略地位可以说是世界级的，至于有多重要，稍后会分析到。如果以国家来归类的话，伊朗、阿富汗是这个地缘圈的两个组成部分，另一个可以被本地缘圈整合的，就是前文说到的塔吉克斯坦。

伊朗高原和兴都库什山脉在定位上也遇到了很多边缘板块会遇到的问题。如果从位置上看，伊朗与西亚的地缘关系也很近，并且最近这些年在国际时政中露面，也多与伊拉克、叙利亚这些西亚国家有关。阿富汗的情况也是如此，自从美国在阿富汗开启反恐战争后，巴基斯坦—阿富汗边境就是最热的热点地区。

[1] 为了便于大家理解，行文中“中亚”一词所对应的即为此图兰地缘圈。

基于阿富汗与巴基斯坦之间的地缘关系，阿富汗很多时候又会被定位为南亚国家。比如由印度主导的“南亚区域合作联盟”（简称“南盟”），除了传统意义上的 7 个南亚国家以外，在 2005 年就吸收了阿富汗为正式成员。从地缘政治角度看，这显然对印度向中亚地区渗透影响力有所帮助。不过，有巴基斯坦这个与印度有结构性矛盾的国家在，印度事实上很难做到这点。

上述混合属性，源自两国板块交接的地理特点。河流的走向可以帮助我们分清一个国家内部诸板块的真实属性。源出伊朗东北部的河流注入地是中亚，南部河流则注入西亚。以兴都库什山脉为核心地理特征的阿富汗，同样如此。兴都库什山脉之上的分水岭，是地理意义上的中亚、南亚分割线。两个国家的历史及民族、文化结构中，无处不体现出这种交融性。

相比只能在中亚、南亚之间被动作选择的阿富汗，曾经有过帝国历史，并将领土延伸到阿拉伯半岛和图兰低地的伊朗，就更希望凭借中亚、西亚相接的枢纽位置有更大的作为了。1985 年，伊朗曾经和另一个在中亚、西亚都存在利益的国家土耳其，加上地理位置上也算是介于中亚、西亚之间的巴基斯坦，共同成立“中西亚经济合作组织”。很显然，在这三个国家中，伊朗是最有机会从两大板块间的合作中受益的。只是受限于伊朗现在在国际上的孤立性，这一作用暂时无法体现出来罢了。

伊朗、阿富汗也好，巴基斯坦也好，如果想在区域合作中有机会成为枢纽并获取额外的利益，中国的作用至关重要。而中国如果想向西亚、南亚，包括欧洲方向延伸影响力，也同样要重视与上述国家的合作。从这个角度看，将伊朗、阿富汗划入“大中亚”板块，并在做战略规划时，将之与中亚国家一起统筹考虑，是符合中国的地缘利益的。

尽管这三个地缘圈的地理结构、民族分布不尽相同，但三大板块在环境上有共同特征，就是气候上的“干”。降水主要集中在能够拦截水汽、形成冰雪和地形雨的山地上。那些能够从山地河流中补水的低地，如果同时积温又适合农作物生长，通常能够发展出人口集中的绿洲；而那些降水勉强能达到 250~400 毫米之间的土地，则以草原的形式滋养着游牧经济。

这种混合状态的存在（农业经济整体处在游牧经济的包围当中），使得在整个大中亚地区的文明进程中，游牧民族产生的影响，要比东亚地区大得多。来自北亚游牧区、西亚游牧区、东欧游牧区的游牧民族，在语言、宗教、人种上，都对大中亚地区造成了深远影响。

第二节 | 图兰地缘圈

相比目前属于中国领土的西域地缘圈，大多数人应该对与狭义中亚概念重合的图兰地缘圈更感兴趣。这种兴趣一方面来源于域外的陌生感；另一方面是因为在很多人模糊的历史观中，这片土地本属于中国，而后是被俄国人强行切割的。当然，事情肯定没有那么简单。不过，无论从历史还是地缘的角度，两个地缘圈的关系的确非常紧密。

中亚的地理环境

天山山脉的存在不仅对西域地缘结构的形成意义重大，对于图兰地缘圈也同样有着非常重要的影响。事实上，天山山脉用来切割西域两大盆地的，只是它的东段，而它的西段主脉，则和与之紧密相连的帕米尔高原一起，充当了塔里木盆地和图兰低地的地理分割线。这两段高地连接紧密，又是塔里木盆地与中亚盆地交流的必经之路，在中国的史书中，它们被统称为葱岭。

对于生活在图兰低地的族群来说，天山对于他们的意义，绝不亚于生活在

图兰地缘圈及周边示意图

西域盆地的居民。因为和西域盆地腹地的情况一样，图兰低地无法从降水中得到多少淡水，从天山、帕米尔高原流下来的雪水，几乎是他们唯一可以仰仗的生命之泉。幸运的是，相比西域盆地，图兰低地能够得到更多的高山雪水。

从海洋吹过来的暖湿气流是形成降水的根本所在。当我们把视线从东亚核心区向西转动，尤其是到了阿尔泰山脉、天山山脉时就会发现，中国人所熟悉的从太平洋刮过来的东南季风已渐渐消失，取而代之成为主角的是来自西北方向的风。当然，对于西面来风，我们也并非没有感觉。每到冬日，那干冷的西北风总是逼迫我们穿上厚厚的冬衣（东南丘陵地带的感觉不那么明显）。不过，我们这里关注的“西风”并不是那些来自欧亚大陆内部的干冷西北风，而是带来湿润水汽的大西洋暖湿气流。

地理距离，加之蒙古高原、青藏高原的阻挡，河西走廊东段的祁连山麓基本上算是太平洋水汽所能施加影响的终点了。至于与图兰低地距离更近的印度洋，同样不能抱有太大希望，青藏高原、帕米尔高原、伊朗高原，完美地在其南部形成一道地理屏障。相比之下，远在万里之外的大西洋，反倒给了图兰低地生的机会。

与其他两个方向相比，大西洋与图兰低地之间可以算得上是一马平川了，整个欧洲最为高大的两条山脉——斯堪的纳维亚山脉、阿尔卑斯山脉，一条在北欧的斯堪的纳维亚半岛边缘，另一条在地中海的北岸。也就是说，从大西洋吹入欧亚大陆的水汽，可以毫无障碍地跨越万里，抵达图兰低地上空。当然，经过这么长距离的跋涉，你并不能指望这些水汽有力量滋养整片荒原，但最起码欧亚大陆腹地有了降水的基本条件。

如果欧洲大陆也像中国这样，由西至东形成三级地形的话，那么欧亚大陆中部的干旱还会加剧到什么程度就很难说了。不过，现在大西洋的水汽在润泽了东西向排列的阿尔卑斯山系后，还有余力吹到阿尔泰山、天山山脉却是客观事实。这也意味着，当温润的大西洋水汽长途跋涉到达帕米尔高原、天山、阿尔泰山时，将要被迫抬升进入气温较低的空间。如果气温足够低，那它们将形成冰雪，等到整个区域进入夏季时，再化成雪水润泽山麓；而在气温还没低到让水汽结冰的区间，这些水汽则会很快变成地形雨，为山地带来绿色。

山脉的迎风面往往有超过1000毫米的年降雨量，背风面则只有300毫米左右。既然水汽是西来的，图兰低地很显然要比天山南麓的塔里木盆地能够承接更多的山地之水。事实也的确如此，这些从帕米尔高原、天山、阿尔泰山上西流下来的融水，除了在沙漠中冲开一条条河道之外，甚至还在低地的西端蓄积成两个大型内流湖：巴尔喀什湖和咸海。

在图兰低地，那些或流入上述湖泊，或独自湮没于沙漠中的河流主要有7条。

七河地区

如果你对中亚历史感兴趣的话，那么就一定会碰到“七河”这个地缘概念。“七河”包括7条发源于天山山脉、准噶尔盆地西部山地的河流，由北

七河地区及周边示意图

至南分别为阿亚古兹河、列普萨河、阿克苏河、卡拉塔尔河、伊犁河、楚河和塔拉斯河。其中，前五条共同注入了图兰低地与哈萨克丘陵相接的一片洼地，蓄积成一片月牙形的湖泊，这个湖泊就是著名的巴尔喀什湖。

巴尔喀什湖的形成，绝大部分功劳要记在水量巨大的伊犁河身上。湖水的 80% 都是依靠这条年径流量 200 多亿立方米的河流输送的。也就是说伊犁河之北的四条河流，总水量只占到伊犁河流域的 1/4。这种水资源供给模式，甚至让巴尔喀什湖形成了半咸半淡的奇观。由伊犁河独立供给的南湖，由于水量巨大而形成淡水湖；那些经年累月从高山中带下的矿物质则被排入了较深的北湖，形成咸水湖。

伊犁河的巨大水量，受益于天山山脉在这一地区的特殊结构。在地形图上我们可以清楚地看到，全面处在天山山体庇护之下的伊犁河中上游流域，也就是我们所熟知的伊犁河谷，呈现为一个开口向西的喇叭形状。这意味着伊犁河的源头之水，从天山腹地流出后，还可以在长达700公里的低地区持续接受两侧山地的补水。比起大多数流出山谷后就不得不直面沙漠的中亚河流来，伊犁河的集水区可以算得上是得天独厚了。这也使得整个伊犁河谷成为大中亚地区植被覆盖情况最好的区域之一。

相比伊犁河，七河流域最南部的两条河流——楚河、塔拉斯河就没有条件那么好的集水区了。尽管天山山脉也在楚河之北、塔拉斯河之南延伸了两段山体，但终究不能与伊犁河谷的情况相比。不过，这也足以让这两条河流在干旱的中亚地区显示出地缘影响力了。后面我们会看到，这两条河谷是否有机会成为丝绸之路中的一个节点。

在这片整体干旱的土地上，人类对“水是生命之源”这句话的感受是最深的。很显然，伊犁河巨大的水量以及伊犁河谷整体湿润的环境，使之成为七河地区的地缘中心。任何想控制七河流域的政治力量或族群，都必须进占伊犁河谷。在俄国人代表欧洲从西方扩张而来之前，作为中亚草原的重要组成部分，七河流域，尤其是伊犁河谷，是各种游牧势力争夺的对象。尽管华夏文明通过丝绸之路的开通将文明的触角延伸至此，但在清朝攻灭占据于此的蒙古准噶尔部之前，中原王朝无法实际控制这一区域。

之所以会这样，是基于纬度的关系，这一地区无法提供农业生产所需的积温。简单点，就是对于绝大多数在古代能够大规模种植农作物的地区来说，七河流域太冷了。这样的气候，更适合那些生存能力更强的草本植物，以及依靠它们就能生存的游牧民族。当然，伊犁河谷由于两侧山脉的存在，既能减弱北方西伯利亚寒潮的侵袭，又能阻挡塔克拉玛干大沙漠干热风的危害。相对来说，有些区域的小环境是可以尝试种植业生产的。然而，作为中亚草原的核心区，这种尝试必须面对游牧民族的强大压力。在远离中央之国核心区的情况下，中原王朝缺少足够的试错机会。

因此，直到攻灭准噶尔部，在伊犁河谷设立“伊犁将军府”这个管理全疆的军政机构后，清王朝才开始尝试从南疆地区移入农业人口，与驻扎于此的汉族士兵合力屯田。而在古典时期行将结束时的这次农耕文明渗透，也让中国在随后面临俄国巨大压力的情况下，能够保有大部分伊犁河谷。至于七河地区那些纯粹的游牧区，最终都成为“俄属中亚”的一部分。

尽管在古典时期，七河流域为游牧势力所控制，但这并不代表整个图兰低地地缘圈都是这种情况。我们曾经在东亚部分标定了一条划分中温带与暖温带的温度线——北纬 42 度温度线，以作为古典农耕文明的北部极限。参照这条线来对图兰地缘圈进行简单切割的话，我们会发现，不仅七河地区，包括其西北部的哈萨克丘陵、西部的锡尔河下游，都属于这个范畴。事实上，这一地区在古代的确都属于游牧民族驰骋的草原地带。当然由于地形和环境的原因，这些草原之间夹杂的大片沙漠，很多属于草原中自然条件最差、生态最脆弱的类型——荒漠草原。相比之下，七河地区那些降水较多的山地草场会更受到游牧民族的青睐。

上述草原之上的游牧部落，在 15 世纪中叶形成了共同的民族意识，标志就是 1465 年建立的哈萨克汗国。基于地缘分割的原因，哈萨克内部的游牧部落结成了三个游牧部落联盟，包括七河地区的“大玉兹”、哈萨克丘陵及锡尔河下游地区的“中玉兹”，以及哈萨克丘陵以西、咸海以北、直到里海与乌拉尔山之间欧亚草原相接地带的“小玉兹”。这三大部落联盟，也是今天哈萨克斯坦的立国之本。

了解一个地区的基本地缘结构并划分板块，最大的好处在于，在基本自然条件没有发生大变化、技术上也无大突破的情况下，那些存在于不同时期、名目繁多的族群，总是万变不离其宗地在这个大框架里。比如，两千多年前，张骞初次踏上今天哈萨克斯坦的土地时，其内部的游牧势力的划分依然能够与大、中、小三玉兹的划分对应上。只不过在当时，七河流域的主控者是乌孙，哈萨克丘陵及锡尔河中游的主控者叫康居，而覆盖哈萨克丘陵以西，直至欧亚草原相接处的游牧部落，则是对后来的欧洲历史造成过重大影响、来自东欧平原的游牧民族——阿兰人（也称“奄蔡”）。

对于历史知识储备不够的朋友来说，上述名称看起来可能会感觉有些晕。不过不要紧，重点在于我们由此知道，中亚地区的农牧分割线在哪里。需要说明的是，以今天的民族、国家划分来看，在这条农牧分割线北还有一个主体位于天山之上的国家——吉尔吉斯斯坦。在地图上，吉尔吉斯斯坦最为明显的地理标志，就是位于天山之上的伊塞克湖。这个在世界高山湖泊中水深第一、集水量第二的大湖，不仅终年不冻，更调节了周边地区的气候环境。由于天山在这一部分有足够的"厚度"，除了伊塞克湖之外，其周边亦有不少河流的上游河谷存在。这些河谷、盆地也为循着水草游牧至此的游牧民族成就了一个世外桃源，并最终受环境影响，与低地游牧的其他部落形成了民族认同上的差异。

在刚刚入主中亚的俄国人看来，这些在草原上的亚洲游牧民族之间并没有太大区别。一直到十月革命时，今天的哈萨克人还被称为"吉尔吉斯人"。不过，俄国人终归还是注意到，高地和低地游牧民族之间已经存在一定的民族意识差异，并将那些高地游牧部落称为"卡拉吉尔吉斯人"。在后来苏联的民族身份确认中，中亚低地游牧民族变成了"哈萨克人"，而高地游牧民族则垄断了"吉尔吉斯人"这个名称。

其实名称只是一个代号，当我们把注意力放在地缘的本质——地理环境上，就不会被这些人为的变化所迷惑。不过还是要提一句，哈萨克人之所以没有得到他们立国时就已经确定的民族名称，是因为这个在突厥语中代表"自由人"的名称，已经被那些试图脱离俄国贵族控制、逃离到南俄草原（大部在今天乌克兰境内）的斯拉夫"自由人"所占用了。这些横行草原的斯拉夫游民，在吸收了突厥人的草原基因后，顺势也使用了突厥语中的"自由人"作为自己的族群名称。他们就是大家所熟知的哥萨克（参见本书最后一章"哥萨克"部分）。

河中地区

当我们把北纬 42 度线从东亚延伸到图兰低地，会发现它“恰巧”落在七河地区的南部地理分割线——卡拉套山上。而越过了这条分割线，我们即将进入的就是中亚核心农业地带——河中地区。当然，影响温度的因素有很多，北纬 42 度只是一个参考。不同历史时期，中温带与暖温带之间的分割线也会出现位移，在实际操作中切忌机械运用。比如位于北纬 42 度线之南的河套平原，在唐代以前都是可供屯垦的暖温带地区。后来，随着地球整体温度的下降，以及屯垦对周边植被的破坏，逐渐变成了中温带地区。这也是唐以后中原王朝难以控制河套地区，无法对游牧民族取得决定性胜利的原因之一。

相比七河地区，“河中”之名在中国历史上的知名度就要高得多了。包括汉帝国时代因“天马”而被帝国征服的大宛国，安史之乱的始作俑者安禄山、史思明的祖籍之地粟特，引发唐帝国与阿拉伯帝国完成历史性碰撞的石国，蒙古帝国西征屠灭的中亚古国花剌子模，都在这一地区。事实上，这里所列出的四个地名，所指向的也正是河中地区的四大农业区。

绝大多数资料中对“中亚河中地区”的定位，都是阿姆河、锡尔河两河之间的地区，或者说阿姆河、锡尔河流域，并且将之描述为文明昌盛之地。的确，仅从水量来看，在如此干旱的环境里，年径流量达 671 亿立方米的阿姆河与年径流量为 372 亿立方米的锡尔河，能够为图兰低地做出的贡献，要远大于北方的七河之地。这两条发源于天山与帕米尔高原西麓的大河，甚至穿越整个图兰低地的沙漠地带，在低地的西端汇集成了一个排名世界第四的湖泊——咸海。由此我们能够推断出，它们为图兰低地延伸了多么长的绿色走廊。

不过，仅仅有水，并不代表就一定能够诞生文明，如果这片土地的气候只能生长适应干冷环境的草本植物，那么就很难指望那些居无定所的游牧民族能够将文明固定在这片土地上。事实上，无论创造文明还是吸收外来文

河中地区及周边示意图

明，定居都是必要的基础。一个地区在有条件聚集大量定居人口，并且有足够的经济基础来滋养他们时，才有可能创造文明，或者在吸收其他文明的基础上，创造属于自己的文明。

对于卡拉套山以南这两条河流流域而言，温度已经不再是农业生产的拦路虎。也就是说，在温度、水资源、土壤条件都具备的河中地区，只要拥有灌溉农业技术，是很有可能养活大量农业人口的。至于技术的来源，倒并不成问题。当我们在地图上把视线从河中地区南移，翻越伊朗高原，就会看到公认的人类文明发源地，也是世界上最早规模化使用灌溉农业技术的地区——两河平原（也叫美索不达米亚平原）。

早在 6000 年前，由底格里斯河、幼发拉底河冲积而成的两河平原，就已经开始使用灌溉农业技术了。尽管在古典时期，技术的转移速度要比现在慢得多。但最迟在 2000 多年前，当来自汉帝国的使者张骞踏上这片土地

河中地区和两河平原对比示意图

时，河中地区的农业技术已经非常成熟。说到这里，不知道大家有没有发现一个有趣的现象。以伊朗高原为分割线，分属西亚、中亚的两个农业发达地区，都是由两条河流孕育的。将中亚河中地区视作“中亚两河平原”，相信会更有利于理解它在整个中亚地区的地缘地位。

实际上，南北两个“两河平原”的地理、地缘环境也极为类似。二者本身都处在极为干旱的地区，依靠周边高地补水以及灌溉农业技术的使用，而成为农业发达之地；在这两片土地之侧，又都是强大且具有攻击性的游牧文化区。前者要面临的压力来自游牧的阿拉伯人；后者则在最近一千多年时间中，一直受到源自蒙古高原的、突厥系游牧部落的渗透。最终，在这种巨大压力下，尽管板块的农业属性没有发生变化，但在民族属性上已经与各自面对的游牧民族融为一体了。这一结果反映在地缘结构上，就是阿拉伯半岛成为阿拉伯人的半岛，而图兰低地成为突厥人的低地。

与此同时，伊朗在中亚、西亚地区的双重影响，也正是通过这两块核心之地扩散的。在当年波斯帝国时期，二者也都归入了帝国领土。今天，伊朗在伊拉克政局中所能发挥的作用，以及伊拉克占比超过 2/3 的什叶派穆斯林人口，都是受这种地缘影响力的影响。不过，就本身的地理结构而言，河中地区与西亚的两河平原之间还是存在一些差异的。相比西亚两河，阿姆河与锡尔河之间的距离有些远，两条河流的下游地区无法融为一体，这使得河中地区的农业区呈现为分散的绿洲状态。位于锡尔河上游的费尔干纳盆地，卡拉套山庇护下的锡尔河中游右岸平原，卡拉套山西南部山脉所庇护的阿姆河中游右岸平原（也就是粟特地区），阿姆河下游及三角洲地带的花剌子模地区，就是河中地区的四大农业区，我们前面已有提及。

需要注意的是，在这些绿洲形态农业区的边缘，那些自然条件虽然不足以支撑农业生产，却能生成草场的土地，也不会被浪费，而是以畜牧生产的形式成为绿洲农业经济的补充。而在北方存在强大游牧压力的情况下，这些绿洲边缘的草场，又往往成为北方游牧民族南下的支点，并使得中亚的农业文明始终处在游牧文化的包围、影响中。当然，即使是南下的游牧民族，一般也不会去主动破坏绿洲上的农业经济，毕竟将之变回草场在经济上是极大的损失。另外，由于有大量定居人口存在且水资源充足，这些绿洲也是丝绸之路最好的中继点。图兰低地的农业绿洲因此又能在商贸往来中获得巨大利益。

不管是出于研究丝绸之路的需要，还是搭建图兰地缘圈核心区的需要，我们都要把这部分的重心放在解读中亚这四大农业区上。在地图上观察这四大农业区的地理位置，我们会发现前三片农业区其实都位于天山山脉的边缘。除了位于卡拉套山这条农牧分割线以南这个共同点以外，每个板块都有一道横亘在北部的山体。这道山体的存在，不仅为南部的绿洲提供了安全保护，更扩大了山体南部的集水区，使之有机会形成连片的绿洲。

唯一的例外是花剌子模地区，因为它是在阿姆河下游及三角洲地区。其实在其他地区，这种情况反而是常态。河流的下游及三角洲地区，在土壤肥力、水资源、土地平整度上的优势，使之往往成为本流域最大最重要的农业区。图兰地缘圈这种情况比较少见，一方面是因为大多数河流水量不足，在下游无法冲积成足够体量的三角洲，抵御沙漠的侵袭；另一方面则是纬度的原因。比如，同样是下游及三角洲地带，锡尔河在古典时期却默默无闻，只能为游牧民族提供草场。

阿姆河下游及三角洲地带示意图

锡尔河、阿姆河的水量之所以巨大，原因与伊犁河是一样的。帮助两条河流增加集水区的，是两个山地围就、开口向西的盆地：费尔干纳盆地与吐火罗盆地。前者的自然条件极为优越，盆地面朝西侧的开口狭窄，既能保证西风灌入形成充沛的降水，又能防止图兰低地上的沙漠侵袭。因此早在丝绸之路开通之时，占据费尔干纳盆地的大宛国，已是本地区数一数二的农业大国了。

在苏联解体之后，这一中亚最具农业潜力的地理单元（人口密度也最大），却成了中亚国家之间的一个火药桶。在原来的版图上，费尔干纳盆地的低地主体被分配给了乌兹别克斯坦，塔吉克斯坦和吉尔吉斯斯坦也在盆地内的低地边缘拥有部分领土（包括飞地）。三个国家的边境线犬牙交错。其实这也不能怪俄国人乱划界，实在是费尔干纳盆地的地理条件太好，周边的民族都希望它能够成为自己的核心之地，在历史进程中本身就已经形成了你中有我、我中有你的地缘结构。只是现在大家已经不再是一个国家了，地缘矛盾被激化的可能性也就大大增加。

费尔干纳盆地的价值，还体现在与塔里木盆地的沟通上。当年张骞开辟

费尔干纳盆地及周边示意图

的丝绸之路，主线就是沿塔里木盆地边缘西进，翻过天山进入费尔干纳盆地，再沿锡尔河西出当时的大宛国。如果张骞继续沿着锡尔河而下的话，那么接下来就需要跟着河流转而向北，很快他就能够在锡尔河右岸看到一片农业绿洲——奇尔奇克绿洲。

奇尔奇克河是锡尔河右岸的一条支流，它所孕育的绿洲也是今天乌兹别克斯坦首都塔什干的所在。乌兹别克人之所以没有在费尔干纳盆地中选择一个城市作政治中心，是因为河中地区四大绿洲中的另两个成员——粟特和花剌子模（部分）也在乌兹别克斯坦境内。如果把政治中心放在费尔干纳盆地，并不利于对外面其他三个绿洲进行管理。

实际上，西出费尔干纳盆地的张骞并不会沿着锡尔河北上，因为在他的西南方向，有一条从天山山脉向西延伸的小山脉。翻越这道山岭之后，张骞马上就能看到他此次出使的目标——大月氏国。而这片被山脉庇护的绿洲，就是前文所说的粟特地区。

粟特盆地及周边示意图

粟特是遗留在此的大月氏后裔自东汉时期起为自己取的新名字。由于粟特人在唐朝时期曾经大量前往中原经商并定居，安禄山、史思明这两个差点终结了唐帝国的胡人就是粟特人，所以粟特人在历史上的知名度算是最高的。粟特绿洲最主要的河流，是发源于天山山脉腹地的泽拉夫尚河和南部的卡尔希河。如果从地理位置来看，这两条河流原本应该是阿姆河右岸的两条支流，但由于进行大规模农业开发的缘故，最终它们都未能注入阿姆河。

以地缘位置来看，泽拉夫尚河谷无疑是整个河中地区的地缘中心。建在这条河谷中部的撒马尔罕城也是中亚第一名城。如果不是阿姆河上、中、下游都有部分被划归了土库曼斯坦，覆盖整个河中地区的乌兹别克斯坦人，应该会选择撒马尔罕城作为自己的首都。

看到这里，似乎阿姆河、锡尔河涉及的主要绿洲都出现过了。然而，当我们从粟特地区出发，沿着天山山脉继续前行，就会赫然发现，在天山之南，还有一个具有盆地性质的板块，那就是孕育阿姆河巨大水量的吐火罗盆地。

纯粹以地理名称来命名的话，我们可以称此地为阿姆河上游河谷。这是一个由天山、帕米尔高原、兴都库什山脉三面包围而成，不算完整的反C形盆地区。其周边山体无论在海拔还是体量上，都是大中亚地区条件最好的集水区。然而，向西面图兰低地腹地的开口过大，却是一个足以影响地缘政治结构的缺憾。这使得图兰低地中的沙漠很容易沿着河流两岸深入盆地内部。另一个不利的因素，是吐火罗盆地内部地形也不如费尔干纳平整，尤其是北部地区，被一条条南北向的山体切割成谷地状。

上述短板使得吐火罗盆地很难整体融合为一个国家，并且成为传统意义上中亚地区与阿富汗地区的交会之处。以至在俄国人入侵中亚后，最终在此以阿姆河为界与英国势力范围内的阿富汗划定了国界。不过就吐火罗盆地内居民的民族属性来说，却与图兰低地其他地区有很大不同，他们大多属于高加索人种。

由于与欧洲草原的距离更近，历史上最先渗透整个中亚、西域的，是来自欧洲的游牧民族。自两千多年前，大月氏人在匈奴人的压迫下，被迫沿天山北麓向吐火罗盆地方向迁移后，亚洲游牧民族开始掌握了中亚草原的主控权。这种渗透是自北向南，并且一直在进行的，因此也造成了一个种族现象，即越深入北部游牧区，种族特征就越偏向于亚洲的蒙古人种。比如哈萨克人，黄种人和白种人基因差不多各占一半；越靠近伊朗高原，种族特征就越偏向于欧洲的高加索人种。而中亚最边缘的吐火罗盆地以及帕米尔高原，由于位置和地形的原因，成为欧洲游牧民族后裔在中亚最后的保留地。具体到民族层面，就是在吐火罗盆地与帕米尔高原占据主导地位的民族，是含有最多高加索人种基因的塔吉克人。

沙皇俄国在中亚地区的扩张

对于身处欧洲大陆腹地的俄国来说，他们在扩张方向上，很显然与蒙古人有高度重合之处。从大历史的角度来看，俄国也的确是蒙古帝国的替代者。因此，蒙古高原游牧民族的传统扩张方向——中亚，也成了俄国人向亚洲进军的首选目标。经过19世纪的强势扩张，西接里海、咸海，东至天山、阿尔泰山，北接西西伯利亚平原，南抵伊朗高原的广袤土地，也就是本书所圈定的“图兰地缘圈”，最终都成了俄国人的领地。应该说，俄国人在尊重地缘规律这点上做得还是不错的。最起码他们不会像其他欧洲人那样，在扩张的领土上横平竖直地胡乱划界。

基本完成对图兰地缘圈的控制后，整个俄属中亚地区被俄国人大致遵循农牧分割线南北向切割成了两大块。北部的游牧区成立了草原总督区，而卡拉套山西南方向那些以农业为主的绿洲，则组成了所谓的土耳其斯坦总督区。等到进入苏联时期，俄国人又进一步对中亚地区进行了民族划分和行政切割，并最终形成原俄属中亚地区今天的国家格局。

自彼得大帝起，俄国人在扩张问题上从来都是非常有地缘方向的，每一次扩张都会有战略层面的计划。尽管在所有人看来，俄国在中亚已经得到了很多，但俄国人计划的原本还要更多。他们甚至已经为自己理解中的“中亚”划出了地缘边界。

历史上，随着突厥汗国在公元6—8世纪的崛起，操突厥语的游牧部落扩散至整个亚洲中部的干旱地带。为此，公元8世纪时在阿拉伯人撰写的地理著作中，提出过“突厥人的土地”的概念（古波斯语中“………之地”发音为“stan”）。不过，这个概念仅仅是一种地理指向，从未成为一个政治实体的名称。在沙皇俄国染指中亚后，俄国人认为地理上的中亚，与之有相当的重叠度，于是这个尘封已久的历史地理名称一度被翻了出来，并依据当时中、俄两国的政治分割，贴上了东、西的前缀。

实际上，在对所谓“突厥人的土地”的划分中，除了分别对应“图兰地缘圈”的东部、“中亚地缘圈”的西部以外，还有一个鲜为人知的“南突厥斯坦”的地理概念（具体指向阿富汗）。单列出这个板块，是因为俄国人

吐火罗盆地及周边示意图

对南部的政治边界不甚满意。尽管在图兰低地南部，俄国已经把所谓扩张搞到了伊朗高原北麓，甚至把大部分边界锁定在了高原边缘山地的分水岭上，但在吐火罗盆地，俄国却没有得到这样的地理安全感。

我们知道，在划分行政边界时，山脉的分水岭与河流的航道中线，都是最常用的划界标准。相比后者，前者的地缘切割要更为精准。因为对于一个族群来说，沿河迁徙的难度，要远低于跨越一道分水岭；居住在同一流域的居民，也更容易交流，形成共同的民族意识。在这种背景下，整个吐火罗盆地中塔吉克人占据了优势。

俄国人希望跨过阿姆河，占据整个吐火罗盆地，当然不是想让所有塔吉克人生活在同一国度，他们更多是出于地缘安全的考虑来做这样的计划的。基于安全的考虑，俄属中亚地区与阿富汗的分界线，应该在兴都库什山脉的分水岭。为此包括吐火罗盆地南部在内的半个阿富汗，被俄国人打上了“南突厥斯坦”的地缘政治标签。

事实上，仅从阿富汗北部和吐火罗盆地本身的地缘结构来看，将之划为

1900 年沙皇俄国领土范围示意图

所谓的“南突厥斯坦”是很牵强的。正如前文分析过的那样，生存在这一地区的主体民族塔吉克人，从种族到语言，并不属于突厥体系。既然“突厥斯坦”的本意指向的是“突厥人的土地”，那么仅从这一点来看，南突厥斯坦的出现也没有什么说服力。

由于塔吉克人在整个明显带有突厥标签的“俄属中亚”地区属于异类，而俄国人继续向南扩张至伊朗地缘圈的行动又没有实质进展，苏联在为中亚各加盟共和国划分领地时，塔吉克斯坦的领土被有意无意地压缩了。在俄国人介入之前，尽管这些欧洲游牧民族的后裔面临突厥系民族的强大压力，但吐火罗盆地还不是塔吉克人最后的保留地。在西北方向的泽拉夫尚河谷，塔吉克人仍然保有数量上的优势。正因为如此，塔吉克人至今仍对将粟特地区整体划入乌兹别克斯坦耿耿于怀。在阿富汗内战中领导北方联盟与南部塔利班政权战斗的塔吉克人，甚至提出了收复“圣城”撒马尔罕的口号。

在俄国人到来之前，清帝国又一次代表华夏文明将西域纳入中央之国版图，对于华夏文明来说，这其实是一件值得庆幸的事。如果俄国开始向东方扩张时，中央之国正处在一个内敛王朝的时段，那么很难说俄国人能够继续向东扩张到什么程度。不过，在这片干旱的亚洲腹地，遇到一个技术层级更高的竞争对手，对于中央之国来说也不是一件好事。在此之前，清朝本来已经以伊犁河谷为地缘核心，南北连通西域两大盆地，并且向西羁縻七河流域的哈萨克人了。这也是很多人认为清朝的版图曾经向西划到巴尔喀什湖的原因。

进入 19 世纪后，本来在中亚地区占有绝对地缘优势的中央之国，在俄国的步步紧逼之下，放弃了伊犁河谷以西的七河地区，而俄国人在做过几次尝试后，出于地缘政治层面的考虑，也放弃了进一步占领西域地缘圈的想法。对于这个结果，俄国人最感到遗憾，也最想得到的就是整个伊犁河谷。不过，由于伊犁河谷的位置已经切入准噶尔盆地与塔里木盆地的中间，如果让俄国人得寸进尺的话，与伊犁盆地地缘关系密切的准噶尔盆地就十分危险。因此，出于保证北疆地缘安全的考虑，当时的清政府最终还是竭尽所能保住了半个伊犁河谷。这也使得现在中国的西北国境线，不至于被邻国插入一个危险的突出部。

然而，从哈萨克斯坦的角度来考虑，这种地缘格局就未必令人感到满意。因为，伊犁河的大部分集水区都在中国，一旦中国为了自身的发展扩大用水量，或者干脆把伊犁河水调往他处，那么对巴尔喀什湖流域的生态影响将是毁灭性的。当然，出于需要一条安宁陆地边境线的想法，中国在这类国际河流的水资源利用上会非常谨慎，并充分考虑下游国家的想法。只是从彼此的地缘关系上看，这种水资源格局无疑让中国手上又多了一个筹码。

由于水资源对这片干旱的土地实在太过重要，无论是最初的沙皇俄国，还是后来的继承者苏联，都对没能占据伊犁河谷乃至北部的准噶尔盆地耿耿于怀。后者之所以成为俄国人觊觎的目标，很大程度也是因为它控制了另外几条中下游在俄国境内的大河上游。至于是哪些河流，我们在西域部分会有详细分析。

尽管俄国人明白，控制一条河流的上游部分有多么重要的战略意义，但这并不代表他们真正懂得如何利用这些水资源。由于迫切需要开发这片土地的潜能，俄国人在苏联时期开始大规模地在中亚各条河流上面筑坝引水、浇灌农田，尤其是种植需要有充足水源、光热条件的棉花。不仅南部传统的农业区得到开发和扩张，北部那些原来的草原地带，也由于农业技术的进步得到了不同程度的农业开发。

这种做法无疑为苏联创造了巨大的经济效益，但对整个图兰低地的地理环境却是非常致命的破坏。最突出的表现就是，在上游水资源被大量截流之后，咸海现在的面积已经大大缩小，并被分割成了几部分。原本由于湖水的自然调温作用，阿姆河三角洲一带的无霜期能达到200天以上，现在则只有170天。另外，湖底那些包含大量盐分的沙粒被风吹起后，也恶化了周边环境。

事实上，这类弯路也不是只有苏联人走过，人类在征服自然的过程中，犯错总是难免的。应该说，目前中亚国家已经意识到咸海的消失对整个地区环境的影响，并且试图减少灌溉用水，让咸海恢复潜力。问题是，如果苏联还没有解体的话，让一切回归原状，或者说在人类发展与生态保护之间找到更好的平衡点，会容易得多。而现在，当你在地图上看到那些被国境线切割得乱七八糟的河流，对这种合作还能抱有多大希望呢？在这种纷杂的地缘政治格局下，如果有一个强大的外部势力出面主导，也许能够让彼此间的合作更顺畅些。这一点倒是不用担心，在中亚从解体后的苏联分裂出来之后，并不缺乏急于填补这个影响力空间的国家。

谁能影响中亚

从地缘位置上看，中国无疑是填补中亚影响力空间的最直接选项。如果说100多年前，俄国人是在控制中亚之后觊觎西域，那么现在形势就完全倒转过来了。至于中国具体应该怎么做，等到本章最后阶段再揭晓。因为只有

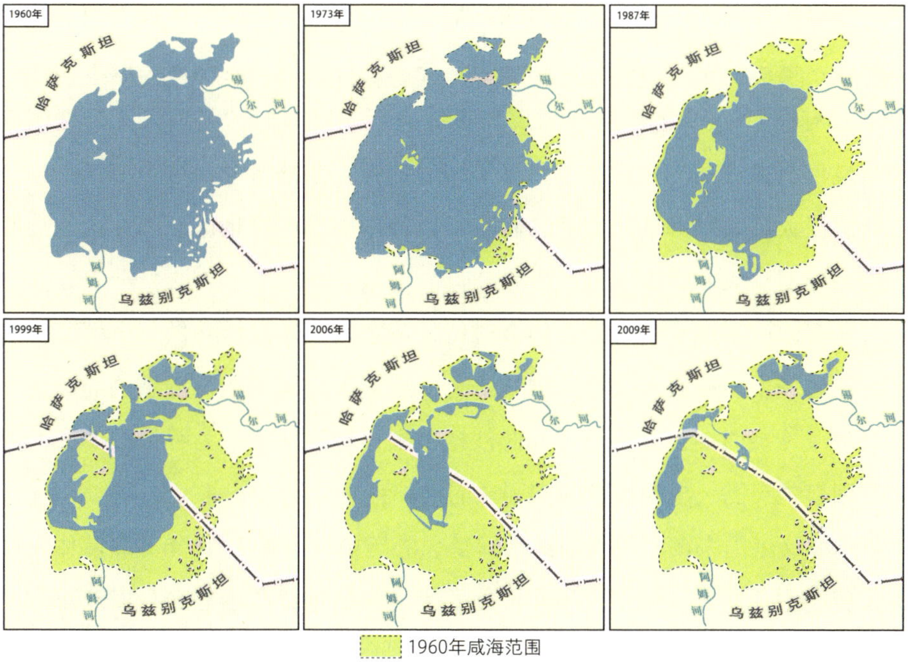

咸海变化示意图

在了解了整个大中亚地缘圈的结构、历史之后，才能做出正确的战略规划。在此之前，我们还需要看看，除了中国以外，还有哪些国家有兴趣参与中亚影响力的竞争。

从地缘政治的角度看，俄国当初将中亚地区纳入国土，一方面是为了全面控制欧亚大陆腹地，另一方面也是为了继续南进向印度洋方向突破。在海洋显得越发重要的时代，后一个目标对于俄国的地缘意义要大得多。正因为如此，控制所谓“西突厥斯坦”之后，俄国人审时度势地没有再把主攻方向放在东方。一定要和中国死磕到底的话，俄国至多再增加几片沙漠和边缘绿洲。而如果能够最终夺取印度洋的出海口，俄国就成为第一个可以面向四大洋的帝国了。

想打开印度洋通道，在自己领土里加入一个“俄属中亚”只能算是第一步。如果不能在大中亚三大地缘圈的最后一个成员——伊朗地缘圈中撕开一个缺口，这个战略构想就只能是构想。然而，对于俄国人来说，最大的问题在于，当他们在19世纪从欧洲大陆腹地迫近印度洋时，英国人已经把印度经营成自己最成功的殖民地了。基于印度地缘安全的考虑，这个海洋帝国也在向欧亚大陆腹地渗透。伊朗、阿富汗以及中国的西藏地区，都在这一战略思维指导下，成为英国积极渗透的方向。

在解读伊朗地缘圈时，我们会对俄、英之间的这场博弈做一个解读。事实上，这场发生在最大陆上帝国与最大海上帝国之间渗透与反渗透的游戏一直玩到了冷战时期。只不过，此时沙皇俄国已经进化成更为强大的苏联，而美国则取代英国，成为海洋国家利益的维护者。

最终让俄国人彻底放弃四洋帝国梦想的历史节点是1991年苏联解体。在失去整个中亚之后，俄国人虽然还能凭借之前的地缘政治遗产，以及双方无法切断的近邻关系，对中亚施加影响，但这个时候再去想打通印度洋通道的事，就非常不切实际了。然而俄国人止住了向南扩张的想法，并不代表就没事情发生。所谓“逆水行舟，不进则退”，你分裂与战略收缩的时期，就是对手进行反渗透的战略窗口。

作为世界中心的美国，全球都是它的利益区，当然不愿意放过这一介入中心地带的机会，只是由于中亚五国周边都不是它的盟友，一时很难直接介入。从地缘政治角度，美国自2001年开始在阿富汗进行的反恐战争，就带有渗透中亚、打开缺口的意图。当然，结果大家也都看到了，阿富汗“帝国坟场”的称号，并不是专为苏联人和英国人准备的。[1]

不过，就渗透中亚这个问题来说，美国及其领导的西方阵营并不只有阿富汗这个传统方向可供突破。脱亚入欧加入西方阵营的土耳其，是西方渗透中亚的另一个筹码。

[1] 英国在1839—1919年间对阿富汗发动了三次战争，苏联在1979年入侵阿富汗，二者都以失败告终。

现代土耳其人的祖先塞尔柱突厥人，于公元11世纪经伊朗高原北部渗透到小亚细亚半岛。他们和其他突厥语族的民族一样生活在中亚，具体就是今天的土库曼斯坦一带。因此，土库曼人也是与土耳其民族渊源最深的民族。如果大家关注过伊拉克北部的局势，有可能就会发现，土耳其对维护当地土库曼人的利益非常热心。当然，在政治家看来，这层血缘关系只是土耳其介入伊拉克事务的借口之一罢了。

相比介入中东事务，土耳其显然更有信心凭借自己突厥民族的身份发挥更大的影响力。就突厥民族身份认定这个问题来说，由于突厥民族的混血特点，试图以血缘上的联系为主，界定出突厥民族的边界，是不现实的。在现实生活中，明显属于黄种人和看上去无疑属于白种人的人，都有可能自称突厥人。事实上，真正成为突厥各族之间联系纽带的是语言。有一种说法，突厥各族之间语言的区别，就好像北京话和河南话的区别一样。目前，在欧亚大陆上，从土耳其到中亚，再到中国西北的那两个盆地，基本都为使用这一语言的族群所覆盖。从这个角度看，用突厥语族来形容这一群体会更为合适。

从地理位置上来说，中亚地区应该是所谓“突厥语族分布地区”的中心，而突厥民族认定中亚是其民族诞生地的身份，也让中亚国家看上去应该更有机会成为突厥语族国家的地缘中心。不过，在国际关系中，决定谁是老大的唯一要素就是实力。一直和欧洲打得火热的土耳其，很显然是它们当中的实力最强者。因此，在苏联分裂后，一时无所适从的中亚各国开始重新寻找自己的国际空间时，土耳其也成为一个当然的选项。

对于一个曾经有过辉煌帝国历史的民族来说，能够再一次站立在世界政治舞台的中心，是一个永远无法抹去的梦。本来自从奥斯曼帝国被肢解后，土耳其已经没什么机会重振雄风，不过苏联解体让它重拾希望。为了重新让世界听到土耳其的声音，即使没有美国的支持，土耳其人也一定会加紧向中亚地区渗透的。

只是土耳其毕竟和中亚地区还隔着高加索地区和里海，而同样从苏联分裂出来的高加索三国中的格鲁吉亚和亚美尼亚，却又不属于突厥语族国家，只有阿塞拜疆人和土耳其人同属突厥语族。所以比起中亚国家的邻居来说，土耳其如果想和中亚国家建立更加亲密的关系，在技术手段上会受到很大制约。在这种情况下，以文化为主的软实力，就成为土耳其的主要战术武器了。

土耳其并不是唯一试图与中亚国家建立亲密关系的国家，有同样想法的还有伊朗。与阿拉伯人和突厥人都有几个文化上的兄弟国家可供拓展外交空间不同，波斯人实在是太孤独了。如果仅从民族、语言考虑的话，与波斯族有着密切亲缘关系的塔吉克族、普什图族是最有可能的盟友，因此伊朗一直希望以普什图族为主的阿富汗能够建立亲伊朗政权（阿富汗的另一个主要民族就是塔吉克族）。不过，由于兴都库什山脉在古典时期之后一直是西方大国争夺的对象，波斯人总是没有机会施加地缘影响力。

如果说苏联的解体等于为土耳其打开了中亚地区的地缘外交窗口，那么这扇窗对于希望摆脱孤独的伊朗来说，也同样重要。与土耳其人相比，伊朗人在软实力上占优的是塔吉克斯坦。前面我们也说了，虽然一般人很容易认为中亚各族应该都属于突厥语族，但事实上塔吉克人是一个例外。

从人种来看，塔吉克人和伊朗的波斯人非常相近，最初都是源自欧洲草原的游牧民族；而从语言的划分来看，塔吉克语也与波斯语相近，同属伊朗语族。如果一定要以波斯语为伊朗地缘圈的“普通话”，那么塔吉克语就是波斯语的方言了。只是因为塔吉克人和伊朗的波斯人分离的时间有点久，其操持的波斯语和伊朗的现代波斯语略有区别罢了（阿富汗北部的塔吉克人使用的波斯语就和伊朗一样）。要是再细分的话，高地上的塔吉克人与低地上的塔吉克人语言之间还有差异。总的来说，地理距离越远，地形越复杂，这种差异就越大。这种差异在口语上的表现会突出些，但在书面用语上差别不大。

这层关系用一个历史名词来形容，就是“同文同种”。不管怎么说，有了语言和种族上的共同点，塔吉克斯坦有理由成为伊朗寻找政治同盟的突破点。只是面对这样一个千载难逢的机会，波斯人如果将目标仅仅锁定在塔吉克斯坦身上，就显得格局太小。面对其他四个中亚国家，波斯人同样可以从宗教的角度，在软实力上寻找切入点。加上与中亚国家相接的地理位置，伊朗看起来也有自己的优势。因此，一场针对中亚五国的外交争夺，不可避免地在伊朗高原与安纳托利亚高原之间展开了。

在地缘渗透的手段中，宗教一类的意识形态，从来都是很重要的手段。不过，世俗化的土耳其在渗透中亚时，只是将宗教信仰作为建立亲密关系的共同语言之一，并不会刻意强化；伊朗则显然更希望在这个层面上做更多努力。然而，中亚国家在苏联时期已经经历过很长时间的世俗化过程，将他们转化为和伊朗一样的政教合一的体系并不现实。更何况伊朗的主流教派是伊斯兰教中的什叶派，而除了高原塔吉克人以外，中亚其他民族的信仰和大多数穆斯林民族一样，为逊尼派。

既然宗教并不能成为影响中亚国家外交取向的主要手段，那么伊朗和土耳其如果想从文化的基础面上对中亚国家施加影响，就需要另辟蹊径。最终，双方同时把目标锁定在了文字上面。大家知道，在地球上除了中国，其他国家基本都是拼音文字。拼音文字最大的好处就是简单，用几十个字母就能把语言记录下来。1949 年以后，中国也用这种方法帮助一些少数民族创造了自己的文字。不过，在南方，很多地区隔座山发音就会有所不同，所以这些文字的推广并不算成功。

汉语也存在数量繁多的方言，好在中国的方块字是一种表意文字，发音不同也不影响大家理解字面上的意思。这也成为中央之国能够一直保持地缘完整性的基础原因。试想一下，如果中国人的祖先也同样采用了拼音文字，那么不同地区的居民势必会按照自己的方言，编制出属于自己的文字来。这个进程如果持续下去的话，今天中国的地缘政治格局，很可能就会像欧洲那样四分五裂了。从这个角度看，秦始皇当年的“书同文”功不可没。

鉴于语言和文字在人类的交流过程中都起了重要的作用，如果一个国家内部希望结合得更紧密些，在“书同文”的同时，“语同音”也是非常重要的。只是依靠古典时期的技术条件和管理结构，要求某个王朝在全国范围内“语同音”太困难了。不过，现在技术条件的发展已经让“语同音”成为可能。推广普通话，就是“语同音”在技术上的体现。

即使在一个国家里，“语同音”的推广也是有相当难度的。伊朗和土耳其当然也不可能要求中亚国家改变口音。他们可以做的，是编写共同的突厥语或波斯语词典，最大限度和中亚的亲缘族群统一有异议的词汇，最终从书面语层面建立“共同语言”。在这个层面的争夺上，土耳其人更占优势，毕竟除了塔吉克人以外，其他的中亚民族都属于突厥语族。

相比文字，还有一样更基础的东西，是双方能够平等对决，并希望借此在文化争夺战中压倒对方的，那就是字母。我们知道，用字母拼写文字是拼音文字的共同点。基本上，一套成熟的字母略加修改后，就可以拼写出绝大部分语言来。这也是拼音文字容易普及的根本原因。不过，这也意味着，你在字母的选择上，有着很大的余地和变数。

世界上用得最多的是西方的拉丁字母，除此之外还有阿拉伯人的阿拉伯字母、斯拉夫人用的西里尔字母（希腊人创造的）等。一般来说，你受谁影响，就用谁的字母，由此也会增加文化层面的认同感。像蒙古国因为长期受俄国的地缘影响，用的就是斯拉夫语族的西里尔字母；中亚地区之前也同样使用这种俄国人改良后的字母。顺便说一下，在汉语拼音的设计过程中，苏联也曾经试图劝说中国使用西里尔字母。这项建议中的地缘政治意义，相信大家都已经看出来了。

土耳其人原来用的是阿拉伯字母，不过自从决定“脱亚入欧”后就改用拉丁字母了。当然，这种字母也是经过改良的，我们可以称之为“拉丁化的土耳其字母”，简称“土耳其字母”。而波斯语所用的字母则是改良过的阿拉伯字母，当然也可以称之为“波斯字母”。各国之所以热衷对借来的字母进行些许改良，很重要的一个原因是为了显示自己的独立性。因此，伊朗和土耳其虽然本身也处在阿拉伯和欧洲两地的文化影响中，但亦有理由认为自己仍然保有文化的独立性。

中亚五国既然在政治上脱离了俄国，文化上当然也不可能和俄罗斯保持如同苏联时期那么紧密的关系。对于中亚的民族主义者来说，如果继续沿用俄文字母，将意味着他们永远摆脱不了俄国的阴影。对于在中亚争夺外交空间的土耳其、伊朗两国来说，这是一个非常好的切入点。谁都知道选择的结果，不仅代表着中亚国家的文化倾向，最终也一定会影响他们的政治倾向。

于是，伊朗和土耳其展开了一场疯狂的“打字机大战”，开始制造大批以自己国家字母为标准的打字机免费赠送给中亚国家。土耳其毕竟占有语言上的优势，最终土耳其字母成为中亚国家转换字母的选项，土耳其打赢了这场“书同文”的战争，而伊朗则遭到惨败。除了土耳其在语言上占据的优势以外，拉丁字母在世界（特别是经济发达的西方）的普及性，也是中亚国家更愿意选择拉丁化的土耳其字母的原因。另一个原因是伊朗政教合一的政治体系起了反作用。毕竟中亚五国在苏联时期已经变得很世俗化，如果接受伊朗的影响，就意味着国内的宗教势力很可能会抬头。

当然，所谓的“打字机大战”，只是竞争中的一个技术措施罢了，你不可能指望光靠白送打字机就能完成“书同文”的进程。对于推进中亚突厥语的拉丁化进程，土耳其也制订了长期计划，并针对中亚国家提供了大量经费、人员上的援助。2008 年，土耳其和高加索的突厥语族国家阿塞拜疆，还共同拟定了一个时间表：十年后在所有突厥语族国家中普及统一的拉丁字母突厥语。在 2010 年举行的第 10 届突厥语国家峰会上，土耳其总统埃尔多安更是喊出了“一族六国”的口号，要求加强各国“基于共同历史、语言、认同和文化基础之上的团结”。

在土耳其、伊朗展开这场文化争夺战的同时，作为中亚地区的前宗主，俄罗斯当然不愿意坐视文字阵地丧失，然而俄罗斯实际上已无力扭转这一趋势，毕竟拉丁化还代表着“国际化”。在这场文化争夺中，位置离俄罗斯更远，地缘影响力相对较弱的乌兹别克斯坦、土库曼斯坦，已经放弃了俄文字母，转而使用拉丁化的土耳其字母了。而俄罗斯影响力较深的哈萨克斯坦、吉尔吉斯斯坦，目前也正在积极推进这种转换，试图在10~15年间完成转换工作。

至于伊朗寄予厚望的塔吉克斯坦，目前还算是守住了阵地。埃尔多安的提法是“一族六国”，这缺失的一国就是不属于突厥语族的塔吉克斯坦。不过，塔吉克斯坦暂时也没有采用波斯字母。鉴于自身在中亚国家中特殊的地缘位置，以及伊朗现实的国际环境不甚理想，在没有看清方向之前，原地不动就是最好的选择。

然而，由此认为俄罗斯在中亚的地缘影响力就此消失也是不正确的。事实上，目前在中亚，俄罗斯的综合影响力仍然排在第一。除了现实的地理位置使得中亚在考虑外交取向时仍然不得不忌惮俄罗斯以外，俄罗斯在此上百年的经营，也为其打下了坚实的基础。

俄罗斯在中亚的地缘基础，可以归结为三方面：一为民族结构，二为文化，三为经济。在苏联时期，随着中亚的开发，大量俄罗斯人被迁入了中亚。另外还有一些少数民族，例如克里米亚的鞑靼人、波罗的海沿岸的德意志人、外东北地区的朝鲜人，被强行迁入了中亚。苏联时期也被称为中亚的大移民时期。尽管那些少数民族的迁移，更多是因为苏联政府认为他们对自己融合其所在的边缘地区不利，数量上也不足以对中亚的民族结构造成影响，但大量俄罗斯人的迁入，却着实直接影响到了当地的地缘基础。

由于游牧区相对来说有更大的开发潜力，最终俄罗斯族在中亚的占比也出现了北高南低的情形。20世纪90年代的统计数据显示，俄罗斯族在各国总人口中的占比，哈萨克斯坦为34.1%，吉尔吉斯斯坦为18.8%，乌兹别克斯坦为8%，土库曼斯坦为10%，塔吉克斯坦为2%。尽管在各国有意识扶持主体民族、主体文化的情况下，上述比例有下降趋势，但由于俄罗斯仍然对中亚有现实的地缘政治影响力，这些身为中亚少数民族的俄罗斯人，依然能够对中亚的地缘取向造成重要影响。

俄国经营中亚的另一个成功之处在于俄语的推广。早在沙皇俄国时期，俄国人就开始实行“义务国语制”，在学校推广俄语，而苏联时期也把双语教育作为整合中亚的重心。1938 年，苏联颁布了关于各民族共和国和州必须学习俄语的决议，规定俄语为苏联所有学校从一年级起的必修课程。表面上是俄语和民族语并存，实际上是“俄语化”的双语化政策在中亚开始推行，俄语逐渐取代中亚民族语言，成为这些国家在政治、经济、军事、科技和工业等领域使用的唯一语言。

从地缘融合、民族交流角度来看，无论通用语言为哪种，彼此之间拥有共同语言都是一切的基础。苏联解体之后，随着中亚民族国家的独立，各国原先用行政手段推广俄语的做法已经行不通了，俄语在中亚的优势地位也受到了挑战。但随着这股独立热情的消失，由于俄罗斯现实的地缘政治、经济影响力，中亚各族学习俄语的热情反而出现了上升。根据调查，每一个民族的受访者中，认为学习俄语很重要的比例都超过九成。

事实上，在苏联强势推广以俄语为主的双语教育过程中，行政手段也只是制度上的保障罢了。中亚各族无论在苏联时期，还是独立后的现在，学习俄语的主动性都来源于俄国的经济影响。在苏联时期，不仅整个中亚的农业经济出现了质的飞跃（代价是对下游环境的破坏），中亚也开始了大规模的城市化、工业化进程。这一进程不仅让本地区民族有了学习俄语的主观需要，更让今天的俄罗斯有了重新将中亚整合进以自己为主的经济圈的基础。

总的来说，由于地缘位置的关系，国土面积超过其他四国总和的哈萨克斯坦成了与俄国地缘关系最为紧密的国家。在俄罗斯以自己为核心，向原苏联领土恢复影响力的过程中，哈萨克斯坦与白俄罗斯一起，成为俄国在东欧、中亚两个方向的核心盟友。2011 年，俄、白、哈三国共同启动的三国关税同盟，就是这一地缘关系的体现。

从苏联对中亚多层次的地缘融合，以及苏联解体后各国针对中亚的这场文化争夺战，我们也可以看到，一个地缘板块的文化取向，不仅取决于自己内部的地缘结构，更和外部的地缘环境分不开。经济、文化的渗透、融合缺一不可，相辅相成。

就目前的情况来看，所谓“尺有所短，寸有所长”，每个国家都有其地缘影响力占优的地方。相比土耳其、伊朗、俄罗斯来说，中国在对中亚主动施加文化影响力的问题上，并没有技术优势。比如汉字就没有可能参与那场“打字机大战”，汉语在中亚的推广难度也要远高于俄语，甚至可以说，在可以预测的将来，汉语没有可能超出俄语、英语的影响力。

然而，这并不代表中国在对中亚施加文化影响力方面只能无所作为。只是说在这个过程中，你必须明确其中的重点在哪里。现在中国各地在招商引资中常用的“文化搭台，经济唱戏”，反过来就是“经济搭台，文化唱戏”。如果能够在地缘经济层面，让中亚与中国找到更多共赢的空间，那么渗透一定的文化影响力就是很自然的事了。

在后面的内容中会谈到，搭建这一经济平台的形式我们并不陌生，那就是重获新生的“丝绸之路”。只不过，这条将中国与中亚，甚至欧洲连通在一起的经济、文化交流通道，会具体化为效率更高的“高铁”罢了。

身处这样的微妙之地，中亚国家对自己的地缘位置也很清楚。做好了可以左右逢源，做不好就里外不是人。正确的做法是，不要成为任何一方的棋子。做任何战略决定之前，都要考虑清楚这样做是否能让自己的利益最大化。从这个角度来说，中国现在这种以经济合作为主线的渗透方式，会有更广阔的合作前景。

当然，所谓“树欲静而风不止”，你希望不谈政治，并不代表就一定不会被卷入大国博弈的旋涡。为了应对可能出现的尴尬局面，身处中亚最南端、与伊朗高原紧密相连的土库曼斯坦，就做出过一个非常明智的决定——取得联合国承认的永久中立国地位。

从位置来看，无论是美国通过阿富汗向中亚渗透，还是伊朗对中亚施压，抑或土耳其“回归”所谓“突厥斯坦”，土库曼斯坦的位置都是首当其冲。另外，尽管与俄国乃至中国都不接壤，但这两个大国的地缘影响力是现实存在的。也就是说，一旦中亚成为各方博弈的焦点，土库曼斯坦就是焦点中的焦点。在这种情况下，土库曼斯坦在独立之后，就开始筹划成为永久中立国。

1995 年 12 月 12 日，185 个国家的代表在联合国大会会议上投票通过一项特别决议，决定赋予土库曼斯坦永久中立国地位。应该说，土库曼斯坦的选择也符合俄、中两国的利益。尤其对于俄国人来说，90 年代是他们最困难的时期，促成土库曼斯坦获得永久中立国地位，可以有效阻止其加入西方阵营。如果土库曼斯坦不在政治、军事上站在俄国的对立面，那么它身后的其他中亚国家，做出这种选择的可能性也同样会很小。

土库曼斯坦目前是永久中立国，在选择加入国际性组织时非常慎重，不会选择那些有政治、军事色彩的组织加入。这也是为什么上合组织成员里中亚其他国家都参加了，独缺土库曼斯坦。当然，如果只是纯粹的经济合作，那么无论是哪国的投资，土库曼斯坦应该都不会拒绝的。

第三节 | 西域地缘圈

在“大中亚”的三个次级板块中，西域的情况我们应该是最为清楚的。这一在汉、唐时期就被华夏文明所触及的板块，历史上也曾经多次和中央之国的核心区分分合合。

关于其地理结构，有一个简单而又形象的说法——“三山夹两盆”。三山是阿尔泰山、天山、昆仑山（青藏高原北边缘），两盆是准噶尔盆地和塔里木盆地。天山是两大盆地的地理分割线，并以此为中线划分为南疆和北疆。

然而天山对于西域两大盆地来说，并不仅仅是一条地理分割线那么简单。事实上，与中亚的情况一样，西域也存在一条取决于温度的“农牧分割线”。这条线的位置就在天山山脉上。也就是说，在古代，天山北部是游牧民族的天山，天山南部的塔里木盆地则是以农业绿洲为主。

如果我们在地图上定位这条分割线的坐标，就会发现天山山脉本身并不是造成这种温度差异的唯一原因。因为我们会发现，这条农牧分割线与中亚、东亚的情况一样，也是在北纬 42 度附近。抛开现实政治结构的影响，纯粹以地缘本质来划分中亚—西域地区，东西向的农牧分割线会更为准确。也就是说，天山以北的北疆、七河地区、哈萨克丘陵等地区，更应该被归总在一起，以“中亚草原游牧区”的地缘标签出现；南疆以及河中地区，则都属

西域地缘圈及周边示意图

于“中亚绿洲农业区”。

我们肯定不是第一个意识到这种差异的人，最起码在两千多年前，张骞为汉帝国出使西域并打通丝绸之路时，就已经发现了这个问题。由此也影响到汉朝在西域的扩张方向。

塔里木盆地与丝绸之路的开拓

张骞出使西域的故事，相信大家已经是耳熟能详了。在本书中，我们主要关注的是他这次旅行的地缘背景，以及对整个亚洲板块地缘政治结构造成的深远影响。

按照华夏文明的基本生产方式来说，在古典时期，西域的两个盆地是丝毫没有吸引力的。天山南北的这两个盆地，整体环境较好的是面积更小的准噶尔盆地。这一点并不难理解，在这种干旱少雨的环境背景下，由山地围成的盆地面积越小，越有利于打造相对湿润的小环境。同时，准噶尔盆地向西

半开放的地理结构，也使之能吸收更多的大西洋水汽。问题在于，无论是否有相对较好的水资源环境，中温带的纬度都使得这一地区暂时只能成为游牧民族的天堂。

至于南面的塔里木盆地，天山、昆仑山上流下来的雪水，在盆地的边缘滋养出绿洲之后，并非不会继续向腹地渗流。然而，塔里木盆地比准噶尔盆地要大上数倍的纵深，足以蒸发掉任何敢于深入其境的河流。在这种情况下，“塔里木盆地”这个地理标志很多时候就和“塔克拉玛干沙漠”画上等号了。事实上，即使是塔里木盆地边缘的绿洲也并不能连接成带，而是呈点状断续存在于山脚下。虽然这些有高山雪水滋养的绿洲有足够高的温度来滋生农业，但如果只是这点吸引力的话，汉帝国是肯定不会向西多看一眼的，毕竟这牵扯到一个投入产出比的问题。

在历史上，游牧民族和草原并非不能成为往来交流的桥梁。问题在于，这些游牧民族是否能够处于同一政权统治下。否则，在空旷的草原上，那些各自

丝绸之路及张骞出使西域路线示意图

为政又视劫掠为常态的游牧部落，会对往来者的安全造成很大的威胁。另一个必须正视的问题是，游牧民族的居无定所，使得沿途补给会成为一个大问题。

在中央之国的历史中，游牧民族一直被描绘成凶恶的入侵者形象。但是，剖析历史我们会发现，两种生存体系之间，互补共生的时段还是占了主流。一方面，农耕民族对于干冷的草原没有兴趣；另一方面，游牧民族不能有效利用耕地。破坏性的掠夺方式，并不能够给自己带来长期稳定的收益。很多时候，引发战争的导火索是游牧民族遇到了损失很大的自然灾害（急需快速补给），或者是出于战略防御的心理，农耕民族断绝了与游牧民族的互市交易。

在张骞的记录中，这些生活在南疆，主要以农业为生（兼营畜牧）的绿洲小国被形象地称为“城国”，而那些主要在天山之北游牧的草原部落则被称为“行国”。需要注意的是，这并不意味着塔里木盆地的绿洲边缘或者高山草场中就没有游牧部落，也不意味着游牧部落就一定不会筑一座“城”来服务自己。只不过那些南疆行国的规模都很小，人数在数百至数千之间，与绿洲农业地区更多是互补性的共生关系；而行国偶尔出于政治、军事目的所筑之城，也不代表定居生活的产生。事实上，建造这类简易城堡，只是游牧者为了在某一个季节转场至此时能够让自己的生活相对舒适、安全罢了。

农业高度发达的华夏文明，与同样以农为本、定居于绿洲上的城国之间，天然就会比那些游牧部落更有共同语言。这一点已经足以让帝国建立起经营西域的信心。对于往来的商旅来说，这些在山麓绿洲生存的城国，不仅能够沿途串起一条补给线，其本身也能提供一定容量的市场。更为重要的是所谓"有恒产者有恒心"，与定居者之间形成的合作关系更容易长久保持。

汉帝国最终在西域开通的丝绸之路，也正是沿着塔里木盆地南北两侧向西延伸的。也就是说，汉朝打通的丝绸之路，所依托的实际上是一条农业线。这样做还有一个重要原因，就是汉朝开拓西域的直接目的，是为了应对北方的匈奴。此时匈奴已经扩张至准噶尔盆地，并将南疆那些小国纳入了势力范围。如果汉朝能够想办法让这些国家转向的话，势必对缓解北方压力有极大的帮助，这也就是所谓的"断匈奴右臂"（西域相对匈奴来说在右侧）。基于同样的理由，与塔里木盆地隔天山相望的费尔干纳盆地，也成了汉朝拓展丝绸之路的节点。再往南的话，透过伊朗地缘圈，南亚、西亚，乃至欧洲，都可以对接上这条源自东方的丝绸之路。

尽管西域的农业绿洲与汉朝在经济属性上有共同语言，但这种共同语言并不足以影响政治取向。如果汉朝不能给他们足够的保护来面对现实的压力，这些西域小国还是会选择站在匈奴一边。为此，中央之国需要给予这些同盟者额外的利益，才能真正做到"断匈奴右臂"。

古今中外的政治家，其实都明白利益是一切政治联盟的基石，无非是怎么给予对方利益的问题。就这一点来说，我们会看到很多不能持久的案例。真正能够持久的利益关系，一定是建立在平等交换的商业原则上的。用来交换的并不一定是物资和金钱，也可以是其他利益。尽管汉朝使者此行的目的并不是打通商路，但张骞肯定已经发现，以天山两侧的地理条件而言，试图将之直接纳入汉帝国的版图是不可能的。因为即使有足够的移民愿意来此耕战，西域也无法提供足够的土地，支撑足以抵御匈奴的人口基数。在这种情况下，如果帝国希望向西扩张势力范围，最好的办法就是通过打通商路，让这些西域小国获得商业利益，从而愿意接受汉帝国的政治领导。

在张骞历尽千难万险回到长安以后，这次无心插柳的通商之旅所具有的战略价值，显然也让派他出使的汉武帝感到惊喜。如果按照这种利益捆绑的方式来控制西域，汉朝基本上只要采用“以夷制夷”的外交方式，就可以将帝国的势力范围扩张到天山两侧。同时，费尔干纳盆地—塔里木盆地—河西走廊这条依托农业线设计的商路，也为汉帝国小规模的驻军、屯田提供了可能，使得帝国对西域的渗透在政治、军事层面显现出来。

当帝国可以直接在河西走廊的西端设立郡县和边卡（敦煌和玉门关）时，塔里木南北的两条商路，大部分时候只需要都护府这种政治派出机构对那些商路上的西域小国进行管理、协调就可以了。当然，这并不代表武力就完全没有必要，毕竟这条商路太过漫长，如果不恩威并施的话，很难保证某一个成员没有其他想法。在随后的历史中，从长安出发的帝国远征军，也多次向西域诸国展示了他们强大的国力。其中最为著名的一次远征，就是针对大宛的汗血马之战。

顺便说一下，归国之后的张骞并没有就此沉寂下去。这次通过商业联盟扩张华夏文明影响力的成功经验，使之对于打通连接成都平原、云贵高原和南亚次大陆的“南方丝绸之路”也充满了兴趣。而这条道路存在的信息，是他在中亚通过商人之口获知的。虽然张骞本人已经没有时间来完成新的探险之旅，但这次的发现无疑激发了汉帝国对西南的兴趣。此后经过数十年的努力，公元前 69 年，汉帝国完成了将云贵高原纳入版图的征程。

通过对汉朝打通丝绸之路过程、目的的地缘解读，相信已经能够清晰地看出华夏文明在向西扩散时的方法和路径了。这些两千多年前的经验，对于今日崛起的中国也同样有借鉴意义。回顾丝绸之路初开时的那段历史，我们会发现，在享受过丝绸之路所带来的利益后，西域那些绿洲国家对于将自己纳入汉朝势力范围，所持的是一种积极态度。以至于在中央之国因两汉交替时的动乱，暂时无暇西顾后，西域国家对于回归后的东汉政权是多么的欢迎。

这也让我们看清楚，在一个国家或者民族试图进行地缘扩张时，是完全可以通过利益捆绑、双方得益的可能性来取得双赢结果的。也唯有这种形式的扩张行为，才能得到持久的和平发展环境。

中亚文明的崛起与唐帝国的西扩

尽管汉朝时中央之国第一次将领土扩张到了天山脚下，但通过前面的解读我们也能感觉到，汉朝真正能够控制的，是包括塔里木盆地、吐鲁番盆地在内的南疆地区。至于天山以北的草原游牧区，汉帝国则是通过与以伊犁河谷为核心控制七河流域大部、准噶尔盆地南部以及伊塞克湖地区的乌孙结盟，来牵制匈奴的扩张。以地缘关系来看，也可以说是中央之国联合中亚游牧政权，对抗北亚游牧政权。乌孙除了能在这场“西域三国演义”中求得平衡，确保自己不被匈奴吞并以外，也能通过转运丝绸之路的部分商品、向南部农业国家收取“保护费”等手段，获取额外的利益。

在漫长的历史过程中，努力经营东亚核心农业区的中央之国最担忧的地缘压力，大都来自北方蒙古高原的游牧民族。即使将势力范围扩张到了西域，其原始动机也是为了缓解北方压力。应该说，以地缘优势而言，直接对接华夏文明的蒙古高原，在游牧区内部的地缘潜力是最强的。这也使得蒙古高原出身的游牧政权，长期成为欧亚大陆腹地的主导者。不过，华夏政权自汉朝起积极在中亚打通商道的努力，却成了中亚游牧势力崛起的催化剂。

虽然出于地缘博弈和利益的需要，来自东亚的中原王朝，以及来自蒙古高原的游牧民族，甚至来自青藏高原的农牧民族（如吐蕃），都曾经试图成为天山南北商路的实际控制者，但不可否认的是，无论中亚南部的农业区，还是北部的游牧区，都从这些日益增长的商品交易中获得了巨大利益。能够额外从商业交流中补给地缘实力的中亚游牧民族，才最终有机会成为整个游牧体系中的最强者。中亚这种因“商”而增强的地缘实力，在地缘政治上的最终体现，就是阿尔泰山成为中亚游牧势力对抗北亚游牧势力的地缘分割线。而代表中亚游牧势力的政权，则是公元582年脱离北亚游牧势力控制、另立门户的西突厥。

说到这里，我们必须解释下突厥部落的原始族源。事实上，无论是西突厥的建立者，还是后来进入中亚的突厥语族游牧部落，都源自蒙古高原，其种族也是典型的北亚蒙古人种。他们在渗透中亚之后，与原来的欧洲移民混合，逐步呈现出黄白混血的特征。等到成吉思汗率领操蒙古语的游牧部落在蒙古高原东部崛起，并统一整个草原后，以克烈、乃蛮（成吉思汗的两大对手）为代表的突厥系游牧部落，才被挤出蒙古高原，迁入中亚。也就是说，自公元13世纪初蒙古统一蒙古高原时起，“突厥”一词作为一个地缘板块名称，方被限定在了中亚。

其实，从地缘板块的属性而言，蒙古高原和中亚始终是两个独立的地缘板块。一方面，双方都有自己的核心游牧区；另一方面，蒙古高原的游牧民族，额外收益主要来自与东亚核心农业区的直接交流。这种交流，往往是以周期性的南下掠夺为表现形式（运气好的话，也可能入主中原）；而中亚的游牧民族，额外收益更多是从丝绸之路上收获的商业利益。在这种地缘属性的差异之下，无论建立游牧帝国的民族最初来自何方，将两个板块长久地置于一个政权的管辖之下，技术上都是十分困难的，尤其是在游牧政治体系的松散管理模式之下。

也就是说，即使这个庞大的游牧帝国对外仍然使用共同的标签，其内部还是会很快分割成相互独立的政治体。在这个问题上，能够同时治有中亚和蒙古高原的突厥帝国、蒙古帝国都没有例外。前者在唐帝国正式建立之前，就以阿尔泰山为界，分裂为东突厥和西突厥；而疆域空前绝后的后者，则在蒙古高原以外的游牧板块分裂出了四大汗国。

如果从面临的地缘压力来看，唐朝的情况并不比汉朝更乐观。对于中原王朝来说，统一蒙古高原的游牧政权叫匈奴还是东突厥并不重要，重要的是他们会用同样的方式对帝国的北方安全造成影响。汉朝未能遇到的另一个压力是，阿尔泰山以南，包括天山两侧的地区，现在也被一个游牧政权——西突厥整合到一起了。这样一个新的游牧政权，不仅可以通过垄断丝绸之路获取巨大利益，更可以通过河西走廊向中原王朝的核心区施加军事压力。

尽管唐朝所面临的地缘压力实际上要比汉朝大，但从最终的结果来看，唐朝在对付游牧民族、向西北扩张势力范围上做得更好。之所以会是这种结果，主要有两方面的原因。一方面，在北方和西北方向，唐王朝要同时面临两个强大的游牧政权，虽然从数量上看似乎增加了一倍难度，却也为唐帝国施展合纵连横的外交手段提供了空间。也就是说，从地缘政治的角度看，拥有更好防御性的中原帝国，完全有机会坐看两个突厥汗国在竞争中互相削弱，最终坐收渔翁之利。事实上，在唐朝与东突厥和西突厥博弈的时候，这两个游牧政权的内斗也的确让唐朝的外交家们找到了不少一言抵万军的机会。另一方面，从与游牧体系对抗的地缘背景来看，文化开放的唐朝要比文化内敛的汉朝更占优势。唐帝国建立前的南北朝时期，是一个胡汉相杂的时代，帝国在诞生之初，就带有更开放的基因。这在技术上表现为可以直接招揽游牧民族加入国防军甚至政治体系。在帝国一视同仁的政策感召下，那些在其他中原王朝被视为异类的边缘民族，很多都从内心深处认可自己是唐帝国的一部分了。

这些游牧基因的融入使得唐帝国在进攻战术上丝毫不落下风。在整体地缘实力本来就占优的情况下，这块短板的弥补足以让战略对抗的天平向中原政权倾斜。而在唐帝国击败东突厥和西突厥，得以重新掌握天山南北的丝绸之路后，这些融入文化的游牧基因，更使得帝国可以直接派驻国防军进驻西域及中亚地区，以让唐朝在控制西域时拥有更加直接的能力。

从控制力来看，这种做法当然比汉朝那种主要依靠政、商手段稳定中亚地缘政治格局的方法要更强。汉、唐在控制手段上的差异，也让双方在西域设立的最高行政机关——都护府，在性质上有所不同。前者更像一个外交机构，主要通过政治斡旋来维系汉朝在西域的宗主权；后者则和“军管会”的功能类似，即以军事管理的形式来维护政治统治（古之所谓“军镇”）。

到底是汉朝那种相对较“软”的方式，还是唐朝这种相对较“硬”的方式，对于稳定华夏文明在天山南北的影响力更为有利，是一个见仁见智的问题。有一点可以肯定，如果军事家取代了外交家成为政治版图扩张的主导者，利益边界就很难控制了。更具攻击性的军事家们，虽然会让政治版图变得更大，但也有可能会打破原有的地缘平衡，让国家反受其害。至于要怎样平衡，那就是政治家的事了。

不管最终的战略影响如何，唐帝国在西域强大的军事存在，已经把它的军事将领们推到了西北博弈的前台。唐帝国在开拓西域时需要击败强大的西突厥汗国，后来又受到青藏高原的吐蕃政权的攻击，产生这种以军领政的管理结构似乎也是不可避免的。不过，当这些强大的对手消失，西域和中亚又重新回到小国林立的地缘结构时，治下有强大军力的都护们，就很难控制自己的利益边界了。

按照古典时期中原政权的地缘属性，一个板块能够长期为华夏政权所控制，并最终成为中央之国的一部分，必须得有一块能够支撑大量人口的核心农业区，以在技术上支撑“且耕且战”这种在战略上自给自足的防御方式。并且，这个核心农业区不能与中央之国内部的其他核心农业区间隔太远，否则一旦被机动性更强的游牧民族切断了与核心区联系的战略通道，这些移民集团的生存就很成问题了。

在唐朝后期，帝国衰落到不能保有河西走廊时，那些被游牧民族隔绝在河西走廊西段的战略据点就遇到了这样的问题。比如，那些大唐弃民曾经以敦煌为核心建立了“归义军”政权，并试图在被吐蕃切断河西走廊的情况下，在政治上接受唐帝国的领导。但在中原政权无力打通河西走廊的情况下，这些一直坚持到北宋时期的华夏地方政权，最终还是湮没于历史当中。

如果说缺少以大片农耕区为支撑的河西走廊由于离华夏核心区较近，中原政权在解决了内部问题之后，尚能将其收入版图（比如重新统一东亚核心农业区的明朝，就恢复了对河西走廊的控制），那么地理距离更远，只能凭借小块绿洲支撑农业人口的西域盆地，要做到这点就更困难了。尽管如此，当年张骞和汉帝国通过打通丝绸之路所开创的“商—战”模式，还是让华夏政权有机会把自己的文明影响力直接扩张到天山南北。

说到“商—战”模式，汉朝和唐朝在具体的战略路线上，还是有很大区别的。偏向于外交平衡的汉朝，主要是利用共同的商业利益，让西域诸国和帝国捆绑在一起。所以才会出现汉朝想放弃时，西域诸国联合请愿，要求恢复都护府的事情。在这种模式下，商业利益虽然是支撑帝国对西域控制力的基础，并且在为帝国创造新的收益的同时，间接提升了国家的战争能力，但这种商业利益并不是直接为战争能力服务的，或者说，二者之间不是一个相互支撑的关系。而唐朝的“商—战”模式，实际上更接近“耕—战”的原始结构关系，即以商（农）养军、以军护商（农），以此来稳定帝国的政治边界。

不管商业利益在维护帝国政治边界时战术作用如何，在战略上，它的确可以支撑华夏政权在天山南北的地缘影响力。纯粹就战术层面来看，唐朝的“硬”方式要显得更为成功些。在攻灭西突厥后，整个中亚都成为唐朝的势力范围。这使得帝国能够在汉朝的基础上，打通一条完全绕过塔里木盆地，由天山北麓西行，串联起准噶尔盆地南沿、伊犁河谷及以南的七河地区、河中地区的丝绸之路新线，史称“新北线”。

这条“新北线”其实是一条在游牧地区穿行的“草原丝绸之路”。如果沿此线西行的话，需要在越过卡拉套山之后，才能抵达第一个农业绿洲——奇尔奇克绿洲，也就是今天乌兹别克斯坦首都塔什干的所在地。在唐帝国统治中亚时期，以泽拉夫尚河谷为核心的粟特农业区，为当年大月氏人的后裔粟特人所控制，并以氏族为基础在河中地区建立了超过十个小国，时称“昭武九姓”。建立在奇尔奇克绿洲的石国，就是位置最北的粟特人国家。

经石国再往南接入粟特地区后，才算是与原有的经塔里木盆地、费尔干纳盆地而过的丝绸之路南、北两线会合。为了经营这条草原丝绸之路，唐帝国甚至尝试过脱离农业基础，在天山北麓建立军事据点。其中最为知名的，就是李白可能的出生地、建立于楚河河谷的碎叶城（今吉尔吉斯斯坦首都比什凯克东）。

需要说明的是，任何线路在实际延伸过程中都会有变化，尤其是抵达最终目的地的路线有几条主线时。丝绸之路也不例外。一般情况下，丝绸之路只是简单地被切分为三条路线，但这三条路线之间同时会有多处产生横向联系。比如出于直接连通塔里木盆地腹地——中亚草原的需要，可以选择从塔里木盆地中北部翻越天山，经由伊塞克湖地区接入楚河河谷，也就是碎叶城的所在地，再沿天山北麓向西翻越卡拉套山，接入河中地区的北方门户石国。

之所以要详细介绍这一路线，除了让大家了解唐帝国在天山北路的控制主线以外，更是因为公元751年，唐帝国在这个区域遭遇了一个原本不可能直接发生碰撞的文明——阿拉伯文明。要知道，以农为本的中原政权把势力范围通过河西走廊渗透到西域，已经是非常困难的事情了。而身处阿拉伯半岛的阿拉伯人，要想战胜身处高地的波斯文明，并且把势力范围延伸到天山之侧，更是小概率事件。可事情就偏偏这么巧，在中国历史上最强大的王朝之一——唐朝开启西进之路时，凭借宗教爆发力而崛起的阿拉伯人，也在征服了波斯之后，把势力范围延伸到了中亚。

实际上，阿拉伯人能够渗透至中亚，并不是阿拉伯半岛地缘实力的体现，更多是他们征服波斯高原的额外收获。也就是说，就地缘影响力来说，伊朗高原天然有机会对河中地区施加影响力，并成为这一地区的宗主。而唐帝国之前能够将势力范围延伸到伊朗高原边缘，关键原因在于波斯人正面临着

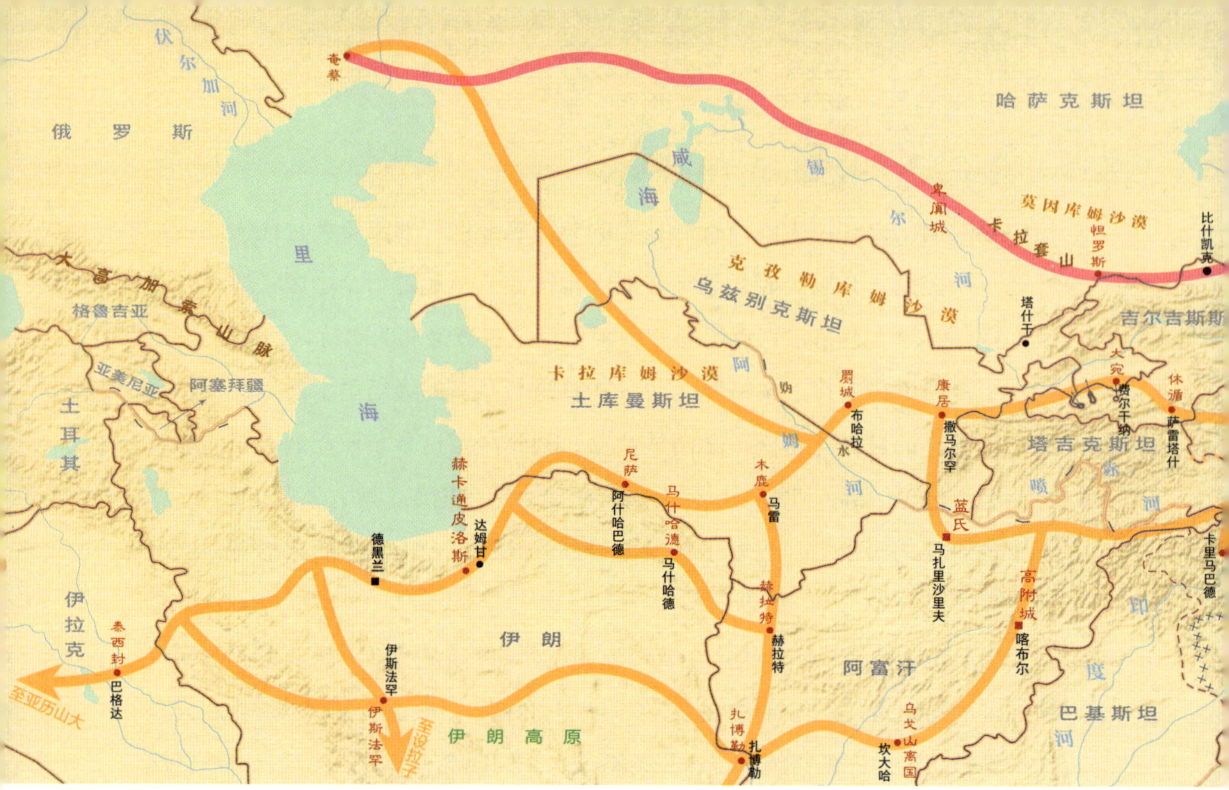

阿拉伯人的强大压力。现在，代表阿拉伯文明的阿拔斯王朝，也就是中国史书中所称的“黑衣大食”，在完成了对伊朗高原的征服后，很自然地接过了波斯高原对河中地区的影响力。

虽然我们现在看，阿拉伯人的到来并不会对唐帝国在西域的统治造成影响，但对于帝国当时在西域的最高军政领导人高仙芝来说，却不能容忍那些原来奉唐帝国为宗主的粟特国家，现在转而听从阿拉伯人的号令。公元 750 年，河中地区的北方门户、奇尔奇克绿洲的石国首先成为牺牲品。作为唐朝的属国，这个国家似乎有倒向新兴的阿拉伯帝国的迹象，以至让高仙芝觉得它“无蕃臣礼”。其实，石国是不是铁了心要跟阿拉伯人走，是不是真的会对唐帝国产生威胁，都不重要。重要的是，在军威达到顶峰之时，帝国驻守边疆的那些将领们有些过于相信武力，并且迷失利益边界了。这一点，在唐帝国决心以军事家来主导边疆事务时就埋下了隐患。

单从地缘平衡的角度来看，无论代表波斯高原渗透河中地区的政权力量

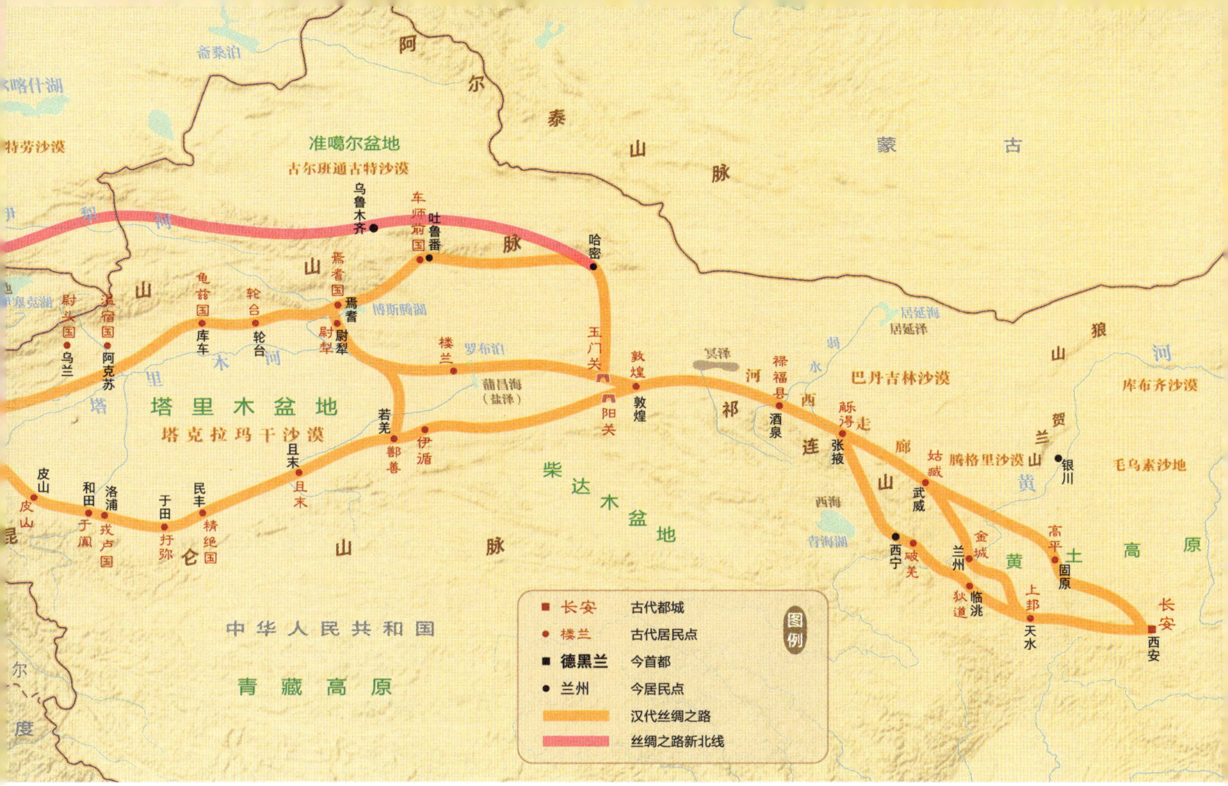

丝绸之路新北线示意图

是土著的波斯人，还是南来的阿拉伯人，河中地区已经是他们渗透的极限。再进一步向北渗透的话，即使能够战胜中亚草原的游牧部落，也没有收益可言；至于翻越天山进入南疆去抢占那些小型绿洲，性价比也太低。仅仅一个费尔干纳盆地的农业、人口潜力，就已经抵上整个塔里木盆地了。

从地缘位置来看，无论控制河中地区的是粟特人，还是南来的波斯人、阿拉伯人，他们最担心的压力源都应该是来自北方，也就是中亚草原。正常情况下，如中央之国所承受的北方压力一样，中亚草原的游牧部落也会试图南下“打扰”这些农业区。当年亚历山大东征，从波斯帝国手中接收河中地区时，就曾经在锡尔河北岸与当时控制中亚草原的欧洲游牧民族斯基泰人（中国史书中的“塞人”）进行了一场战役，并就此止步。

然而，在阿拉伯人渗透河中地区时，统治中亚的游牧政权西突厥已经被唐帝国所灭，并且直接在天山北麓建立军事据点以延伸控制力。这也意味着，阿拉伯帝国必须直面唐帝国。事实上，如果唐帝国没有直接控制天山北麓，那么它与阿拉伯帝国最好的政治分割线就是天山。也就是说，唐朝控制南疆，黑衣大食领有河中地区。问题是，现在唐朝已经出现在中亚，并且在阿拉伯人渗透之前成为河中国家的宗主。在这种情况下，作为西域的最高军政长官，高仙芝看起来没有理由在不试探对手实力的情况下，就主动退回西域。

战争最终在塔拉斯河谷的怛罗斯城爆发，这座位于今天哈萨克斯坦塔拉兹市一带的军事据点，也是从河中地区北入中亚草原的第一站。由于唐军中来自阿尔泰山南麓的葛逻禄人临阵脱逃，阿拉伯人取得了战役的胜利。

我并不认为怛罗斯之战后唐朝就退出了中亚，不过唐朝在这之后停止了向中亚地区的渗透，而将经营重点放回西域却是事实。因此，西方的史学家将这一战役作为东西方文明碰撞的标志性事件也并不为过。从地缘的角度看，这种尊重地缘分割的政治格局，才是最有可能达成平衡的。

唐朝最终退出中亚地区以后，华夏文明对中亚的地缘渗透也宣告终止。唐之后的宋、明两个中原王朝，基本上属于内敛的朝代，无心也无力经营西域。由于再无强势文明在天山南北参与竞争，最初由阿拉伯人所带入的宗教信仰开始从河中向整个中亚—西域地区扩张，并最终取代佛教，成为这一地区的主要宗教信仰。

另外，唐之后直至清朝，华夏文明在西域出现了长达700年的空窗期。这个真空最终还是由已经在中亚生根，并且仍在不断从蒙古高原接受补充的突厥语游牧民族所填补，并最终使得中亚—西域板块在语言上突厥化。

故土新归

作为中国古典时期的终结者，清王朝也是一个将疆土扩张到西域的王朝。清朝之所以能够成功扩张至西域，并最终以建省的方式将西域彻底融为中央之国的一部分，很大程度上是受其原始属性的影响。如果说，唐帝国由于之前南北朝时期的文化中不可避免地融入了不少北方民族的基因，那么原始属性本来就是东北渔猎民族的清朝建立者，在这一点上就更有优势了。这种优势，在其入关之前，就已经体现在对蒙古高原的征服上了。

在历史上，东北地区、蒙古高原、东亚核心农耕区，一直是三个互有竞争的地缘板块。从生产、生活方式来看，蒙古高原的游牧民族，很明显和东北平原的渔猎民族有着更多的共同点。如果用一个可以涵盖双方共同特点的名词来统称这两类民族，那就是“马上民族”。虽然大部分时候，对东亚核心区造成巨大压力的马上民族，是来自蒙古高原的游牧民族，但来自东北地区的女真人也曾经入主中原，建立金政权。不过，那一次尝试并不能算完全成功。在南宋的阻击之下，金政权始终无法跨越长江，完成东亚核心区的统一。而随之崛起的蒙古人，让影响东亚核心区命运的指挥棒，又一次回到了蒙古高原。

后金（清的前身）的建立者显然汲取了这个教训。在入主中原之前，他们即通过战争和联姻等政治手段，解除了蒙古高原的威胁，并使之为己所用。这也让清帝国在建立统一政权之后，史无前例地将疆土扩张到了贝加尔湖。而从战略上看，如果帝国的统治者还想进一步扩充疆土的话，西域很自然会成为下一个目标。

既然汉、唐可以剑指西域，那么马上出身的清帝国，没有理由不把视线投向西北。这一时期的西域被另一支源自蒙古的部族准噶尔部所控制。在成吉思汗引发的那次征服浪潮中，蒙古各部一度成为欧亚大陆所有游牧地区的主导者。而准噶尔部对西域的控制，也算是那个大扩张时代的遗产了。统一的游牧政权早已不存，从地缘结构上看，阿尔泰山又一次成为游牧势力的大致分割线。也就是说，准噶尔部在西域建立汗国之后，如果他们想进一步建立强大的游牧帝国，就必须挑战那些蒙古高原上的同宗兄弟。假如这一时期蒙古高原也统一在一个游牧政权之下，那么这种地缘竞争的格局，就很像当年东、西突厥的模式。

在准噶尔部兴起之时，蒙古高原并非没有机会再一次被某个部族重新统一，代表蒙古高原游牧势力做这项努力的是黄金家族（成吉思汗的家族）的直系子孙林丹汗。不过，前面我们也说了，在清帝国的建立者入主中原之前，他们已经成功地解决掉蒙古高原的威胁，而林丹汗就是这次地缘博弈的牺牲品。在林丹汗统一蒙古高原的努力失败后，分裂状态下的蒙古高原，一方面给了清帝国的建立者们以机会，将之纳入中央之国的版图；另一方面也让已在西域坐稳的准噶尔汗国有机会不断侵扰蒙古高原。对于双方来说，无论谁最后控制了蒙古高原，都将给对方造成致命的威胁。

在对蒙古高原的争夺上，有条件恩威并施，并且在原始文化上与蒙古诸部有诸多共同点的清帝国，显然更有优势。为了不被准噶尔部吞并，漠南、漠北的蒙古诸部，都更愿意成为清帝国的一部分。而在东亚核心区与蒙古高原被史无前例地统一在一个政权之下的背景，使得西域盆地在这场竞争中没有任何胜算。这种联合不仅使得双方的各项战略优势得以完美结合，更可以同时从河西走廊、蒙古高原对西域施加压力，这在历史上也是不曾出现的。在经历过康、雍、乾三朝的数次西征后，这个欧亚大陆最后的游牧帝国，终于成为一个历史名词。

说“准噶尔”是一个历史名词，是因为这个蒙古部落在经历过残酷战争后，已经消失在历史之中了。而在我们的印象当中，准噶尔更多是以一个地理名词出现的。这也算是一个比较有趣的现象了，即很多历史上曾经兴盛一时的族群，最后留存在后人记忆中的，往往就是地名。

很显然，准噶尔盆地是准噶尔部的活动范围。在准噶尔部强盛的时候，巴尔喀什湖以东的七河地区、准噶尔盆地、塔里木盆地都是这个汗国的直接控制区。为了更好地控制这个板块分割明显的游牧帝国，准噶尔部最终选择了伊犁河谷作为政治中心。从地缘位置上看，位于巴尔喀什湖流域、准噶尔盆地、塔里木盆地三板块之间的伊犁河谷，的确有资格成为地缘中心，更何况河谷之内的地理环境，可以说是天山两侧数一数二的。

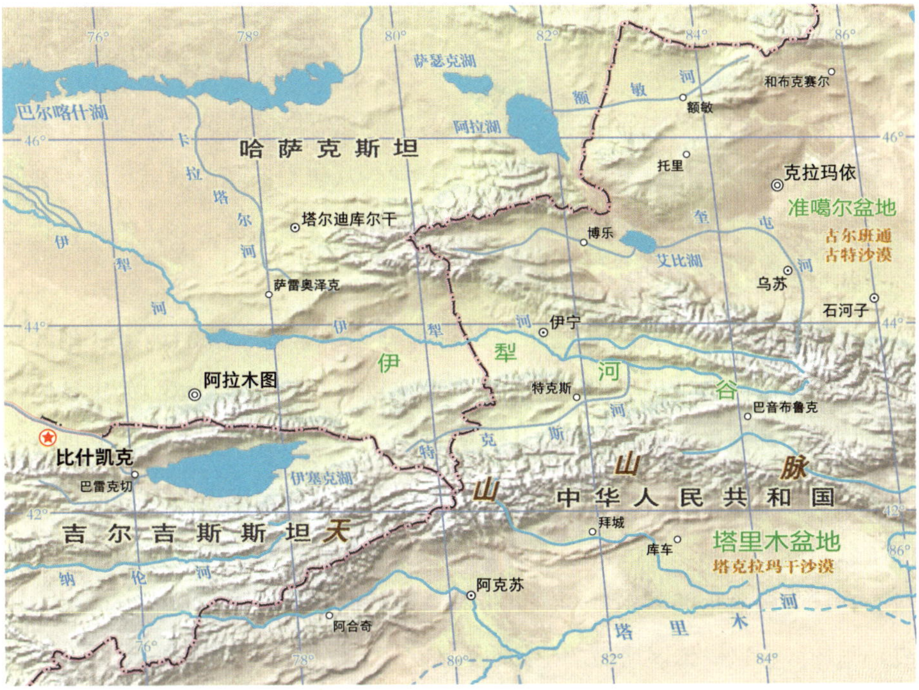

伊犁河谷及周边示意图

在清帝国代表华夏政权重新完成对西域的控制之后，有感于这里是汉、唐故土重新回到中央之国的怀抱，因此以“故土新归”之意，将之命名为“新疆”。鉴于整个西域远离中央之国核心区的地缘位置，在清朝的大部分时期，帝国是以一种类似唐朝时军政一体的形式来管理这块新归故土的，所设立的最高军政长官叫作“伊犁将军”。很显然，伊犁河谷又一次成为整个巴尔喀什湖以东地区的地缘中心。

如果不是崛起于东欧平原的俄国开始向东方强势扩张，相信伊犁河谷很有可能现在还是整个西域的政治中心。1881 年，在俄国人通过《中俄伊犁条约》谋夺了半个伊犁河谷，以及整个巴尔喀什湖到准噶尔盆地之间的土地之后，再将统领西域的政治中心放在伊犁河谷，地缘上就不够安全了。因此，在清帝国决定于同年在新疆建省，并由此将天山南北最终转为正常的行政建制时，天山北麓、准噶尔盆地南缘的迪化（今乌鲁木齐），成为中央之国西北部新的政治中心。

当然，只拥有半个伊犁河谷的俄国，以及独立后的哈萨克斯坦，同样不满意这样的分配。1997 年，哈萨克斯坦将首都从伊犁河中游的阿拉木图迁至哈萨克丘陵北部的阿斯塔纳，除了平衡国内地缘关系的考虑外，不希望自己的首都与中国这个强邻太近也是潜在原因之一。

事实上，以中俄双方在巴尔喀什湖—准噶尔盆地一线的地缘分割线来看，俄国和哈萨克在地缘上的不安全感并不只限于伊犁河流域。如果按照古典时期的地缘属性来看，准噶尔盆地西部山地本身，并不适合做一条地缘分割线。换句话说，正常情况下，山地两侧的草原都是属于游牧民族的领地。一定要有政治分割，也无非中亚游牧政权与翻越阿尔泰山南下的北亚游牧政权，在准噶尔盆地西部山地中，划一条东西向的线来切割草原，就像汉朝时乌孙与匈奴在这一地区所做的那样。

进入现代社会后，无论俄国人还是哈萨克人，试图进一步渗透准噶尔盆地的理由，当然不会再是争夺草原。他们所耿耿于怀的，是那些跨越中俄（哈）两国的国际河流。说得具体点，就是在整个准噶尔盆地与伊犁河谷所对应的中亚地区，绝大部分的河流都源自中国一侧，尤其是北部源于阿尔泰山东南麓的额尔齐斯河和中部源自准噶尔盆地西部山地的额敏河。

在中国现在的行政版图中，以上述三条河流以及附属山地为中心的边境地区被切割为两个行政区：伊犁哈萨克自治州和博尔塔拉蒙古自治州。如果仅考虑中亚方面安全的话，这两个自治州的绝大部分土地都应该被剥离出中国的版图。那样的话，也就意味着中国将失去整个伊犁河谷和大部分准噶尔盆地的控制权。

事实上，在抗日战争行将结束之前，俄国人也的确做过类似的尝试，正如他们 20 年前在“外蒙古”所做的那样。只不过，出于更高层级的地缘政治联合，最终，中苏双方在尊重既成事实的基础上，完成了历史性的第一次和解，并开启了一段长达十年的“蜜月期”。今天，同样基于世界地缘政治格局的变化，中俄两国又一次走向了战略合作的道路，并且又一次解决了彼此之间的边境纠纷。尽管引发这两次和解的对手都是美国及其领导的西方阵营，但此一时，彼一时，一甲子之后，中俄在这个合作体中的江湖地位，已经发生了重大变化。

第四节 | 伊朗高原地缘圈

作为中亚乃至东亚地区向西扩张的桥头堡，伊朗高原地缘圈战略地位是世界性的。这一点大家应该有所感觉。阿富汗能让美苏两个超级大国前仆后继，伊朗被美国视为眼中钉，都是源于这个地缘圈的枢纽地位。

伊朗高原的地理环境

就地缘影响力来说，伊朗高原无疑是一个非常重要的板块。就其地理结构来说，这片高原其实可以被视为一个群山环绕的高山盆地，就像伊塞克湖盆地、尤尔都斯盆地那样。北线贴近里海，有图兰低地的厄尔布尔士山脉、科佩特山脉；西线、南线眺望两河平原，有印度洋的扎格罗斯山脉、莫克兰海岸山脉；东线与南亚次大陆相邻的兴都库什山脉、苏莱曼山脉、基尔塔尔山脉，都是围就这个高山盆地的边缘山地。

以我们熟悉的东亚核心区内部诸板块来说，并非不能理解伊朗高原能够自成体系的原因。黄土高原之上的关中盆地，与它边缘诸高地板块之间紧密的地缘关系，似乎能给我们提供有价值的参考。按照这种思维惯性来说，以伊朗高原为依托的波斯文明，地缘核心应该是在盆地腹地的低地（相对低

伊朗高原地缘圈示意图

地），并以此形成强大的农业文明区，辐射并控制边缘山地。然而请不要忘了我们在解读中亚时一直强调的逆转思维惯性的问题。在欧亚大陆腹地这片干旱的土地上，很多地缘特点是和欧亚大陆两端的情况相反的。

尽管看起来，伊朗高原在南线拥有漫长的海岸线，降水情况应该好于远离海洋的中亚地区，但实际情况是，我们就中亚所提出的“低地约等于荒漠”的定律依然成立。因为对于高原腹地的低地来说，那些从高山汇流而下的雨水，注定会为下游地区带来矿物质。如果河流不能外流的话，那么下游平原地区就是这些矿物质的最终归属地。其结局，河流要么在盆地中心形成盐湖，要么在高蒸发状态下，变成大片的盐碱地。而绝大多数情况下，这一过程在人类到来之前就已经定型了。

既然那些被寄予厚望的腹地不堪重用，那么进入伊朗高原的雅利安部落就只能像他们渗透至天山北麓的亲缘部落一样，在山地和山地边缘寻找机会了。在环境没有发生根本性改观之前，这一规律也同样适用于现在。以前面解读中亚的经验来看，山地的体量（海拔和纵深）、位置、朝向都会对它收集水汽的能力造成直接影响，并间接影响山地的人口承载量。气候湿润、降水较多、有高山雪水补给的山地及其边缘低地，会更有地缘潜力。如果将兴都库什山脉视为单独的地理单元（虽然它帮伊朗高原东北部围边），那么整个伊朗高原最优质的地理单元应该存在于西部。在这个方位上，北部的厄尔布尔士山脉、科佩特山脉，南部的扎格罗斯山脉、库赫鲁德山脉，体量要远大于高原东南部。

当我们把寻找伊朗高原核心区的目光锁定在它西半部的山体上时，就会发现这片核心区呈现为一个左转 60 度的人字形结构，或者说是不标准的三角形。到底把它看成什么形状并不重要，问题的关键在于这片山地实际上呈现出了三个突出部状态。如果雅利安人是从高加索方向进入伊朗高原的话，他们在向东渗透的过程中会发现，之前纠结在一起、山脉走势并不明显的山地，开始向南北两个方向独立延伸了。而这两条分道扬镳的山体，最终也与西部地区一起，成为伊朗高原核心区的一部分。

以方位来定义的话，我们可以将这三处山地分别称为伊朗的西部山地、东北山地和西南山地。很快我们就会发现，波斯文明的产生以及伊朗高原内部的王朝转换，都是以这三大核心地理单元为基础的。

伊朗文明的内部结构

如果包夹在三大核心山地之间的腹地是一片富饶的平原灌溉区的话，那么它一定会天然成为对周边山地有影响力的核心区。然而前面也说了，伊朗高原的腹地基本没有这个命。岁月早已将这片腹地晒烤成卡维尔盐漠。盐壳、泥泽相间的地形使得即使要穿越它都很困难。其实，既然我们已经认定了雅利安人的希望在边缘山地之中，那么这些大而无用的低地，到底是盐多还是沙多就不那么重要了。

对于雅利安人来说，最大的问题在于，需要重新适应新的地理环境。毕竟这片高原山地，无论从形态还是环境上，都与他们在南俄草原上的老家有着本质区别。这意味着雅利安人需要在生产方式、族群属性上做出一些改变。当然，如果伊朗高原的环境还是呈现干冷特点，更适合草本植物生长的话，对于雅利安人来说，不过是从低地草原移牧到山地草原罢了。不过，伊朗高原较低的纬度，却让雅利安人的地缘属性发生了重大变化。

在影响气候的几大要素中，纬度始终是最重要的。只要不是海拔高到离谱，由赤道向两极气候逐渐变冷的规律，并不会受到挑战。如此说来，相比中亚地区，伊朗高原的年平均气温应该更高些。鉴于大家比较熟悉东亚核心区的地理结构，我们可以尝试从东亚的秦岭、南岭各自往西拉两条平行线，来更直观地判断伊朗高原的纬度。这样很快就会发现，伊朗高原的绝大部分土地都在这两条平行线之间。

这是不是意味着，伊朗高原的气候环境与中央之国的长江流域相类似呢？情况当然没那么简单。处在相同的纬度区间，只是让双方在气候带上都处于亚热带的区间罢了。相比受太平洋季风影响、降水充沛的东亚大陆来说，与印度洋近在咫尺的伊朗高原，却没有从印度洋那里得到什么恩泽，大部分地区都属于大陆性草原、沙漠气候。这一点和中亚地区类似。只不过，伊朗高原的气候类型前面，被冠以的是亚热带（如亚热带草原气候），而中亚则是温带罢了。

通常情况下，降水较少的大陆腹地（大陆性气候）是不受农耕民族喜欢的。能够适应这种环境，并充分利用那些耐旱草本植物的，是逐水草而居的游牧民族。然而，并非所有的大陆腹地都不适合农耕生产方式。最起码中亚的经验告诉我们，只要有足够的积温和可以利用的高山之水，那些河谷地带完全可以通过铺设水利设施来发展灌溉农业。

当然，由于受到水资源供给和地势的影响，你并不能指望这些农耕之地有太大的规模。星星点点存在于河谷、山前冲积扇中的绿洲，是这些在游牧重压之下生存的农业文化的主要载体。以伊朗高原的纬度和所处的气候带来说，它应当有比那些中亚绿洲更高的年平均气温。虽然海拔高度对气温也会有一定影响，不过对于平均海拔与黄土高原相近的伊朗高原来说，这并不会成为它产生农业文明的障碍。

伊朗高原地理环境对于雅利安人地缘属性的改变，体现在由游牧经济向农牧混合经济转型。那些原本居无定所的雅利安人开始转向定居，即使是仍然以饲养牲畜来获取食物的部落，也逐渐转向采取畜牧这种较稳定的生产方式。最初在伊朗高原西南部融合成波斯人的十个部落中，就有六个从事农业，四个从事畜牧业。换句话说，最起码在被我们划定为伊朗高原核心区、水资源情况较好的西部地区，雅利安部落开始变成定居者了。对于文明的产生而言，定居是非常重要的一步，这意味着你将倾注更多的精力提升技术以改变自己的生存环境。

由于缺乏像关中平原那样能聚集最多人口的低地平原以控制周边山地，高地属性的伊朗高原三大核心地理单元本身的地位是平行的，也由此在高原内部形成了三个地缘政治集团：米底、波斯、帕提亚（安息）。

三大板块中最先崛起的，是位于西部山地的米底板块。公元前 7 世纪，米底人建立了米底王朝，并第一次统一了伊朗高原；紧接其后崛起的，是同样与两河平原相接的西南山地中的波斯人。公元前 550 年，波斯居鲁士大帝攻灭米底，并最终建立了包括中亚、西亚两个“两河流域”在内的波斯帝国（后亡于亚历山大帝国）。

相比这两个与人类文明中心相接的板块，伊朗高原东北山地的崛起时间是最晚的。公元前 247 年，帕提亚王朝在此崛起，并将整个伊朗高原从希腊人建立的塞琉古王朝中分离出来。帕提亚也是中国人最先接触到的伊朗王朝，因为这个王朝的兴盛期也正是汉帝国崛起之时。丝绸之路的开拓，让华夏文明第一次知道，在西方的一片高原之上，还有一个强大的文明存在。

上述三个王朝的崛起，正对应了伊朗的三大核心地理单元，因此我们也可以分别用米底、波斯、帕提亚三个标签来对应这三个地缘板块。事实上，纯粹从板块归属来看，伊朗高原与中亚关系最密切的就是帕提亚板块，而米底、波斯的地缘位置使之更关注西亚。也就是说，如果我们在伊朗高原中划一条中亚、西亚的地缘分割线，那么帕提亚应该被归为中亚，而米底、波斯属于西亚。

不过，伊朗高原的封闭性最终让上述三大板块有机会融为一体，并在中亚、西亚两大板块中承担连接作用。而“波斯”这个地缘标签，也俨然成为整个伊朗高原的代名词。之所以会出现这种情况，是因为在帕提亚王朝衰弱之后，紧接着统一伊朗的又是来自波斯板块的萨珊王朝。

公元224年，萨珊王朝取代帕提亚王朝，建立了更为强大的帝国。由于其地缘属性，这个帝国也被称为“波斯第二帝国”。其存续的400多年时间，正是伊朗高原文明最重要的发展期，不仅将南北两个“两河流域”纳入中央集权体系，而且抵挡住了拜占庭（东罗马）帝国的入侵，还通过丝绸之路使其影响力远及欧亚大陆两端。

如果波斯第二帝国的建立只是伊朗高原内部三大板块的一个轮回，那么接下来米底、帕提亚也同样会轮番崛起。不过，随着中亚、西亚地缘力量的崛起，这个封闭而又开放的高原，在随后的历史中却很难再掌握自己的命运了。

终结波斯第二帝国的，是在公元7世纪凭借伊斯兰教完成内部整合的阿拉伯人。在阿拉伯帝国建立倭马亚王朝、阿拔斯王朝之后，北方突厥游牧民族建立的塞尔柱帝国、花剌子模国、帖木儿帝国、萨非王朝、卡扎尔王朝，乃至蒙古帝国的伊利汗国，都先后成为伊朗高原的主人。

这种外来民族主导伊朗政权的状况，直到1925年伊朗巴列维王朝的建立方告终结。也就是说，自伊朗历史上最为强大的波斯第二帝国之后，整个高原的命运就已经不掌握在自己手上了。由此大家也应该明白，为什么最终“波斯”这个标签成了伊朗文明的代称。只不过在这片高原内部，波斯一词始终有狭义的内涵。也正因为如此，在波斯第二帝国重新统一整个高原之后，为了彻底融合三大地缘政治集团，他们就已经开始用“伊朗”来称呼自己的国家。

“伊朗”的原意是“雅利安人的国家”，相比波斯一名，其在地缘政治意义的深度和广度自不必言。不过1935年，巴列维王朝将国名从“波斯”改为“伊朗”，虽然也是为了融合，但融合的对象却与1000多年前有所差异。

如果说自西亚而来的阿拉伯人为伊朗植入了宗教，那么自中亚而来的突厥人则是实实在在地成了今天伊朗的主要民族之一。今天，在伊朗西北部，被称为阿塞拜疆族的突厥后裔占了伊朗人口的1/4，仅次于占人口比例2/3的波斯族。基于阿塞拜疆族在伊朗历史及意识形态中发挥的作用，甚至可以和波斯族一样，被定义为伊朗的核心民族之一，以至于“波斯文明”这个标签不足以概括这片高原现在的文明属性，相比之下，“伊朗文明”要更为适合。就像在融合了56个民族的中央之国，“中华文明”要比“华夏文明”更与时俱进一样。

先来看看地缘政治意义上的阿塞拜疆在哪一块。提到阿塞拜疆这个名字，一般人首先想到的肯定是曾经为苏联15个加盟共和国之一，今为独立国家的阿塞拜疆共和国。不过现在我们看到的阿塞拜疆，实际只是19世纪30年代，沙皇俄国从波斯人手中割取的北阿塞拜疆，南阿塞拜疆则一直留在波斯（现在的伊朗）境内，并建制有东、西两个阿塞拜疆省。在行政地图上，我们会看到伊朗西北部与里海之西有一个突出部分，就是前述南阿塞拜疆所在。再往北，还有一块现在叫“纳希切万自治共和国”的阿塞拜疆共和国的飞地，横亘在伊朗与亚美尼亚之间。

从地理上看，南阿塞拜疆位于亚美尼亚高原（包括纳希切万），北阿塞拜疆则完全属于高加索板块。前者属于高地性质，后者的核心区则是位于大、小高加索山脉之间的一片平原。这两个相接但地形差异巨大的板块，之所以能够被贴上共同的地缘标签，原因在于它们拥有整片高原上最好的草场。地形气候的差异，使得游牧者一年四季都可以在南、北阿塞拜疆境内找到适宜的草场。入主波斯的游牧者，需要一片草原保持自己的机动优势。这使得阿塞拜疆地区成为包括突厥人、蒙古人在内的游牧者统治伊朗高原乃至

阿塞拜疆范围示意图

美索不达米亚的重要基地。

自 11 世纪突厥人南下建立塞尔柱王朝起，突厥人在伊朗高原政治生活中一直发挥着重要作用。如此漫长的政治统治史，使得伊朗的地缘属性里不可避免地融入了突厥色彩。从分工上来说，波斯人负责文官体系，突厥人则负责保卫王朝的安全。在这个过程当中，公元 16 世纪初至 18 世纪上半叶，来自阿塞拜疆地区的萨非王朝建立者为两大民族的相处模式以及今天伊朗的地缘结构做出了重大贡献。

萨非王朝的贡献是为阿塞拜疆人与波斯人确立了共同信仰——什叶派。选择什叶派的理由，是不希望被西面的奥斯曼土耳其人（逊尼派）融合，尽管二者拥有共同的族源和语言。可以说，正是有了宗教这面防火墙，阿塞拜疆族才没有湮没于历史。后者则是出于与阿拉伯人的结构性矛盾，什叶派信仰的确立能够帮助波斯人摆脱阿拉伯人的意识形态控制。从地缘政治角度来看，在什叶派的六大圣城中，除了逊尼派也认可的麦加、麦地那两大圣城之外，还有今天位于伊拉克境内的纳杰夫、卡尔巴拉和伊朗境内的马什哈德、库姆。在伊朗高原建立一个带有“波斯”属性的什叶派政权，并扩张至什叶派有优势的美索不达米亚（伊拉克），最终觊觎阿拉伯半岛西侧的麦加、麦地那，并非不可完成的任务。事实上，今天重拾政教合一制度的伊朗伊斯兰共和国，也正是沿着这样的路径向外扩张势力范围的。

数百年的融合，虽然让阿塞拜疆突厥人在种族上高加索化，但语言和文化上的差异，还是会让他们与传统的波斯人有所区别。尤其在北阿塞拜疆现在独立成国、西边又有民族上的近亲——土耳其存在的情况下，伊朗阿塞拜疆人的民族划定、国家认同问题，也变得十分微妙。萨非帝国所打造的共同历史记忆以及区别于伊斯兰主流信仰的什叶派教义，是维系伊朗内部民族团结的关键。你可以说居鲁士大帝所开创的波斯帝国（阿契美尼德王朝）只是波斯人的，也可以说以波斯第二帝国自居的萨珊波斯只是波斯人的，但波斯历史上的第三个辉煌时代，让波斯就此摆脱阿拉伯人宗教主导权、以什叶派立国的萨非帝国，却是由波斯人和阿塞拜疆突厥人所共同创造的。

如果没有宗教、没有什叶派这个纽带，伊朗不仅在向外扩张地缘影响力时会缺少专属于自己的意识形态武器，更有可能造成国家的分裂（伊朗伊斯兰革命后第一任精神领袖霍梅尼为波斯族，第二任精神领袖哈梅内伊为阿塞拜疆族）。追根溯源的话，20 世纪 70 年代末，试图将伊朗世俗化的巴列维王朝之所以会遭遇一场“伊斯兰革命”，很重要的原因就是没有看清楚这一点。

波斯文明产生的外部环境

既然谈到伊朗，就不能不说这片土地的核心民族——波斯人。要知道，伊朗高原的南边是兴盛于阿拉伯半岛的阿拉伯人，北边是起源于图兰低地的突厥人。这两大族群都曾经建立过强大的帝国。阿拉伯人靠的是宗教扩张，而突厥人在语言上有着极强的融合能力。在这种两面受压的地缘格局下，波斯人要想在种族和文明上保持自己的独立性是很困难的。

最终波斯人还是保持了自己的独立，即使在突厥人占据了伊朗高原西面的小亚细亚（安纳托利亚高原）后，波斯人也没有被“突厥化”，并能够以独立国家的形式保有大部分的伊朗高原。目前这片高原除了东北和东南小部分为阿富汗与巴基斯坦所有外，基本为伊朗所独占（这两块地方的部族也为东伊朗人）。另外，波斯人在北边的里海平原和南边的两河平原还有一小块突出部。

在波斯人抵御住突厥文化的入侵之前，他们在南面已经历过一场文明之战。在阿拉伯文明借助强大的意识形态武器进行扩张之时，他们那强大而又适用于游牧民族的宗教，也并非没有在波斯人身上留下烙印。波斯人最终选择了成为宗教少数派，以和阿拉伯人的主流教派相区别。这和俄罗斯人选择东正教而不是天主教的理由类似，都是为了保持文明的独立性。

我们并不能用波斯文明比阿拉伯人和突厥人的文明先进或早熟来解释这一切。要知道，波斯第一帝国建立于公元前6世纪，伊斯兰教则是7世纪初创立的；突厥人登上历史舞台只比阿拉伯人早一点，都与波斯人的辉煌差了千年。

相比那些完全处在平原地区的文明，伊朗高原边缘环绕的山脉，无疑为其独立性提供了基础保障。这种封闭性很好地保护了波斯人的安全与独立性，使他们能历经千年而不倒。然而伊朗高原又是开放的，那些将伊朗高原保护起来的边缘山脉，不至于高到让人无法通行。波斯人和往来的商人们在山脉当中找到可供穿行的山口、峡谷并不困难，便于和几大文明区交流，而南边的海岸线又为波斯人的海上商业帝国奠定了基础，所以说伊朗高原在海上丝绸之路的地缘优势也很大。

从与周边地区的海拔对比来看，伊朗高原也是属于优势方。我们知道，高地民族对低地民族在军事上具有天然的地缘优势，即你很容易从高地向低地发起攻击，而从低地向高地发起攻击的话，就要困难得多。所以，在很长一段时间内，伊朗高原能够对周边的两河平原、河中地区、印度河平原保有战略性优势。这种优势直到上述地区在反方向获得足够的战略纵深后才被打破。

当然，高地民族的这种优势不能仅仅停留在"高"上，还需要有足够大的自我发展空间，承载足够基数的人口。这种高度也不能太高，否则成为极限之地后，同样会影响人口基数。事实上，像波斯这种封闭性很强的地理单元，产生并升级文明的可能性是很低的，因为文明必须在与外部的不断交流中才能够自我完善。不过，当我们从整个大陆文明交流的角度来看这片高原的位置，就会发现这恰恰是伊朗高原的优势，也是能够产生具有独立性的波斯文明的原因所在。

我们可以为欧亚（北非）大陆的古典文明做一个大致的分类。在古典时期，决定这片大陆命运的地区主要可以分为包括整个欧洲在内的欧洲文明区，覆盖北非-阿拉伯板块的北非-阿拉伯文明区，植根于南亚次大陆的南亚印度文明区，以及从图兰低地向北、一直到蒙古高原的中北亚游牧文明区。这四大文明区中间，就是文明边界与伊朗高原的地理边界高度吻合的波斯文明区。从这个位置关系也可以看出，波斯文明和它所在的伊朗高原，有理由被定位为"文明的枢纽"。

波斯文明区的地理位置，决定了其他文明之间要开展交流的话，很大程度上要通过这个枢纽地区。唯一不与伊朗高原相邻的就剩下处于东方的东亚文明，但这并不表示东亚文明不会与伊朗高原发生联系。事实上，伊朗高原在东西方交流中起着至关重要的作用。

我们知道，东亚文明很大程度上是一个孤立文明，因此从表面上看，波斯及其周边地区更多体现的是针对西方的战略优势。但实际上，东亚文明中

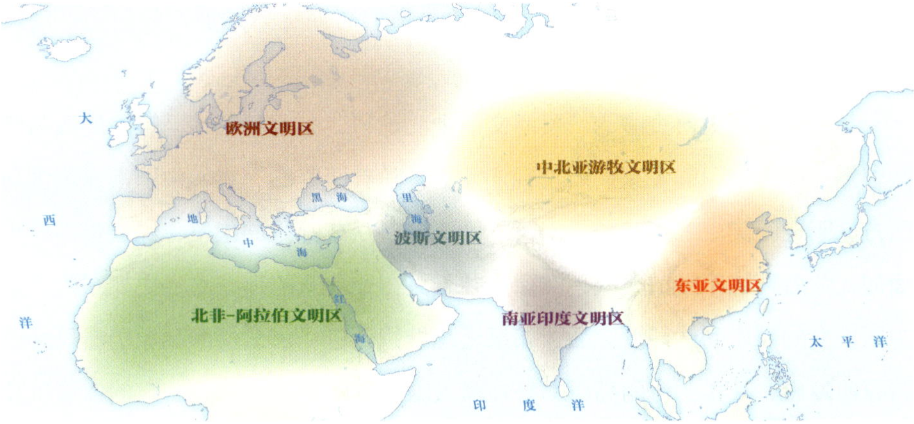

古典文明地缘结构示意图

的很多要素仍然必须通过这一腹地传入。如果这一通道被切断，从短期来看，东亚文明是一个自成体系的系统，但从长期来看，东亚文明一定会因无法与其他文明沟通而衰落（就像完全封闭的美洲文明一样）。

看看我们周边有多少东西是从这一通道传进来的（比如佛教、琵琶、葡萄、胡萝卜、西瓜、玻璃……），大家就会明白这并非危言耸听。当然，交流是相互的，东方也传播了很多实物和技术到西方。即使从纯军事角度来看，这一腹地也阻止了东亚文明向西方的扩张路线，反之亦然。无论是哪一种交流，都需要有相应的路线作为基础，丝绸之路便是这种交流的典范。

虽然沟通东西方的通道并不止一条路线，但如果你把终点定位在西亚—北非或者欧洲的话，伊朗高原几乎就是必经之路了。之所以说“几乎”，是因为如果欧亚草原处于同一民族控制之下，那么从乌拉尔山脉和里海之间的缺口穿越欧亚草原也是可行的。在古典时期，能够真正做到这一点的，就是蒙古帝国了。而今天的中国，也同样可以通过哈萨克斯坦和俄罗斯来打通这条通道。

现在，这些漫长的陆地通道一般都会被打上“丝绸之路”的标签，实际上，丝绸之路只是一个比较出名的标签，并不代表东西方在开展以丝绸为主的贸易之前这些路线就不存在，也不代表古典时期这些通道都是以输送丝绸为主。

基于东亚历史研究中的“黄河文明中心论”，东亚其他地区存在的沟通路线曾经并不为中国的专家们所重视。不过，随着研究的深入，中国南方地区与西方文明之间交流的通道也浮出了水面。这条从成都平原出发，经云贵高原入缅甸，然后到达印度的路线，实际上并不见得比北方的那些路径更加艰险。从中国出发的商旅到达印度之后，如果还想继续西进，那么伊朗高原仍然是必须跨越的障碍。其实，伊朗高原本身在商人眼中并不是一个障碍，它的体量以及所支撑的人口数量，足以形成一个充满商机的市场。鉴于“丝绸之路”的名声实在太响，这条南方的东西方大通道也被贴上了“南方丝绸之路”的标签。

很显然，除了游牧民族走的里海北路线之外，波斯在其他的文明交流通道上都占据着至关重要的枢纽位置。在不考虑海上丝绸之路所起作用的情况下，将波斯称为世界文明的中转站并不为过。即使在海上，伊朗高原在波斯湾及印度洋的海岸线，也让波斯人有机会发挥重要作用。所以，我们并不需要为唐代长安城与广州城里住着那么多的波斯商人感到惊讶，这一切都是地缘的选择。

需要注意的是，在新的技术条件下，传统因地理位置关系而产生的地缘影响也会有新的表现形式，这足以补充一些业已淡化的地缘作用。以伊朗高原在军事方面的地缘优势为例，古典时期战争条件下高地的防御优势已经被空中打击削弱了很多；但鉴于伊朗高原的地理中心位置，在这一地区建立战略空军或者导弹基地，它能覆盖的半径中可包含的重要地区肯定要比其他地方多。这种在新技术条件下获得的战略覆盖范围，又是古典时期所不具备的。

相信通过上述分析，我们已经清楚了伊朗高原及其周边地区在古典时期对人类文明的影响，问题是这种古典时期的影响能否持续到现在。尤其是在海空交通如此发达、信息交换瞬间完成的今天，那些保持相对恒定的地缘因素，特别是地理环境，是否还能对人类社会的走向造成影响？答案是肯定的。因为人类还不能完全征服自然，比如人类尚不能控制气候的变化、空中交通仍不能取代陆地交通（更多的只是作为补充）。对于试图凭借大陆优势与美国进行竞争的中国来说，理解这点尤为重要，而铁路就是大陆国家用来对冲海洋国家优势的利器。

欧亚非大陆的心脏

总的来说，伊朗高原在历史上能够始终自成一体，成为一个相对封闭的地缘板块，与它边缘高、中间低的类盆地地形是分不开的。这种地理结构，使其即使被外来民族所控制，也能够保持族群和地缘文化的传承。

不过，伊朗高原在欧亚非大陆中的战略位置，注定了这是一个四战之地。对于伊朗人来说，时下最大的利好是，强大的游牧势力已经随着工业时代的到来而消弭了。对比两侧的突厥、阿拉伯板块诸国，伊朗的比较优势开始突显。在这种情况下，伊朗甚至希望可以成为地区事务的主导者。基于伊朗在整个欧亚非大陆的地缘位置，伊朗无论有什么样的想法，都势必会引起世界的关注。当我们把视角进一步拉高，从整个欧亚非大陆的角度来审视伊朗的地缘位置，就能够更清晰地认识到这一点。

要想准确评判伊朗高原的战略位置，必须先对“世界岛”地区的几条重要山脉（山系）做一个了解。我们知道，在人类的迁移过程中，山脉起着重要的作用。一方面，人类必须正视山脉对人类活动的影响，另一方面，又得益于山脉所提供的保护。

先看欧洲。整个欧洲地区实际上可以大致看作一个大平原地区，只是在北、东、南方向各有一条山脉（山系）将它保护起来。这些山脉（山系）包括北面的斯堪的纳维亚山脉、东面的乌拉尔山脉和南面的阿尔卑斯山系。

斯堪的纳维亚山脉位于文明的边缘，由于山的西侧没有陆地，所以它的作用更多是为欧洲大陆遮挡北冰洋的冷空气。

乌拉尔山脉横亘于欧亚大陆中间，与南面的里海共同成为欧亚大陆的分

世界岛主要地理特征示意图

界线。而二者之间的缺口，就成为欧亚游牧民族进出的主要通道，客观上也起着传播文明的作用。不过，需要说明的是，乌拉尔山脉本身几百米的平均高度，并不足以成为切割欧亚大陆的地理障碍。西西伯利亚平原北部冰水遍布的恶劣地形，才是迫使人们从气候条件相对较好的乌拉尔山口通行的直接原因。

阿尔卑斯山系是一条决定欧洲历史的重要山系。它的南面就是地中海，生活在这里的人按中国人的说法是“背山靠海”。既然有着如此优越的环境，那么在这里诞生欧洲最初的文明也就不足为奇了。需要注意的是，这是一条断断续续的山系，整个欧洲南部的山地，都属于这条山系。其主体从巴尔干地区向西一直延伸到伊比利亚半岛（西班牙），在延伸过程中，还向北、向南分出一些旁支，而它中间最主要的一段就被称作阿尔卑斯山。正是由于阿尔卑斯山系的这些特点，它又被地质学家称作阿尔卑斯褶皱带。

再看非洲。非洲的地形可以说是南高北低。在我们目前所要讨论的北部非洲，有两处地形需要关注。一处是西北部与西班牙隔海相望的阿特拉斯山脉。这条紧贴海岸线的山脉其实是阿尔卑斯山系在非洲的延伸。另外一处是东非大裂谷，这也是非洲大陆最具特色的地形。大裂谷的北段被海水注入，现在被称作红海。出于航运的需要，人类把亚非两地仅有的那一点陆地联系挖断，这条地峡就是苏伊士运河。

关注东非大裂谷，并不仅仅因为它割裂了亚非大陆，还因为这一地区是人类的发祥地，正是从这里诞生的原始人类一次又一次走出非洲，向欧亚大陆扩散。从这条大裂谷走出的人类祖先，在走出非洲后，首先会进入阿拉伯半岛。如果不是因为红海的切割，阿拉伯半岛的各项地缘指标，包括地形、环境、地缘文化都应该和北非联系在一起。即使只看外形，我们在地图上也可以直观感受到，加上了阿拉伯半岛的非洲大陆，轮廓才算是完整的。因此，如果不受传统洲际分割标准约束的话，单从地缘结构归类的角度看，我们在这里可以把阿拉伯半岛看作非洲大陆的一部分。事实上，红海也并不是非洲大裂谷的终点，裂谷在分割阿拉伯半岛和非洲大陆母体之后，在阿拉伯半岛的西侧仍然延伸。这部分裂谷，我们通常称为西亚大裂谷。

在这片被麦金德称为“世界岛”的大陆上，如果说北、西、南都各自只有一处显著的地理特征，那么东面的情况就有些复杂了。在这个方向上，仅从山脉的角度我们大致就可以找到五条明显的山脉，包括阿尔泰山脉、天山山脉、昆仑山脉、喀喇昆仑山脉和喜马拉雅山脉。

根据这些山脉之间的关系，我们大致又可以将其分成三组主要山系，包括天山—阿尔泰山系、昆仑—祁连山系和喜马拉雅山系。这三组东西向的山系也将与之相邻的地区分割成了四个部分，即南亚次大陆、青藏高原、西域盆地和蒙古高原。（其实还有一条喀喇昆仑山—唐古拉山系，不过被湮没在青藏高原上，作用不那么明显罢了。）

这些山系可以找到共同的源头，那就是伊朗高原东侧的帕米尔高原。虽然同为高原，但由多个山系汇集而成的帕米尔高原可比伊朗高原要高得多。帕米尔高原的海拔有 4000~7700 米，而伊朗高原的海拔只有 1000~1500 米。这也很好地解释了为什么伊朗高原能够诞生足够灿烂的文明，而帕米尔高原和青藏高原更多是作为一个极限之地留在人们的印象中。事实上，东亚文明在与西亚文明进行沟通时，其陆上的线路也正是沿着这三条山系展开的。

分析完欧亚非大陆四个方向的山脉走势后，我们会发现，当人类沿着非洲大裂谷穿越了包括阿拉伯板块在内的“非洲”之后，马上会看见一条横亘在欧亚非大陆相交之处的巨大高原带。这条自西向东，包括土耳其高原（安纳托利亚高原）、亚美尼亚高原、伊朗高原、兴都库什山脉、帕米尔高原在内的高原带，被统称为“世界岛中央高原带”。在人类古典文明的交流史中，各主要文明的陆地交流路线，绝大多数都必须经由这条高原带。追根溯源，最初走出非洲的人类祖先，如果想继续向欧洲、亚洲扩散，同样必须跨越这条高原带。

在整条“世界岛中央高原带”中，位置居中的伊朗高原无疑是枢纽中的枢纽。这种得天独厚的地理位置，显然可以让它占据“欧亚非大陆的心脏”的地位。确认这个“心脏”位置后，我们再来看看周边都有哪些边缘板块能够对其（或被其）施加直接影响。

伊朗高原的北侧是欧亚游牧民族的必经之地——中亚，南侧是人类文明的发源地——两河平原（延伸为整个阿拉伯半岛），西面是欧亚古典文明的交汇地——安纳托利亚高原（包括大高加索山脉），东面则是东方各大山系的发源地——帕米尔高原（包括兴都库什山脉）。我们可以将伊朗高原与上述四个地区合在一起，定义为“欧亚非大陆的腹地”。

如果用现在的行政区划为这块腹地贴上政治标签的话，那么伊朗就是这块腹地的“中心地带”，也就是欧亚非大陆的心脏国家。其他四个地区包含的国家则是这块腹地的“边缘地带”，这四个边缘地带分别对自身所在方位的地区具有枢纽作用。各地带国家的大体情况是，欧亚非大陆腹地“中心地带”——伊朗；欧亚非大陆腹地“北边缘地带”——乌兹别克斯坦、土库曼斯坦、吉尔吉斯斯坦、哈萨克斯坦（从地理上来讲，其北部及西部有部分不属于这一地区）；欧亚非大陆腹地“西边缘地带”——土耳其、格鲁吉亚、亚美尼亚、阿塞拜疆；欧亚非大陆腹地“南边缘地带”——伊拉克及阿拉伯半岛诸国；欧亚非大陆腹地“东边缘地带”——阿富汗、塔吉克斯坦、巴基斯坦（主要是它的东部和北部山地）。

欧亚非大陆腹地地缘结构示意图

可以这样说，在有实力掌控世界话语权的五个重要的地缘政治区中，谁控制了这块腹地，谁就控制了整个大陆的中心，也就掌握了这片大陆的战略优势。作为当今世界的超级大国，美国已经认识到这块腹地的重要性。在西面，土耳其已经不是一个问题，北约成员国的身份，已经表明了它愿意接受美国领导的意愿；而能够脱亚入欧，成为欧盟的一分子，正是土耳其目前竭力追求的目标。

南面的伊拉克是美国决定用武力收服的第一个地区（1991 年、2003 年两次海湾战争），在阿拉伯半岛的其他国家都已唯美国马首是瞻的情况下，这个地区当然不能例外。石油是造成它在四个“边缘地区”（腹地）中成为出头鸟的重要原因。所谓“匹夫无罪，怀璧其罪”，能一箭双雕，谁都会优先考虑。

既然西面和南面都已经不是问题，那么就要考虑东面和北面了。中亚五国虽然从俄国分离出来，但俄国人的余威还在。中亚地区还能够从俄国获得足够的利益和保护，因此美国还不能对这块腹地的“北边缘地区”有太多想法。同样的道理，“东边缘地区”的帕米尔高原也只能先放在一边。

地处兴都库什山脉的阿富汗就没那么幸运了。事实上，这一地区由于纵深够长，无法绕过，战略地位比帕米尔高原要高很多（而且它有一条瓦罕走廊可以直通中国）。因此在伊拉克问题尚未完全解决时，美国便决定动手了。当然，拉登对美国的那次非对称战争是美国急于动手的直接动因，但即使没有“9·11”事件，美国在解决完伊拉克后也会找机会控制阿富汗。

并非只有美国人认识到了这块腹地的重要性，俄国人出于地缘上的考虑，早就动手了。在将整个中亚地区和西边缘地区的大高加索地区纳入国土后，阿富汗是俄国最急于控制的地区。如果得手，俄国人将基本控制整个东边缘地区。事实上它已经接近成功，在1973年至1979年9月间，苏联在阿富汗先后发动了三次政变，扶植傀儡政权。美国也不甘于放弃这一战略要地，塔利班和“基地”组织就是那时被扶植起来对抗苏联的。1979年12月末，苏联决定亲自动手，直接进入这一地区，阿富汗战争爆发。

控制阿富汗也是俄国（苏联）在地缘扩张上最后的辉煌时期。同一时期，苏联还试图拉拢过“中心地带”的伊朗作为盟友。伊朗与美国支持的伊拉克进行了一场长达8年的战争（1980—1988年）。不过，这一切都在1991年结束了。随着苏联的解体，俄国不再是一个地缘扩张者了。即使还在试图对“欧亚非大陆腹地”国家（比如中亚五国、乌克兰、白俄罗斯、伊朗、格鲁吉亚）进行地缘影响，也只是出于战略防御的需要。

“欧亚非大陆腹地”在地缘政治上的重要性，我们还可以从最近这些年战争的热点地区中看出端倪。海湾战争、伊拉克战争、阿富汗战争，当然都有发动战争的理由（很容易找，比如所谓的“伊拉克拥有大规模杀伤性武器”）。我们只需关注美国对这两个地区战争的主动性和所投入的力量，就知道美国对它们的关注绝非表面理由那么简单。

事实上，在伊拉克战争结束后，国际上就已经在猜测下一个目标是伊朗了。如果伊朗最终没有从内部变得对美国有利，也许这一切是不可避免的。其实如果有得选，伊朗高原的优先级会高于兴都库什山脉，只是“9 · 11”事件让阿富汗的问题提前爆发了。

当然，这些中心的角色是可以转变的。当世界的权力越来越有重新回到欧亚大陆的迹象时，我们必须重新重视对这片大陆的研究。由于在新的千年中，欧亚大陆的三个边缘地区和一个中心地带经过长时间的磨合，已经在地缘上达成了基本平衡，那么大家拓展空间的目标自然会指向这一腹地。这一腹地作为联系上述四个地区的纽带，谁掌握了都会打破业已存在的平衡，更何况这一腹地还是连接另一处潜力地区——非洲的桥梁。

最后有一点需要再明确一下，以免大家在概念上有所混淆。伊朗高原为中心的地区是欧亚非大陆的腹地，并不一定是全世界的腹地。这就好比麦金德定义的“中心地带”实际上是欧亚大陆的“中心地带”。从“新世界岛论”的角度来说，当下的美国才是包含海洋在内的世界中心。

“帝国坟场”

“帝国坟场”是几大帝国在阿富汗遭遇失败后，观察家们为其取的绰号。这个国家几乎与兴都库什山脉这个地理单元重合。由于与伊朗高原、帕米尔高原的紧密接合，兴都库什山脉有时也会被当作帕米尔高原或者伊朗高原的一部分，不过更多的时候它是作为一个独立单元存在的。现在我们将其放在同一个地缘圈的定位是比较准确的。波斯语、塔吉克语、普什图语同属伊朗语族，也能显示出三者之间的地缘关系。

如果说伊朗高原是“欧亚非大陆腹地中心地带”的话，那么它的东边缘地带——兴都库什山脉，与帕米尔高原，或者说阿富汗、塔吉克斯坦两国，就是这个枢纽东部的桥头堡，在很长一段时间里，东亚、中亚地区与南亚之间的交通必须通过这两个地区。即使在技术高度发展的现在，这种地缘优势仍然存在——看看美国在阿富汗的困境就知道了。

关于帕米尔高原与兴都库什山脉的关系，我们有必要说一下。一般我们认为青藏高原是“世界屋脊”，但最起码在当地人心目中，帕米尔高原才是真正的“世界屋脊”（帕米尔就是塔吉克语“世界屋脊”之意）。作为东方几大山脉的发源地，帕米尔高原的确担得起这一称号。

帕米尔高原除了向东延伸出天山、昆仑山、喜马拉雅山等几条重要山脉外，向西也延伸出了一条山脉，即兴都库什山脉，正是这条横亘在阿富汗境内的山脉将帕米尔高原、克什米尔地区、伊朗高原连接在一起，使得这三个地区最终能够形成相对独立的区域。

在了解了这些情况后，我们可以说说兴都库什山脉在地缘上的重要性了。它正处在中亚地区与南亚地区的交通要道上，中亚以及试图与南亚地区交流的北亚、东亚地区，很多时候都不得不通过这片复杂的山地。

这种承上启下的位置，也让阿富汗遇到了和伊朗一样的区域定位困惑，那就是它到底应该属于南亚还是中亚。在本章开篇定位“伊朗地缘圈”时，也提到过印度希望把阿富汗拉入南亚板块。实际上，抛开政治上的划分，纯粹从地缘属性上看，阿富汗的情况和伊朗也是类似的，即可以分为南、北两部分，北部属于中亚，南部可视为南亚的边缘板块。

兴都库什山脉的分水岭就是这样一条中亚、南亚的地缘分割线。简单点说，分水岭之北那些水往图兰低地方向流的河流及其流域，历史上与中亚的关系极为紧密。这一地区是我们在中亚部分定位过的吐火罗盆地南部，也是俄国人根据地缘政治原则划出的所谓“南突厥斯坦”地区。

分水岭之南，最为核心的区域就是今天阿富汗首都喀布尔所在的喀布尔河流域。作为印度河中游最重要的一条支流，喀布尔河谷也是中亚游牧民族最终进入印度的主通道。需要注意的是，处于高、低地相接的开伯尔山口并不在喀布尔河谷上，道路被定位在了河谷以南的另一条山谷中。在河谷本身地形过于险峻时，人类通常会做出类似选择。

阿富汗及周边示意图

在历史上，喀布尔河在地缘政治上的影响基本上是单向的。即无论入侵者是从兴都库什山脉西、南边缘绕到喀布尔河谷，还是直接从吐火罗盆地翻越分水岭，踏上印度河流域的土地，开伯尔山口的作用都是为印度半岛导入一批又一批的外来民族。在这种情况下，印度本身并没有对阿富汗的独立性造成过影响。

事实上，将一条大型山脉两侧统一在一个国家之内，本身是一件很困难的事。这与伊朗高原边缘高、中间低的封闭、内向型地形还有所不同。由于山脉的阻碍，山脉两侧低地之间的交流通常会遇到很大障碍，或者说没有足够的动力统一在一个政治体之中。

阿富汗之所以能够南北统一，与印度的存在有着直接关系。无论是出于和平交流还是入侵的目的，来自中亚的族群都对翻越兴都库什山脉有着浓厚的兴趣。而兴都库什山脉在吐火罗盆地与喀布尔河谷之间的这段山体，恰好也是整条山脉中最薄弱的部分，无形间降低了沟通的难度。因此，我们会看到，自公元 2 世纪大月氏人从中亚扩张至印度河流域，建立跨兴都库什山脉的贵霜帝国起，兴都库什山脉就不再是建立统一国家的障碍了。

当然，印度文明也并非没有对这片“腹地”产生影响，只不过这种影响力还是采用传统的“非暴力”方法。历史上，佛教在兴都库什山脉昌盛一时，那个被塔利班炸毁的巴米扬大佛就是佐证。受益于丝绸之路，这一地区曾经非常繁荣。

尽管兴都库什山脉及其边缘山地本身并没有成为板块交流的障碍，但这一地区复杂的地形，仍然使得任何想要通过或征服它的人都面临严峻的考验。造成这一状况的根本原因是东西向的兴都库什山脉与伊朗高原东部边缘的基尔塔尔山脉和苏莱曼山脉呈丁字形排列。这使得从兴都库什山脉通过印度河平原的天然通道十分有限（连续的山脉很难有合适的道路）。在这种地理格局下，不受苏莱曼山脉阻隔的喀布尔河谷，几乎就成了唯一的天然通道。

今天的开伯尔山口也成了阿富汗与巴基斯坦的分割点，在它的两端有两个在新闻中出镜率颇高的城市名，分别是阿富汗的贾拉拉巴德和巴基斯坦的白沙瓦（如果你听到执行反恐任务的美军遇袭了，八成就在这两个地方）。而在这两个热点城市旁边，就是阿富汗首都喀布尔和巴基斯坦首都伊斯兰堡。由此可以看出开伯尔山口在地缘上的重要性。

这一山口的重要性还可以从美国在阿富汗战争的困境里看出。尽管拥有强大的空中力量，美国还是必须通过这一山口从巴基斯坦向驻阿美军运送补给。而这一片山地的部族并不在意国际社会把他们划为阿富汗人还是巴基斯坦人，他们是同属于一个地区的部族（阿富汗的主体民族“普什图族”）。所以，你经常会在新闻里一会听到阿富汗“基地”组织和塔利班，一会又会看到在它们前面冠以“巴基斯坦”。有了这层地缘关系，美军在开伯尔山口一带的困境可想而知，以至美军曾经希望中国能从瓦罕走廊向其提供补给。

俾路支斯坦

很多了解伊朗高原情况的人可能会奇怪，既然伊朗盆地是一个相对封闭的环境，那为什么波斯人并没有占据全部，而是将东部地区分了一部分给阿富汗和巴基斯坦?

答案其实也不复杂，因为在古典时期行将结束时，欧洲人开启的大航海时代已经使得他们可以通过海路对伊朗高原施加影响了。这打破了以伊朗高原为中心的欧亚非大陆腹地旧有的地缘平衡。而欧洲在凭借技术优势占据这个世界的主导权后，首先做的就是按照自己的意志瓜分世界，这片战略位置显著的枢纽地区当然也不会例外。也就是说，伊朗高原形成现在的行政格局，摆脱不了那几个殖民帝国的影子。

前面说过，伊朗高原中间是盆地，由于中间山脉的阻隔，又可以分成东西两大区域。现在伊朗的范围主要集中在西边，那里也是波斯人的核心区。东部区域主要居住的民族被称为俾路支人。从人种和语言上来说，俾路支人和波斯人有很深的亲缘关系。

俾路支人之所以没有融入波斯，是因为这一区域是整个伊朗地缘圈中最为干旱的板块。这种气候条件导致俾路支地区在古典时期无法产生大规模的农业区，也就是说，这是伊朗高原内部的一片游牧区。

任何一个以定居为基础的王朝，对于游牧地区的控制都是较弱的。伊朗高原核心区对高原游牧区的控制力也有限。基于地缘位置的关系，俾路支地区应该天然是波斯帝国的属地范围。不过在 7 世纪阿拉伯人强盛后，俾路支地区也在三百多年时间里成了阿拉伯帝国的一部分。当然，阿拉伯人统治俾路支地区的前提，是已经控制了整个伊朗高原。

在阿拉伯人离开这片高原以后（7—11 世纪），波斯人继续保有对这片高原的影响力。只是随着北亚的蒙古人在欧亚大陆史无前例的扩张，伊朗高原也不可避免地成为蒙古帝国的一部分。按说，蒙古帝国的势力消退后，波斯人应该还会重新掌管这一地区，但伊朗高原那枢纽般的位置，注定了波斯人的崛起之路没有那么顺利。很快，在 16 世纪中亚的突厥人借着蒙古人的余威向南扩张时，情况又发生了些许变化。

这些自称成吉思汗子孙的突厥人第一次将势力伸向了南亚次大陆。这一

俾路支斯坦范围示意图

次，他们建立了印度历史上最强大的王朝——莫卧儿王朝。有人曾经把莫卧儿王朝和清帝国做过对比，发现这两个由马上民族征服农耕文明而建立的王朝有着诸多相似之处。比如，都建立了一套独立于原有民族文化的贵族体系，但又不过分干涉原有文化的发展；都在版图上有着突破性的扩张（即将原有的边缘地区和农耕文明融合在一起）；在西方殖民者面前，都有着相似的下场。

如果深入对比，还能找出很多有趣的相同点。不过，我们关注的是，突厥人将伊朗高原东部的这片山地带入了莫卧儿王朝，或者说带入了印度，“嫁妆”就是俾路支地区。开伯尔山口附近的那些山地也成了莫卧儿王朝的缓冲地。然而随着大英帝国对印度的强势渗入，莫卧儿王朝逐渐丧失了对边缘地区的控制权。波斯人在18世纪又重新夺回了俾路支地区，并将其划为行省。

之所以列强都对俾路支地区这么感兴趣，有一个很重要的原因是它处在中亚和南亚的交通要道上。可怜的俾路支就这样随着不同势力的兴盛不断地变换主人。每一个停留的帝国都会留下自己种族的血脉，以至人类学家已经分辨不出俾路支人的基因到底是偏波斯人多一点，还是偏阿拉伯人或突厥人多一点。厌倦了这种任人摆布地位的俾路支人终于决定自己建立一个结构松散的民族国家——俾路支斯坦（18 世纪至 19 世纪 30 年代）。

处在周边强大势力包围下的位置，俾路支斯坦注定有一个悲剧性的结局。就算它能够对抗波斯人、突厥人，也绝对无法对抗如日中天的大英帝国。收拾完印度核心地区的英国人终于把目光投向了这片战略要地。而这时，北方的俄国也已经完成了对中亚地区的征服，两个势力直接在这片高原上展开了交锋。

1839 年，英国在完成对阿富汗的征服后，顺手占领了俾路支斯坦，并于 1891 年将这一地区划归英属印度。但是，阿富汗这片复杂的山地注定是欧洲人的噩梦。到了 1893 年，在进行了两次对阿富汗的战争后，英国人也对应付阿富汗的那些游击队开始感到力不从心了。因此，英国人暂时放弃了直接占有阿富汗的想法，而是将阿富汗定位成一个抵挡俄国人南下的缓冲国。

巴基斯坦西部那片在地理结构上应该算是伊朗高原东边缘的 W 形山地，被分割为基尔塔尔山、苏莱曼山两条山脉。南部属于俾路支地区；北部那片弧形地区，在地缘的角度上，与兴都库什山脉更为接近，所以有些地理学家认为将其划入兴都库什山脉地区比划入伊朗高原更为合适。不管怎么划，北部这片山地传统上属于阿富汗人（主体为普什图人）的势力范围。开伯尔山口就在这一地区的边缘。由于它对印度河平原的安危至关重要，英国人决定将这块地区完全划归英属印度所有（之前莫卧儿王朝也曾花费上百年的时间征服这些山地民族）。

既然英国人出于安全考虑把这片山地划走，又将阿富汗设定为“独立”的缓冲国，那就不得不考虑在其他地区给予阿富汗人一定补偿，于是俾路支地区成了最佳选项。出于拉拢伊朗对抗俄国的目的，英国人也将伊朗人列入了参与分配的名单。这种时候没有人会去考虑俾路支人的感受。于是，在 1893 年，俾路支斯坦被肢解了。这片 50 多万平方公里的土地，英国人占了 31 万平方公里（后来归巴基斯坦），伊朗占了 19 万平方公里，阿富汗人象征性地得了点零头。在做出这种分割之后，英国人也无意再花费时间在这种地区上了，对于他们来说，能够控制中亚到南亚的通道，并为英属印度获得足够的缓冲区才是最重要的。

为了抵挡俄国人向印度洋扩张，英国人构筑了三层防线。第一层是缓冲国伊朗和阿富汗，第二层是俾路支地区，第三层就是从阿富汗人手中抢来的那片山地。就成为英国缓冲国这点来说，波斯人和阿富汗人有着不同的态度。对波斯人来说，俄国人才是最主要的敌人（在领土问题上，大家都这样认为）。如果说英国人在吃肉的同时还会给你点汤喝，那么帝俄时代的俄国人连骨头渣子都不会剩下。正是认识到了这一点，在很长一段时间内，伊朗都是英国的盟友。

相比之下，阿富汗人就没那么容易相处了，英国人不得不在 1919 年进行了第三次阿富汗战争，结果仍然是惨败而归，不得不承认阿富汗的独立。兴都库什山脉自成体系的地理环境，练就了阿富汗人独立的性格，在赶跑英国人之后，阿富汗人同样不愿意给俄国人好脸色看，无论沙皇俄国还是苏联，都没有在阿富汗讨到便宜。以至俄国人决定另辟蹊径扶植俾路支人，让这个一直试图独立的民族，成为自己在伊朗高原地缘圈中的一颗棋子。

苏联重视俾路支斯坦并不是出于简单的战略牵制目的，或者说只是为了让桀骜不驯的阿富汗人感到不舒服；继承最多俾路支斯坦份额的巴基斯坦才是最让苏联不舒服的。事实上，在苏联还能控制阿富汗政局的 70 年代，针对巴基斯坦的俾路支独立运动就已经在苏联的幕后操作下运行了。而那时，作为苏联的盟友，巴基斯坦还是积极的协助者。

从地缘关系上来看，苏联与并不接壤的巴基斯坦似乎没有直接冲突。不过，巴基斯坦的俾路支地区却有着俄国人梦想了百年的出海口。在巴基斯坦内部的行政区划中，俾路支地区大部分被归入了俾路支省（也是巴基斯坦最大的省）。说起这个省，大部分朋友也许会感到陌生，不过提起其境内的瓜达尔港，相信很多关心时政的朋友就有印象了。2001 年，应巴基斯坦政府的请求，中国方面提供资金和技术，参与开发了这个西望波斯湾、南临印度洋的巴基斯坦第二大深水港。

按照俄国人一贯的风格，如果有机会直接控制一块土地，他们很少会考虑采用合作的方式来实现自己的利益。在解读“彼得大帝的遗愿”时，我们能够清楚地感觉到，出海口可以说是俄国领土扩张的终极目标。在北冰洋、大西洋、太平洋分别得到出海口后，战略意义最大的印度洋出海口，就成为俄国人最梦寐以求的战利品。为了实现这个目标，仅仅从巴基斯坦分裂出一个俾路支斯坦来是远远不够的，还需要阿富汗方面的“密切”配合。

俄国在扩张的过程中，曾经无数次玩弄过类似的手段。第一步当然是以与阿富汗、俾路支紧密结盟的方式来打通苏联南下印度洋的战略通道。不过，后来阿富汗试图摆脱苏联控制的举动，让俄国人决心“帮助”俾路支人实现扩大领土的要求。在苏联秘密绘制的“大俾路支斯坦”地图上，范围包括巴基斯坦俾路支省全部、信德省部分地区、伊朗的锡斯坦-俾路支斯坦省，以及阿富汗西南的部分地区。这样一个加强版的“大俾路支斯坦”，总面积近百万平方公里，差不多要比俾路支人自己要求的面积大上一倍。

俄国人如此“热心”地“帮助”俾路支人“地图开疆”，当然不是因为他们的价值观更普世。其实“大俾路支斯坦”计划的重点，并不在于这个国家有多大，而是在于它必须在陆地上和苏联的中亚地区相连（具体位置就是土库曼斯坦）。也就是说，为了完成俄国在四大洋都拥有出海口的梦想，除了巴基斯坦必须“让”出大半海岸线以外，阿富汗西南部的领土也是必须牺牲的。

如果俾路支独立的计划能够实现，并且如苏联所愿，疆土上接苏联、下临印度洋，按照俄国人领土扩张的一贯套路，通过各种手段促使俾路支斯坦成为自己的加盟共和国，就是下一步的工作重点。当然，随着苏联的分裂，丧失了中亚地区的俄国人已经不可能再开启这个计划了。

俄国人计划中的“印度洋通道”成了泡影，英属印度又早在20世纪中

大俾路支斯坦范围示意图

叶就独立成几个国家，在现实的中亚和南亚的地缘关系中，阿富汗与巴基斯坦不可避免地被推向前台。巴基斯坦靠着继承大英帝国的遗产占据了伊朗高原的东部边缘。虽然这块山地为它建立了足够的缓冲区，但其复杂性却使得它并没有那么容易被消化，那些强悍的山地民族并不习惯于被外部势力管理。

在南部的伊朗高原上，主要是谋求独立的俾路支人，而在北部靠近兴都库什山脉的这片山地上，则活跃着以普什图人为主的兴都库什山脉系山地民族。阿富汗人至今为这片山地被划走而耿耿于怀；当地的部落武装也根本不服巴基斯坦政府的管辖，在他们看来，山那边的阿富汗人才是兄弟。虽然巴基斯坦把这片西北山地的一部分划入其核心区旁遮普省，试图通过行政影响来加强中央政府对这一区域的影响力，但依旧无法改变那些部落的政治取向。

有鉴于此，在阿富汗成为反美主战场之后，巴基斯坦西北部山区也很自然地成为"基地"组织和塔利班势力的一部分。在阿富汗作战的美国，在希望巴基斯坦提供补给通道的同时，还必须额外付出代价，说服巴基斯坦主动打击巴基斯坦境内的“基地”组织和塔利班支持者。尽管美巴双方在这一问题上一度达成了共识，并有过积极配合，但双方对于这些强悍的山地民族仍是头疼不已。也许问题终有解决的一天，不过美国付出的代价也会是高昂的。

第五节 | 高铁视角下的新丝绸之路

我们花了那么多篇幅来解释大中亚地区的地缘结构，当然不是为了帮大家了解异域风情。很显然，这一地区在中国进一步扩张大陆影响力的地缘战略中将发挥重要作用。如果说古典时期，华夏文明向西传播是依靠丝绸之路，那么今天的中国在陆地影响力的扩张上，路径也同样是“旧瓶装新酒”。所谓旧瓶就是“丝绸之路”的概念，新酒指的是“铁路”。

事实上，对于目前欧亚高铁网的设计有很多版本，也可以说，中国和每一个欧亚大陆国家都存在合作的可能性。如果最终欧亚大陆所有国家都在中国所主导的标准下组网，那当然是最为理想的状态。从大历史角度看，当年正是由于奥斯曼帝国阻断了陆地丝绸之路，才使得阿拉伯人有机会提升海上丝绸之路的地位，并间接催生了欧洲的大航海时代。今天，如果在高铁的连接下，效率更高、覆盖面更大、经济合作前景更广阔的丝绸之路经济带能够建立，那么海洋主导这个世界的格局也会出现一定程度的逆转。

然而问题是，相比更看重实力的海洋，打通陆地通道的掣肘之处要多得多。在一张几乎能把欧亚大陆画满的“欧亚铁路网”上，我们需要知道，哪一段线路对于中国来说是地缘意义最为重大的，也应该是整条线路的核心所在。

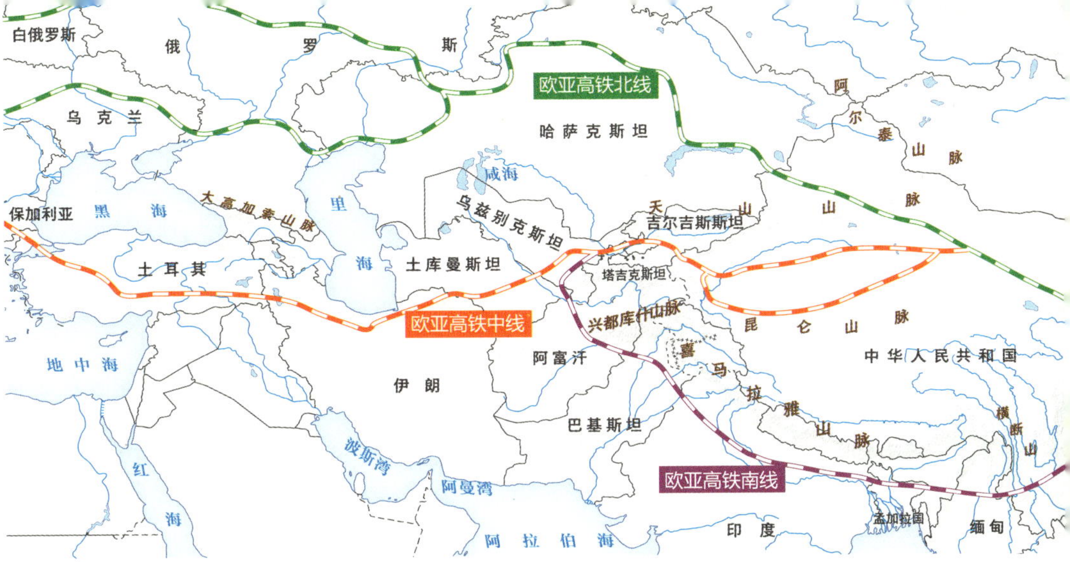

欧亚高铁主线走向示意图

欧亚高铁北线

尽管我们在中南半岛部分也提到过铁路的作用，但对于身处欧亚大陆腹地的大中亚地区来说，铁路能够发挥的作用会更大。即使不考虑对外施加地缘影响力，仅从盘活中国西北经济的角度看，启动以中国西北为起点的丝绸之路经济带，也能对缩短中国东、西部经济差，稳定西部有着积极作用。

从地缘战略的角度来看，确定一条通道或者一个经济带走向时，最重要的部分不在于路径本身的选择，而在于终端的确定。就这个标准来看，横跨两千年的丝绸之路，在终端的选择上并没有出现偏差。中国、印度、欧洲，这三个亚欧大陆人口最多、最具经济影响力的板块，仍然是丝绸之路的三个终端。确定了这三个终端之后，通路的选择就可以有多种组合了。

以欧洲为终点打通新丝绸之路的话，理论上可以只经由俄罗斯一国。毕竟在中国的西北角，与俄罗斯还保留着那么一小段国境线。然而从地缘政治角度看，这条相当于古典时期“游牧线”的丝绸之路，并没有必要绕过哈萨克斯坦。事实上，将哈萨克斯坦串联进来，有助于中国在中亚地区渗透影响力。这条经中、哈、俄连通欧洲的新丝绸之路，我们可以称之为“北线”。

从地形上考虑，这条从欧亚草原腹地通过的线路修建难度是最低的，中俄之间目前结成的战略协作伙伴关系，看起来也能够减少政治层面的掣肘。不过对于中国来说，修建高铁或者在其沿线打造丝绸之路经济带的目的，并非仅仅为了连通欧洲。向沿线那些体量较小而又位置重要的国家输出影响力，并使之在欧亚大陆桥的连通中获益，才是这一经济带连通的终极目的。很显然，仅仅通过哈、俄两国的线路所能带动的国家过少。

另一个必须考虑的因素是，俄国在这条看似最简单的线路上拥有太大的发言权。虽然俄、中两国目前处在战略协作阶段，但让俄国人在中国连接欧洲的事情上拥有太大发言权并不是件好事。俄罗斯与乌克兰的天然气之争就是一个明例。对于俄国人来说，不管他们的定位是“终端”还是“中端”，都不会放弃借机发挥地缘影响力的想法。尤其是俄国人在施加这种影响力时，往往会不介意发挥“战斗民族”的本性，这种破坏力更会让他们的合作者感到不安。

欧亚高铁中线

相比之下，通过中亚、伊朗，经土耳其连通欧洲的方案会更符合中国的利益。这条古典丝绸之路的主线，也将会是新丝绸之路经济带未来的主线。从地缘政治层面来看，这条线路上两个最重要的节点——伊朗、土耳其，与中国都不存在竞争关系。对于期待在欧洲拥有更多话语权的土耳其以及希望在阿拉伯国家扩大影响力的伊朗来说，新丝绸之路的开通将有助于完成它们的战略梦想。对于土耳其，可以预期的是，小亚细亚半岛将成为整个欧洲面对中国的桥头堡；而伊朗则认为，自己可以借此成为西亚乃至非洲与东方世界连通的桥梁。

正是在这种双赢的愿景下，连通土耳其首都安卡拉与其欧洲领土伊斯坦布尔之间的伊安高铁，成为中国企业在海外组织承揽实施的第一个电气化高速铁路项目（2014 年 1 月 17 日，伊安高铁二期主体工程宣告完工）。对于土耳其来说，在这个连通欧亚的高铁工程上与中国进行合作，更多是出于与经过俄、哈两国的北线竞争的目的。

中国与欧洲（包括土耳其）的铁路都是采用标准轨距，而冷战时与西方两分世界的苏联采用的是特立独行的宽轨。纯粹从技术上考虑，这条理论上还需经过伊朗、土库曼斯坦、乌兹别克斯坦、塔吉克斯坦、吉尔吉斯斯坦、哈萨克斯坦的欧亚高铁线也具有一定优势。如果最终中亚国家出于直接连通中欧的目的，都采取与中国一致的技术，那么对于提升中国在中亚国家的影响力自然是有帮助的。

很显然，在这条路线中，土耳其、伊朗、土库曼斯坦三国是必经之国。为了摆脱俄国的地缘影响，高加索三国最终也有可能成为路线的一部分。对于土耳其来说，一定会期待有机会把高加索地区，尤其是阿塞拜疆与自己的地缘影响力连接起来。至于中国，既然最终目的是为了在欧亚大陆扩大影响力，那么通过支线延伸，把这张交通网织得更复杂点也没有坏处。

同样遇到双线选择的路段，还有西域与中亚的连接线。汉朝开拓的由塔里木盆地跨越天山接入河中地区的丝绸之路，与唐朝打通的沿天山北麓串联起准噶尔盆地、伊犁河谷、七河地区，最终接入河中地区的“新北线”，都是选项。尽管从经营整个中亚的角度看，上述两条线路最终都会开通并且组网，不过从西域的地缘结构来看，汉代丝绸之路路线的开拓对中国的地缘价值会更大。

由于塔里木盆地的封闭性，这一地区在汉代丝绸之路开拓之前，从东西方交流中获益十分有限，正是由于后来能够从丝绸之路中获益，才愿意主动归于汉帝国的管辖。如果这一地区在今后能够再次成为中国对外辐射影响力的窗口，那么不仅对于提升整个南疆地区的经济有直接作用，更能让其加强与中国中东部地区的地缘联系。一旦彼此都能够从合作中受益，分离主义者也就没有市场了。

这一战略方向落实到具体的路线上，就是连通喀什与费尔干纳盆地的

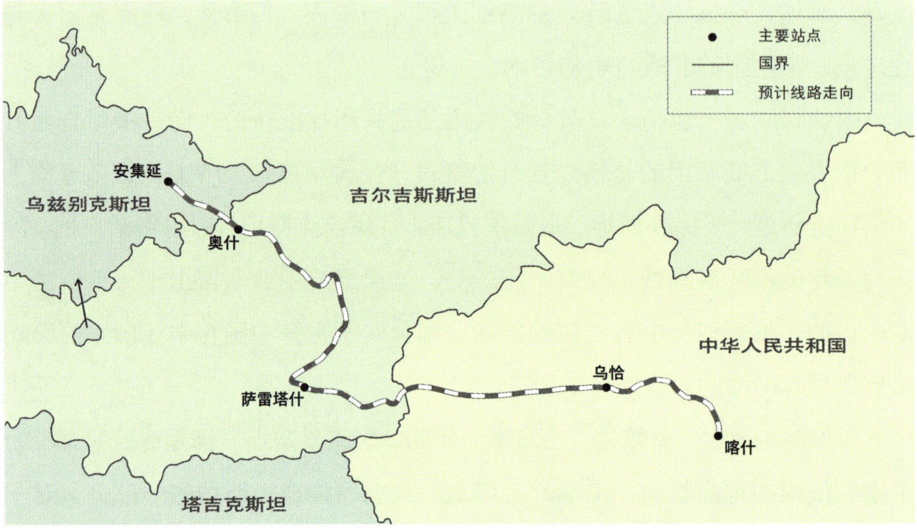

中吉乌铁路走向示意图

中吉乌铁路。这条线路的修通，意味着南疆对外开放的窗口被打开。即使伊朗、阿富汗两国受国际、国内环境的影响，暂时不能作为连通欧洲、南亚的节点，仅仅凭借与中亚人口容量最大的河中地区相勾连，也能让南疆地区摆脱地缘上的封闭性。如果将其与连通哈萨克斯坦、伊犁河谷、准噶尔盆地的支线相连，亦能够在天山南北形成一个连通所有地缘板块的闭环，将中亚与西域的经济紧密联系在一起。

欧亚高铁南线

在可以预见的未来，连通中国、缅甸、孟加拉国、印度、巴基斯坦，直至中亚、欧洲的欧亚高铁南线，也一定会提上议事日程。这条路线的走向，基本也就是我们在中南半岛部分分析过的“南方丝绸之路”。不过，这条路线在地缘政治上的障碍也是最大的。

印度本身也想成为世界一极，并且将中国视为直接竞争对手。基于地缘政治层面的考虑，如果成本相差不大，印度甚至会考虑和日本进行技术合作，并期待单独与中亚、欧洲联网。

对于日本来说，身为岛国的局限使其试图以日本为起点组网的可能性为零。除非它接受中国的主导作用，最终成为欧亚大陆桥的一部分。在这种情况下，日本把高铁技术及扩张影响力的希望放在越南同样是不现实的。无论从外部还是内部，越南这个大陆支撑点都不大可能形成规模效应。

相比之下，印度会是日本最好的落点，如果日本得到了这个在规模和潜力上与中国平级的“欧亚大陆南边缘地区”的市场，那么不仅日本的高铁技术有了摊低成本的可能，更为其向欧亚大陆腹地渗透影响力找到了绕过中国的桥头堡。

不过，印度在国内基础建设以及铁路技术的累积上显然与中国有巨大差距。即使出于所谓地缘安全的考虑，不计成本和日本合作（就像越南那样），想与中国竞争也几乎是不可能的。最有可能出现的情况是，中国已经打通了一条欧亚高铁，而印度的国内计划尚未启动。另一个可以确定的是，无论最终选择与日本还是中国合作，印度都会坚持技术上的分享，以免在技术上受制于人。

事实上，就像古老的丝绸之路能够串联起中印两大文明一样，中印之间完全有机会互通有无。尤其对于在经济上后发的印度来说，在战略上采取与中国合作的态度，对缩小其与中国的经济差更有帮助。这一点与中国改革开放时的情况是一样的。试想一下，中国如果一直拒绝与主导全球市场的美国合作，最终有没有可能取得今天的经济成就？

如果最终这条连通东亚、南亚的“南方丝绸之路”能够成为现实，那么横穿印度半岛的交通线最终就可以穿越阿富汗，与丝绸之路中线对接，并最终帮助印度连通中亚和欧洲。尽管在历史上，这一传统线路总是为印度带来灾难，但在边缘力量崛起的今天，印度仍然可以搭上中国的顺风车，向欧亚大陆腹地乃至欧洲延伸自己的利益线。

很显然，基于承上启下的作用，以及避开俄罗斯、印度两个潜在同级竞争者影响的考虑，连接塔里木盆地、河中地区、伊朗高原、小亚细亚半岛的中线方案将是丝绸之路经济带以及高铁修建的核心线。同时，由于陆地通道在地缘政治上有极大的不稳定性，选择本来就应该是具有多样性的，而不能押宝在一个方向。现实的情况是，哪一条线路的条件更为成熟、相关国家更为配合，就会先启动哪一部分。地缘政治层面的分析在于让大家清楚，在资源配置时，哪个方向应该是优先级。

第三章

青藏高原

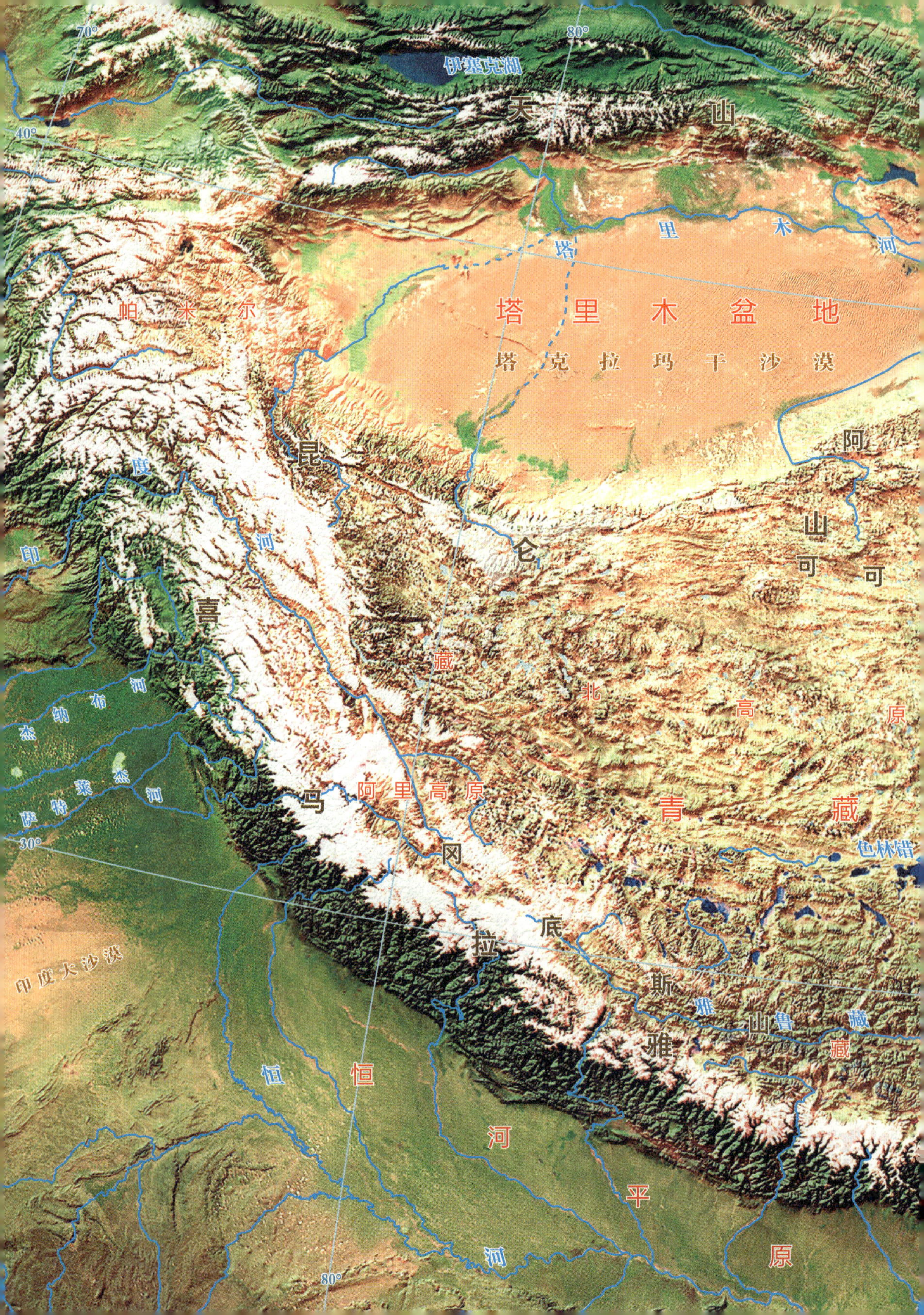
70°
80°
40°
30°
80°
伊塞克湖
天 山
塔 里 木 河
帕 米 尔
塔 里 木 盆 地
塔 克 拉 玛 干 沙 漠
昆 仑
阿
山
可 可
印 度 河
喜 马 拉 雅 山
杰 纳 布 河
萨 特 莱 杰 河
藏 北 高 原
阿 里 高 原
青 藏
色林错
冈 底 斯
雅 鲁 藏 布
藏
印度大沙漠
恒
恒 河 平 原
河

90°
100°
40°
30°
巴丹吉林沙漠
腾格里沙漠
河西走廊
祁连山
金山脉
柴达木盆地
青海湖
黄河
通天河
巴颜喀拉山
阿尼玛卿山
松潘高原
四川盆地
唐古拉山
念青唐古拉山
纳木错
横断山
金沙江
澜沧江
雅砻江
怒江
拉马普特拉河
青藏高原示意图

对于中国人来说，青藏高原是一个既熟悉又陌生的板块。尽管我们随口都能说出很多关于青藏高原的地缘标签，尽管青藏高原独特的地理、人文、宗教特点使之成为国内外的关注焦点，但真正了解这片土地及其历史的人并不多。

青藏高原最为世人所瞩目的，自然是它那平均超过 4000 米的海拔，以及世界最高山脉喜马拉雅山脉和世界最高山峰珠穆朗玛峰。基于此，青藏高原被认为是能够与南极、北极等量齐观的地球“第三极”。在很多末日论者或认定海水上升终会淹没大部分陆地的人看来，这片世界屋脊将是人类最后的方舟。

细细揣摩的话，你甚至会觉得青藏高原的整体形态很像组成太极图的两条阴阳鱼中的一条。如果一定要说是哪一条的话，鉴于其凸起的地形，自然应该是“阳鱼”了。虽然没有办法在青藏高原的北边找到形态完全对应的“阴鱼”部分，不过如果将塔里木盆地与河西走廊连接起来看，倒是可以组成一个体量相对较小的“阴鱼”。

好了，玄学的事情就先聊到这里。由于海拔实在太高，在很多彩色地图上，青藏高原的大部分甚至整体被描绘成一片白色之地，使其看起来像是一整片起伏不大、顶面平坦的土地。事实上，这片高原之上同样是山脉纵横。几条东西纵横的巨大山脉对整个高原进行了横向切割，这些山脉主要包括如下几条：北线的昆仑山脉、阿尔金山脉、祁连山脉，中线的唐古拉山脉，中南线的冈底斯山脉、念青唐古拉山脉，东线的横断山脉，以及南线的喜马拉雅山脉。其中比较特别的是昆仑山脉，它的西段承担着为青藏高原西北部围边的任务，东段却又延伸入高原腹地，横穿整个青海省，与四川盆地相接。

高海拔与大体量还为青藏高原带来了“亚洲水塔”的称号。依照最终的归宿，这些高原之水总体可以分为三种类型：太平洋水系、印度洋水系，以及内流区。在哺育了完全在中国境内的长江、黄河、塔里木河等河流之外，中南半岛国家的母亲河湄公河（中国境内称澜沧江）、缅甸两大主要河流之一的萨尔温江（中国境内称怒江），以及经由印度东北地区和孟加拉国注入印度洋的雅鲁藏布江（印度称布拉马普特拉河，孟加拉国称贾木纳河），同样从青藏高原得到了大量补水。

仅仅了解这些浅显的地理知识，是远远不够的。只有将人的因素与地理环境结合起来，才能揭开雪域高原的神秘面纱。一个比较容易让人忽视的问题是，青藏高原并非完全属于中国。抛开喜马拉雅山脉南坡的尼泊尔、不丹等国不谈，身处中国、印度、巴基斯坦、阿富汗四国相接之地的克什米尔在地理上实际也是青藏高原板块的一部分，更与丝绸之路有着密不可分的联系。有鉴于此，除了解读青藏高原在中国的主体部分以外，克什米尔将是本章内容的另一个重点。

第一节 | 青海与西康

除了将地理上的青藏高原全部视为中国领土以外，另一个认知误区在于将青藏高原与文化意义上的“藏区”对等。实际情况并非如此。在西藏以外，从南、北两个方向面向中央之国核心区的高原部分，情况要复杂得多。一定要用行政概念来覆盖区域的话，今天能看到的“青海（省）”与已经消失于行政建制的“西康（省）”，将是最为贴切的标签。前者的地缘结构揭示了雪域高原与中国北方地区的交融历史，后者则与长江及其以南地区地缘关系紧密。

河湟谷地

与青藏高原将近 300 万平方公里土地形成鲜明反差的是，世界屋脊仅仅养活了 1000 多万人口。其中以“藏”为族名者不过 600 万，仅仅相当于香港这个弹丸之地的人口数。这意味着，这片比世界上绝大多数国家面积还要大的高原，真正能够被人类利用的土地是非常稀少的。找到那些人口聚集的核心区，将会拥有解开藏地密码的钥匙。

以地理位置来说，青藏高原有机会与周边的东亚、中亚、南亚，乃至中南半岛板块发生地缘联系。就东亚方向来说，高原东北部直面黄土高原的河

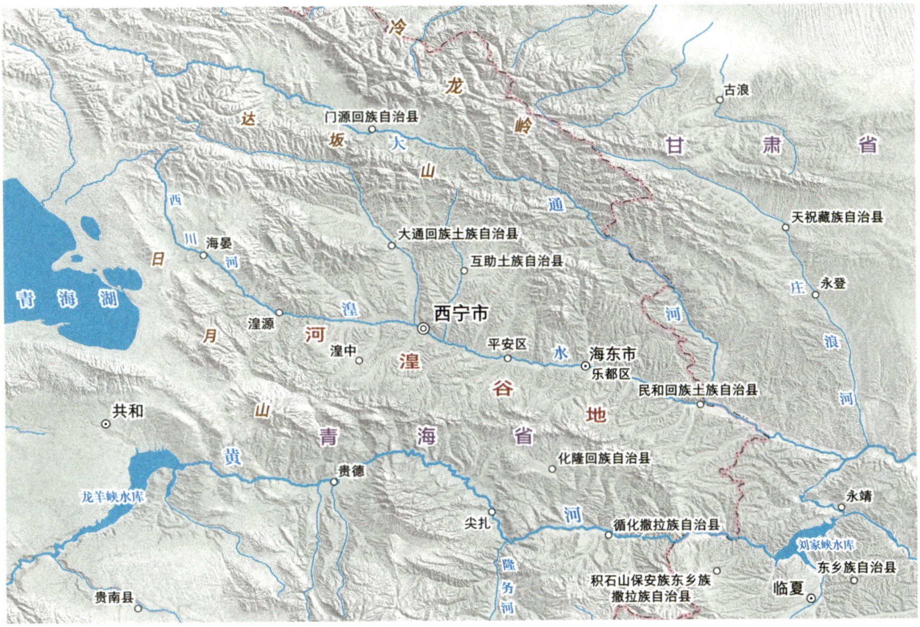

河湟谷地及周边示意图

湟谷地起着重要的连接作用。毫不夸张地说，在华夏文明的历史中，河湟谷地之于中央之国核心区与青藏高原间的作用，相当于河套平原之于蒙古高原、河西走廊之于西域、下辽河平原之于东北地区的作用。上述四大连接板块的得失，直接影响着中原王朝与相对应边缘板块之间的战略平衡。

所谓“河”，指的是黄河；“湟”则是指黄河左岸支流“湟水”。河湟谷地这一概念，指向的是黄河上游的一段河谷，以及湟水河谷。以今天的行政划分来说，“河湟”位于青海省境内，建制有海东市（下辖乐都区、平安区、民和县、互助县、化隆县、循化县）、西宁市（包括大通、湟中、湟源三县），以及海南藏族自治州的贵德县、甘南藏族自治州北部的尖扎县、海北藏族自治州驻地海晏县。除循化、化隆、尖扎、贵德四县以外，包括青海省会西宁在内的其他行政区，皆位于湟水河谷之中。

一提到青藏高原，略有地理知识的人都会想到青海和西藏。问题是，当你把两个省份（自治区）的行政边界叠加到地形图上，就会发现，新疆、甘肃、四川实际上都从青藏高原的边缘切去了一部分。河湟谷地是为数不多的行政边界与地理边界贴合的区域。在这个位置上，青海与甘肃的省界同时承担着地理分割青藏高原与黄土高原的作用。从地理结构来看，河湟谷地应该属于青藏高原的一部分。然而，相较于高原其他地区，河湟谷地的海拔要低得多。以较为上游的西宁市区为例，其海拔仅为 2261 米。湟水下游的民和县，最低海拔只有 1650 米，甚至比有“春城”美誉的昆明还要低（海拔 1891 米）。同时，谷地东面开口的结构使其成为青藏高原中最有机会接收太平洋水汽的板块。东低西高的地势，有利于拦截来自东南方向的太平洋湿润气流。气流上升的过程中容易形成降水，这也使得河湟谷地的整体自然环境更接近黄土高原。

黄仁宇先生曾经为中央之国设定过一条“15 英寸等雨线”。也就是说，年降雨量在 15 英寸以上的区域，是华夏农业文明自然扩张的区域。低于这个降雨量，就很难形成大规模农业区（除非像中亚—西域那样，有高山雪水补给）。能够适应这种干旱条件的，是那些自然生长的草本植物。在这一背景下，农牧分界线也就与这条 15 英寸等雨线基本重合了。

15 英寸折合成我们常用的毫米单位，相当于 381 毫米。这恰好也是河湟谷地的年均降水量。也就是说，这片本有机会成为高原原住民风水宝地的土地，同样有条件成为中央之国核心区的西部边缘板块。至于结果，相信大家都已经看到了。在一场对耕地的争夺战中，占尽优势的农耕民族没有理由不取得胜利。至于试图在黄河上游谷地立足的游牧民族，能够覆盖的就只有那些降雨量小于 15 英寸的边缘地区了。

上述特点使得河湟谷地成为青海境内最为温暖湿润的地区。辅以水利灌溉工程，河湟谷地便有机会成为青藏高原的农业、人口汇聚之地。其中，湟水河谷所拥有的耕地面积更是占到了青海省耕地总面积的 55%。青海省 600 余万人口（截至 2018 年底数据）中，生活在河湟谷地所在市县的，超过了总数的 2/3，而它的行政面积却不到 3 万平方公里，仅为青海省总面积的 4%。

大板块相接的地理、地缘位置，使得河湟谷地长期成为各方争夺的焦点。汉武帝时期，中原王朝的力量第一次进入湟水河谷。不过，最先发现河湟谷地小环境适合农业生产的，并不是来自汉帝国的探险家或者移民。在中原王朝开始关注这一区域之前，这个由一连串小型河谷、盆地串联组成的低地带，是被一个叫作“羌”的族群所占据的。

在华夷五方的命名及先秦的文献记载中，“羌”这一与华夏民族有着很深亲缘关系的族群，一般被归类于“西戎”阵营。所谓“西戎牧羊人”就是这一族群地缘特点的最好诠释。[1]生存在黄土高原的牧羊人中，最先进入农业社会并向东寻找耕地的部落，成为华夏民族最初的来源。当然，借此认定现在的羌族是华夏民族的祖先也是错误的，就好像说人类的祖先是猴子一样。准确定义是，大家拥有共同的祖先，只是由于在某一历史时期地缘选择不同而出现差异，变成不同的民族罢了。

与那些因开发关中平原农业潜力而在实力上发生质的飞跃的部族相比，仍然留在高原之上的戎族，在人口和技术上的差距就越拉越大了。整个周、秦两代，在黄土高原西部，包括陕北、陇东、陇西高原的经营，实际上就是融合这些表亲的过程。在西周，曾经有无数被标注为“戎”的部落，主动或被动地迁往东部，并最终成为华夏民族的一部分。

像我们所熟悉的建立齐国的姜子牙，就出身于一支与周王室所属部族关系密切的戎族——姜戎。与周人相比，因强大的中央集权机器而得天下的秦国人，对于黄土高原剩余戎部的融合要显得更彻底。秦帝国建立以后，那些戎狄部落在黄土高原留下的更多只是一些地名。而那些暂时不愿意融入华夏文明的戎、羌部落，能够选择的就是在青藏高原与黄土高原相接之处，寻找一片条件相对较好的土地，以继续自己半农半牧的生活方式。

基于河湟谷地的重要地缘价值和宜农宜牧的地理特点，历史上任何试图

---

[1] 《说文解字》：“羌，西戎牧羊人也，从人从羊，羊亦声。”

在昆仑山脉以北的青海地区立足的民族政权能否成功，都取决于是否染指河湟谷地。同时，青藏高原边缘板块的地理属性，又使得那些在各个历史时期进入河湟谷地的民族，有机会依托群山环绕的一个个小型河谷盆地，保留自己独立的民族特征。今天，河湟谷地也是中国境内民族结构最为丰富的板块之一，其中不乏为藏族、回族、土族、撒拉族等民族建立的州县一级的行政区。

河湟谷地成为各方争夺焦点，尤其是吐蕃王朝代表高原南部势力崛起之后，羌系民族逐渐退出河湟谷地。“羌”这一标签，最后出现在中央之国地缘政治舞台上，是以“党项羌”之名建立西夏王朝。只不过，党项羌属于两汉时期内迁至黄土高原、河西走廊的羌人之后，本身已经脱离了河湟谷地乃至青藏高原。

事实上，古羌民族曾经以河湟谷地为中心，广泛分布于青藏高原东边缘地带，在淡出黄河流域及中国西北地区的地缘政治舞台后，地形更为复杂、具有长江上游属性的川西北高原（与成都平原相接的青藏高原部分）成为羌文化最后的保留地。因地震而为世人所知的汶川、北川等地，聚集了 30 余万以“羌”为族名的古羌人后裔。

人种学与语言学已经证明，羌族并非唯一与汉族有着极深亲缘关系的民族。另一个生活在青藏高原腹地的民族——藏族，也与现在我们所说的汉、羌两族有着千丝万缕的联系。在语言学上，三个民族都归属于“汉藏语系”。结合藏、羌、汉三民族的形成历史以及地缘位置，我们不难认识到，在人类可以用文字记录历史之前，青藏高原与黄土高原就已经存在密切的地缘关系了。

鉴于河湟谷地长久以来是中原王朝将控制力延伸入青藏高原的象征，自汉朝以后的历代王朝，对这一板块的重视程度并不亚于河西走廊。这使得河湟谷地的地理结构虽然较适合保留丰富多彩的民族特色，但在今天的常住人口中，汉民族的比例仍然高达 2/3（算上流动人口就更高了）。这一特点在地缘政治上的体现，便是青海在中国的行政划分中是以“省”而不是“自治区”的形象示人。

安多的马

河湟谷地的历史以及民族结构，使其虽然在地理上是青藏高原的组成部分，却不能被归入民族、文化层面的“藏区”。那么，这是不是意味着青海地区就没有鲜明的“藏”特色呢？当然不是。这一点从青海省的行政建制便可以看出。除了位于河湟谷地核心的西宁、海东两市以外，青海境内的其他六个二级行政区都带有鲜明的“藏”烙印，它们分别为海北藏族自治州、海西蒙古族藏族自治州、海南藏族自治州、黄南藏族自治州、果洛藏族自治州和玉树藏族自治州。此外，与之连接成片的，还有位于河湟谷地东南向，同样属于青藏高原板块，但被划入甘肃境内的甘南藏族自治州。

人文概念下的“藏区”，内部一直有三大板块之说，即卫藏、安多、康巴。“法域卫藏、马域安多、人域康巴”是对这三大板块人文特点的精妙总结。用更为通俗易懂的语言解读，则是“卫藏的菩萨、安多的马、康巴的汉子”。青海境内的藏文化主要属于“安多”。

在藏区三大板块的划分中，水系这一基本地缘要素仍然起了决定性作用。简单点说，在青藏高原上，安多藏区的覆盖范围为黄河上游地区及其所影响的内流区；康巴藏区为长江、澜沧江、怒江水系；至于卫藏地区，则是以雅鲁藏布江水系为核心。

安多在藏语中是尾部、下部的意思。这一定义原本指向的是其地势，似乎意味着整个青藏高原呈现西高东低、南高北低的走势，位于东北部的安多地区海拔相对最低。不过，今天大家看到的藏文化起源于卫藏所在的雅鲁藏布江河谷，具体说，是在吐蕃王朝时期扩张至整个青藏高原的，以至今天藏民族对自己的称谓依然是“蕃”。从地缘政治角度说，安多地区也算是藏区的尾部与下部了。

就地理环境来说，青海东北部的黄河上游谷地并不比西藏的雅鲁藏布江河谷差，甚至更好。以二者的中心城市西宁和拉萨的人口对比来说，前者的

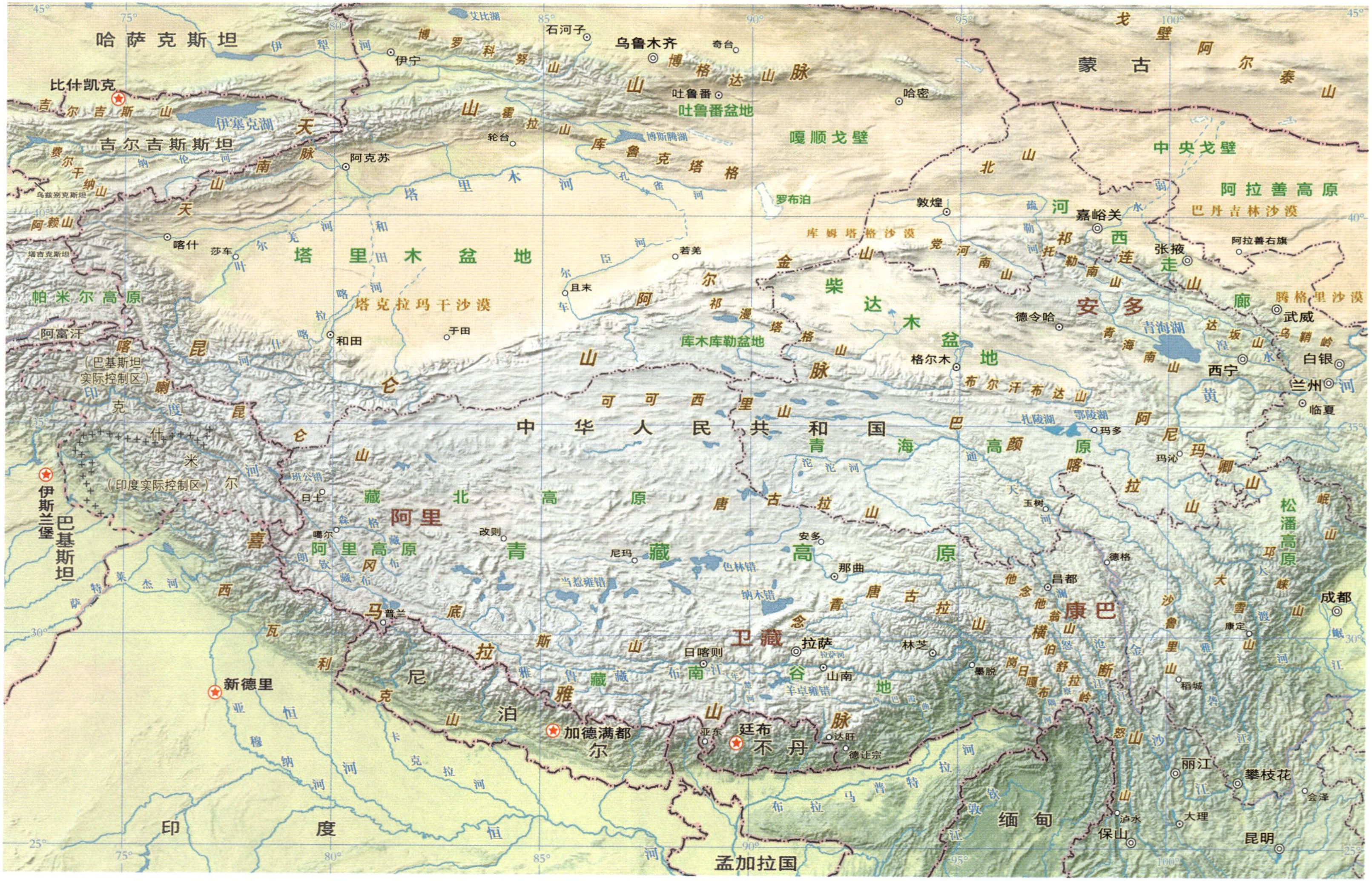

青藏高原地缘结构示意图

常住人口已经达到了231.08万，后者仅为90.25万（以上均为截至2015年底数据）。然而，河湟谷地与黄土高原正面对接，且海拔、气候环境相近的特点，使得在历史的变迁中，黄河上游河谷地带适于农耕的土地几乎都被来自东亚的农业民族所覆盖。

在剥离掉最有利于聚落人口的农耕之地后，高原民族在黄河上游能够覆盖的，便是那些海拔过高、不具备农耕条件，但可以提供一定数量山地草场的土地，具体来说，包括河湟谷地以西、以南的青藏高原部分。在地形图上结合青海、甘肃境内这一位置上的几个藏族自治州的范围来看，你将会明显发现这一地缘特点。由此对安多藏文化造成的影响，是马这个带有强烈游牧气息的物种成了安多藏区有别于其他藏区最为明显的标签。

然而，从藏文化区内部稳定的角度来说，安多藏区被剥离农耕区，并不一定是件坏事。游牧文化与农耕文化相比，最大的弱点在于无法定居下来发展文明所需要的诸多因子。这导致了在文明层面，游牧于青海地区的藏人愿意在精神乃至政治层面接受卫藏地区的影响。反之，如果历史上不是中原王朝强势插入河湟谷地，这片高原精华之地有机会整合周边游牧区形成独立势力的话，青海地区势必会成为有实力与西藏地区分庭抗礼的地缘政治板块。由此反映在地缘上的后果，很可能就是青海、西藏被两个不同民族所覆盖。

在漫长的历史当中，当中原王朝不能稳定控制河湟地区时，这种情况曾经多次出现。羌、吐谷浑这些民族都曾经试图占据青海地区，对抗来自青藏高原南部、黄土高原，甚至蒙古高原的地缘压力。在青海高原北部的西域地区，也有类似的情况。以绿洲农业区为主的塔里木盆地，与更适应游牧经济的准噶尔盆地，在民族结构上就出现了明显的不同。后者长期为突厥、蒙古等草原民族所覆盖，这一地缘特点从今天新疆内部二级行政区的划分亦可看出。

黄河上游谷地并非青海的全部，亦非安多藏区所有。我们很容易在地图上发现，青海西部的大片土地镶嵌两个高原盆地：柴达木盆地、青海湖区。其中，柴达木盆地面积为25.78万平方公里，曾经一度享有“西海”定位的青海湖，流域面积也有近3万平方公里。二者相加，约占青海省总面积的40%。

如果柴达木盆地和青海湖区都为草原所覆盖，那么即使没有农耕之地，仅仅凭借游牧经济，安多藏区也有可能对黄土高原及中原王朝构成巨大的压力。只是对于高原游牧者来说，影响其人口潜力的因素，并不仅仅在于游牧这种粗放的经济模式，更在于并不是每一片土地都长有牧草。就青海湖区和柴达木盆地的情况来说，其游牧条件并不理想，历史上能够蓄养的人口总量不超过十万。

每一个地理单元都有自己显著的地理特征，比如青藏高原给人的第一印象就是“高”，以及因高海拔而带来的高原反应。至于柴达木盆地和青海湖，如果要说它们有什么共同特点，那就是“咸”。盐在这两个盆地型的地理单元中，都成为最明显的地理特征。只不过体量相对较小的青海湖里面还有水，并因此成为中国最大的咸水湖。那些为青海湖补水的内流河，在维系这个圣湖存在的同时，也为对生存条件要求不高的游牧部落提供了小规模游牧的机会。而4亿多年前为浅海地形的柴达木盆地内部，现在除了星星点点分布的盐湖以外，绝大部分的盆底都已经因为亿万年前的地质运动变成了陆地。在这片陆地上，白茫茫的盐层成为最显著的特征。

当然，这里所说的“盐”，并不仅仅指我们日常所食用的钠盐，还包括数百亿吨其他类型可以进入工业系统的矿物质。仅仅是可食用的钠盐部分，也足以供给地球上的人类食用上千年。所以我个人绝对相信，曾经生活在柴达木一带，或者到过这里旅游看到用盐铺路的人，应该不会去参与早先因日本核泄漏事故而引发的食盐抢购潮。

“盐”对于人类的重要性自不必说，广义概念下的“矿物盐”在工业时代亦有很大的经济价值。今天柴达木盆地的常住人口，很大比例便是依托于这些资源的开发。然而，就自然经济来说，过量的盐却并不是一件好事。人畜无法饮用的咸水、盐碱化的土地，都将大大压缩人类的生存空间。历史

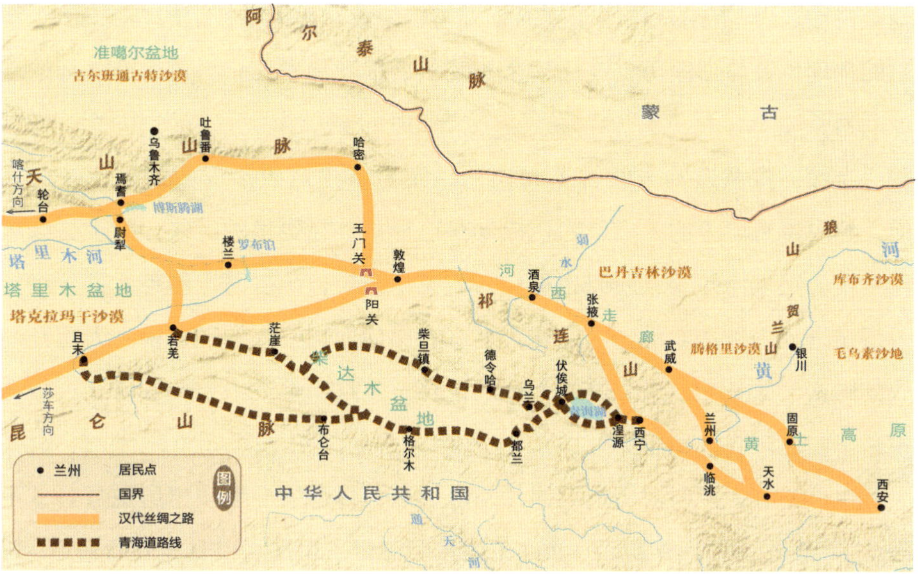

青海道示意图

上，这两个板块能够为游牧民族所用的，主要是柴达木盆地的边缘山地，以及青海湖周边的河谷地区。

尽管生存条件不尽如人意，但柴达木盆地—青海湖区的地缘位置却相当重要。一旦祁连山北的河西走廊因地缘政治原因遭到阻隔，无法完成连通黄土高原和西域的任务的话，由祁连山南起，经河湟谷地、青海湖区、柴达木盆地的“青海道”，便将承担起丝绸之路主线的任务。东汉帝国崩溃后的南北朝时期，是青海道跻身丝绸之路的起始期。在这一历史时期，一向为各方势力觊觎的河西走廊，形成了几个民族属性不尽相同的割据政权，并导致丝绸之路主线受阻。在吐蕃政权扩张至高原北部之前，称霸青海地区的吐谷浑便是受益于青海道带来的贸易利益，得以在此立国达 300 余年（公元 313 — 663 年）。

在近年流行的盗墓小说中，“九层妖塔”是一个很热的标签。这一标签的原型，便是吐谷浑王朝遗留在青海柴达木盆地东端的“血渭一号”大墓（当地藏民称之为“九层妖楼”)。剥离小说与传说为这座大墓披上的神秘面纱，将它的地理位置与那段历史连接起来，我们会很容易发现它与青海道之间的地缘联系。

当然，青海道始于吐谷浑时期的认定更多是从政治层面而言。在此之前，经由青海境内的人员、物资流动早已形成。在更早的时候，由于这一地区基本为羌人所控制，所以也被称为“羌中道”，源自河湟的羌人甚至经由青海道进入塔里木盆地边缘定居。在张骞出使西域归来的过程中，为避开匈奴的阻击，这条羌中道一度成为他的选择。但是，他途中为匈奴所获，被迫中断了归途。

唐王朝重新控制河西走廊以及西域之后，青海道一度淡出历史舞台。不过，在西夏控制河西走廊后，北宋王朝曾经不得不再次将目光投向青海道。总的来说，青海道虽然可以成为河西走廊之外另一条连通西域与黄土高原的线路，但大多数历史时期，它还是以辅路的形式，存在于东西方交流线路上。

河西走廊拥有一路延伸至西域的绿洲走廊，是它能够垄断丝绸之路所带来的利益的根本原因。这使得河西走廊的知名度远较河湟谷地及青海道要高。不过，作为河西走廊的相邻板块，即使青海道本身不承担主线作用，青海地区的归属同样会对丝绸之路是否畅通造成重大影响。最为典型的事例，便是唐王朝在经历安史之乱而衰弱后，吐蕃王朝逐渐取得了河西走廊的控制权。同时也要看到，渗透、影响这种事是相互的。高原政权在强大之时，可以深入周边地区，那么周边地区的政权和民族同样可以迁入青藏高原，尤其是源自青藏高原本土的政权，在大部分历史时期并没有那么强势。对试图进入青藏高原的民族和政权来说，就算难以深入海拔更高、中间间隔大片高寒无人区的西藏地区，进入青海道相关板块还是有机会的。

如果说中原王朝对河湟谷地，尤其是湟水河谷长达两千年的经略源于自身的农业属性与河湟谷地相合，那么有没有哪支外来游牧势力能够在安多藏区留下自己的印记呢？答案是肯定的。比如当年经略青海道的吐谷浑，便是源于东胡游牧体系的鲜卑部。今天生活在青海地区的 30 万土族人，很有可能就是吐谷浑之后。

北亚草原最后一支强大势力——蒙古人，同样在青海地区留下了自己的足迹。我们甚至能够在今天的行政建制中看到这一地缘烙印。在青海省，管辖面积最大的二级行政区，是覆盖柴达木盆地的海西地区，而这一自治州性质的行政区，全名为“海西蒙古族藏族自治州”。与中原王朝由黄土高原方向经略河湟农耕之地不同的是，今天居住于青海地区的蒙古游牧部落，主要是 17 世纪从青海道的西端——塔里木盆地方向迁入安多藏区的。柴达木盆地东北边缘的德令哈市是其地缘中心，生活在青海境内的蒙古族又被称为“德都蒙古”。

如果你再把视线向西延伸至塔里木盆地东端的话，会发现在这个位置上建制有一个面积达 48.27 万平方公里的新疆巴音郭楞蒙古自治州。这个腹地同样为大片荒漠的行政板块，与相接的准噶尔盆地、蒙古戈壁、安多藏区，共同连成了一个在古代以游牧经济为主，荒漠、草原相间的大游牧板块。

德都蒙古在安多藏区的存在，再次见证了青海地缘结构的复杂性，以及青海地区与中央之国其他板块之间的历史联系。这一地缘关系，甚至还体现在柴达木盆地的野生动物身上。从区系分类来说，柴达木盆地的野生动物物种兼具蒙古、新疆以及青藏高原的特色，属于蒙新区向青藏区过渡地带。在感知、适应地理环境这个问题上，人与动物其实并没有本质区别。这些经过时间和环境验证的客观事实，同时也告诉我们：地理层面的青藏高原，并不能与民族、文化意义上的“藏”简单重叠。

康巴的汉子

作为中国三级阶梯地形的第一级，青藏高原在正东方向主要与第二阶梯中的黄土高原、四川盆地相对接。从这个角度来说，安多藏区对应的是黄土高原，如果将秦岭—淮河这条中国南方和北方的地理分界线向青藏高原延伸的话，那么安多藏区及河湟谷地无疑应该被归入“北方”。历史上参与这一地区地缘博弈的政权、民族，亦都属于北方范畴。

如果说青藏高原在黄土高原方向只哺育了黄河这一条外流河，那么它对四川盆地的康巴藏区就大方多了。按前面的南北设定，康巴藏区很显然应该被归入南方板块。迥异的气候环境，使得这一地区的气质的确有很多中国人印象中的南方特点。

“南方”与“北方”一样，是一个相对概念。对于生活在东北地区的人来说，出了山海关都是“南方”；而对于岭南之地的人来说，长江流域又都是“北方”。以康巴藏区所对应的纬度来说，“南方”应当是温润多雨、物产丰富的长江流域。除了自然环境可圈可点以外，几乎每个被我们归入“南方”（长江流域）范畴的区块，秀丽可人的女子都是一道靓丽的风景线。与那些纬度相仿的“南方”区块一样，“人”也是康巴地缘特征中最引人关注的一项。有所不同的是，在这种高原之地，承担这一职能的是“康巴汉子”。实际上，“康”才是一个地理名称，“巴”在藏语中意指为“人”。康、巴连用，代指这一板块，“人域”的特征一目了然。

先来看看到底是什么样的环境造就了康巴独有的人文气质。康巴地区的地理特征，可以用“川藏高山峡谷地带”这样一个地理标签来概括。提到典型的高山峡谷地貌，很多人首先想到的会是横断山脉。其实，所谓“川藏高山峡谷地带”，指向的就是横断山脉的北部。之所以用这样一个名称，是因为今天这片土地的绝大部分被划给了四川和西藏。而在 20 世纪上半叶，这一康巴文化覆盖区曾经一度单独建制有西康省。

“西康”的“西”，显然是相对于四川盆地或者早期中原王朝所统治的中央之国核心区来说的；“康”，则指向藏区三大板块中的“康巴”。如果这一建制能够延续下来的话，将之命名为“西康高山峡谷地带”，应该能够包含更多的地缘信息。不过，名字只是一个标签，用什么不是最重要的，重要的是厘清这些标签背后隐藏的地缘特征。

“四水六岗”是在概括康巴地区地理范围的文献中经常会见到的一个词。“四水”为金沙江、雅砻江、澜沧江和怒江。其中，雅砻江、金沙江为长江上游的组成部分，澜沧江、怒江则经由云南注入中南半岛。“六岗”指察哇岗、玛尔康岗、玛尔扎岗、木雅岗、撒茂岗和包柏尔岗。地理上，撒茂岗在金沙江和雅砻江上游的中间地带，察哇岗在怒江和澜沧江中间地带，玛尔康岗在澜沧江上游和金沙江上游中间，包柏尔岗在金沙江和雅砻江中下游地带，玛尔扎岗在黄河青海段以南至雅砻江上游东部地带，木雅岗在雅砻江中游东部地带。

无论是“川藏高山峡谷地带”这个地理概念，还是“四水六岗”这个地缘概念，都包含在横断山脉的范围内。在中国的地理版图上，横断山脉这种河谷深切、排列整齐的结构，会让人印象非常深刻。若将山、水特征都包含在这个板块标签中，我们可以称之为“横断山脉河谷地带”。从海陆关系来定义，中国无疑是个“太平洋国家”。然而，横断山脉之所以用“横断”命名，是因为这组海拔超过 4000 米的高大山脉，不仅对东西向交通造成了巨大障碍，更在一定程度上阻隔了太平洋水汽输入其西部的河谷。

所谓“失之东隅，收之桑榆”，虽然地形导致太平洋水汽输入横断山脉的路径不是那么通畅，但印度洋刮来的西南季风却帮助横断山脉的西部补足了降水。水汽来源的双向性，使得横断山脉内部的降水情况略有差异。在受太平洋水汽影响的东北部地区，山脉东坡降水要更多；在受印度洋水汽影响的区域，情况则正好相反。不过总的来说，在这些暖湿气流的共同作用下，整个横断山脉的降水情况要远好于青海地区。部分地区的年平均降水量甚至能达到 4000 毫米。

在中国的自然基因库中，横断山脉占有非常重要的地位。我们在这里可以找到大量热带、亚热带、温带甚至寒带的物种。大落差的峡谷地貌以及印度洋、太平洋水汽在各区位所施加的影响不同，是横断山脉地区物种繁多的环境背景。而这种环境的多样性，也影响到当地的地缘结构。以植物类型分区来说，在这个横跨了10个纬度（22°N—32°5′N）的地理区间中，27°40′N大体可以成为一条分割线，这条分割线以南的地带性植被类型为亚热带常绿阔叶林，以北则类型复杂，垂直分带明显。

27°40′N这条植物类型分割线，在人类身上同样有所反映。能够被归入康巴藏区的六个地区——四川的甘孜藏族自治州、阿坝藏族羌族自治州、木里藏族自治县，西藏的昌都市，云南的迪庆藏族自治州，青海的玉树藏族自治州，均处于这条植物类型分割线之北。换句话说，这条分割线其实也是“川藏高山峡谷地带”与云南境内横断山脉南部地区的一条地理分割线。

高海拔以及由此带来的高原气候，显然是康巴地区成为藏文化板块的主要原因。中国法定的56个民族中，有一半能够在横断山脉中找到。在藏民族因更适应高海拔生活而逐渐覆盖北部地区的同时，在河谷海拔更低的横断山脉南部，高山阻隔则使之保存了许多少数民族独特的文化。可以说，云南成为中国少数民族文化最为丰富的地区之一，其境内的横断山脉起到了最大的作用。

复杂的气候环境使得康巴藏区在经济上也呈现出多样性。与安多藏区几乎被视为纯牧区不同的是，农耕、游牧两种生产生活方式，在康巴人身上都有体现。至于到底选择哪种方式，则要依所处的海拔及农业基础而定。这种有别于东亚农耕民族以及北亚游牧民族的农牧混合方式，其实也是整个青藏高原原住民族的特色。而这片高原之所以能够让农、牧两种生活方式如此稳定地融为一体，根本原因还在于这片高原实在是太高了，高到外来民族无法深入它的腹地，高到能够不受外来干扰、独立形成农牧混合的高原民族。

基于农业文明在人口、技术上的优势，在高原农牧混合体中占据核心位置的，自然还是那些选择了定居生活方式的部族。这就像渔猎部落联盟上升为国家形态时，占据核心统治地位的，必然会是那些率先在边缘低地进入农业文明的部落。而在高原内部寻找降水、地形、温度条件相对优异的土地发展属于自己的农业文化，也有利于青藏高原形成自己的民族、文化体系，并最终通过军事、政治、外交手段对周边地区施加影响。当然，基于那些环境相对较为干旱的草原保存下来的游牧基因，无疑也在军事上保证了高原民族的战斗力。

所谓“尺有所短，寸有所长”，每一种生产方式、文化体系都会有自己的优点和劣势。能够在一个体系中兼容各种文化，其实是一件好事。藏民族基于环境而形成的这种混合文化体系，也使其有机会屹立于世界民族之林。至于康巴藏区中的这种游牧基因，有什么让我们看得见的优势，也许大家从康巴汉子那彪悍的身形中能够感受到。

在康巴藏区中，处在最北端的玉树地区是一个特别的存在。玉树市位于青海省的西南端，与四川、西藏相接。同时，玉树也是一个自治州的名称，玉树藏族自治州管辖着从昆仑山脉到唐古拉山脉之间 26.7 万平方公里的土地。在青海境内的二级行政区中，玉树州的面积仅次于海西蒙古族藏族自治州。地广人稀是这两个板块共同的特点，两地的人口密度都为 1 人 / 平方公里。

作为长江、黄河、澜沧江三江的源头之地，玉树中部、西部的大部分土地都属于三江源国家级自然保护区的覆盖范围。其中，黄河及其支流在境内总长度为 559 公里，长江为 3380.2 公里，澜沧江为 1792 公里。很显然，漫流于横断山脉北端的长江、澜沧江源头水系占据了绝对优势，使之更容易受到下游康巴文化的影响。

在明朝羁縻青藏高原东部和北部时，康巴藏区被称为“朵甘思”，玉树地区是朵甘思的一部分。然而，在明以后，包括当下的行政建制中，玉树并没有和康巴藏区的其他地区划分在一起，而是归入了以安多为主的青海。游牧的生产生活方式是原因之一。与下游康巴地区农牧相杂的情况有所不同，平均海拔超过 4200 米的玉树，属于典型的高原高寒气候，全年甚至无四季之分，只有冷暖两季之别。由于它过于深入青藏高原腹地，年降水量还不足500毫米。

高寒、低降水的环境，使得游牧这一粗放的生产方式成为古代生活在玉树地区的高原民族的经济基础。就这一点来说，其与旁边的安多地区趋同。不过让玉树归于青海的根本原因并不在此，而是在于它的区位。尽管玉树地区地广人稀，本身并没有特别让人觊觎的经济价值，但从地理结构上看，从青海地区进入西藏这片昆仑山脉与唐古拉山脉之间的高寒之地，这里却是必经之地。

这条经由玉树，连接青海、西藏两大核心区（湟水河谷与雅鲁藏布江河谷）的古道，正式开通于唐王朝与吐蕃王朝交好的公元7世纪，并因此被世人称为“唐蕃古道”。今天由青海直接入藏的线路，是穿越柴达木盆地、玉树地区腹地，被称为“青藏线”的109国道。这条线路并非当年沟通青藏的唐蕃古道，最起码不是主线。

沿途过于荒凉，是青藏线在古代没有成为主要通道的主要原因。这一点，通过今天青藏线沿线特殊的行政建制也可看出。在青海省境内，有一个非常特别的行政区——格尔木市。这座位于柴达木盆地南部、昆仑山脉北麓的城市，是目前青海第二大城市。与拥有悠久历史的省会西宁不同，这是一座在20世纪50年代才建立的新兴城市。柴达木盆地丰富的矿藏资源以及穿境而过的青藏公路，是格尔木出现在行政板块上的两大原因。换句话说，格尔木是一座因盐和路而兴的城市。

以盐来说，今天有着中国盐湖城之称的格尔木，在柴达木盆地并不具有唯一性。这个点之所以受到垂青，一是因为昆仑山脉为它提供了相对丰富的水资源（格尔木的蒙古语意即为“河流密集的地方”），其境内核心河流便是格尔木河；二是青藏公路选择从格尔木河源头处的山口翻越昆仑山脉进入玉树地区。这一山口也因此得以独享昆仑之名，被世人称为“昆仑山口”。

海拔4771米的昆仑山口并非青藏公路要翻越的唯一障碍，在纵穿玉树地区之后，这条高原之路还要翻越海拔5231米的唐古拉山口，才能进入西

唐蕃古道示意图

藏地区。问题在于，这条线路并非自然形成，沿途缺乏定居点或者说经济支撑，是其维护的最大问题。如果说格尔木市还能借助盐来立足，那么唐古拉山口北麓就只能勉强建制一个以畜牧经济为基础的唐古拉山乡了（2005 年变更为镇）。鉴于玉树地区本身的人口、经济基础太弱，加上为了更加有效地统筹管理青藏线沿线的基础设施，自 1964 年起，唐古拉山乡改由格尔木市管辖，由此造成了格尔木市在地图上被分割成两块的景象。

既然青藏线不是唐蕃古道的主线，那么当年文成公主走过的唐蕃古道现在还存在吗？答案是肯定的。路是人走出来的，虽然基于技术进步，人类可以裁弯取直，在一些原先通行条件不太好的地区筑路，但绝大多数遵循自然选择原则而产生的古道，同样有机会焕发新的生命力。唐蕃古道亦不例外。

唐蕃古道的主线，今天主要由两条国道所覆盖：一条是由西宁出发，经玉树、昌都等康巴地区，沿横断山脉南下，纵穿整个云南西部的 214 国道；

另一条是317国道昌都—那曲段。二者在今昌都市类乌齐县交会，共同完成了连接青海、西藏的战略任务。另一条支线则是从玉树经其治下的杂多县（目前有309省道相连），直连那曲进藏。这两条线路的好处在于，能从东端绕过海拔超过6000米的唐古拉山脉，从相对海拔更低的横断山脉西端寻路而下。无论哪条线路，康巴地区都是连接卫藏、安多两大板块的必经之道。这也可以解释，为什么康巴地区没有被建制为一个一级行政区后，玉树要归于青海，昌都要归于西藏。

事实上，在后面解读卫藏时，我们会发现在四川盆地与西藏的沟通中，康巴地区同样在发挥无可替代的枢纽作用。对地理环境及高原气候的适应性、沿途农耕定居点的散布，以及康巴文化中的游牧基因，使得康巴汉子在很长一段历史时期中，通过商业活动承担了藏、汉两地经济、文化交流的作用。除了彪悍、刚毅的体貌特征以外，康巴汉子极尽奢华之感的穿戴，也是“人域康巴”的重要加分项。可以说，农业及商业带来的经济利益，是造就这一特征的经济基础。

无论从河湟谷地还是四川盆地进入西藏，康巴地区都属必经之地，因此，在地缘政治上有“治藏必先安康”之说。就康巴地区内部诸地的名气来说，应该没有比因一首情歌而天下皆知的康定城更高的了。作为四川甘孜藏族自治州的首府，康定城位于青藏高原东边缘大渡河上游，沿河谷而下，很快便能进入主要由岷江滋养的成都平原南部（大渡河为岷江上源之一）。与湟水河谷的西宁（汉称“西平”，宋更名“西宁”）一样，得自清光绪时期的“康定”之名，背后都透露出中原王朝希望相应板块长治久安的愿景。

在中国内部结构稳定的今天，这一愿景则更多是透过一条条跨越两大阶梯甚至三大阶梯的高速公路、铁路来实现。不过，如果想更深入地了解这一切，包括先人们曾经开辟过哪些道路连接西藏与中国其他板块，就必须先了解西藏的地理、地缘结构。

第二节 | 卫藏

羌塘与那曲

拉萨、日喀则所在的雅鲁藏布江中游河谷地区，是青藏高原另一个重要的农业集中区，狭义的“卫藏”指向的便是这一地区。只是就其位置来说，已是靠近南亚的喜马拉雅山脉北麓了，与青海、四川乃至新疆之间，存在大片人烟稀少，甚至“无人”的地区。鉴于道路的艰险，著名的玄奘法师并没有选择纵穿青藏高原前往印度的线路，而是向西经天山南北线至印度。事实上，即使在西藏已然完全纳入中央政府管控的清朝和民国时期，驻藏官员前往西藏，仍有不少是绕道印度的。那么，到底是什么样的地理单元造成了通行上的障碍呢?

将卫藏核心区保护起来的地理单元被泛称为“羌塘”。在藏语中，羌塘的意思是“北方旷野”；依照地势，可分为“一高一低”两部分。高的被称为藏北高原，或者羌塘高原。这片位于昆仑山脉与唐古拉山脉之间、平均海拔超过 5000 米的高原，东西长约 2400 公里，南北宽约 700 公里，大部分位于西藏境内，东部边缘则归入青海境内。就海拔来说，可谓是高原中的高原、屋脊中的屋脊。低的部分则被命名为大湖盆地带。这条密布盐湖的低地带，北起藏北高原、唐古拉山脉南麓，南接冈底斯山脉、念青唐古拉山脉，西连喀喇昆仑山脉，东接横断山脉。

事实上，藏北高原之上也同样是盐湖密布。形成羌塘地区这一地理特点的原因在于这一旷野之地降水稀少，周边高大山脉的阻隔、身处青藏高原腹地的位置，使得羌塘地区难以形成降水。身为亚洲水塔的青藏高原，素以水资源丰富而著称，但在看起来最有资格做“塔”的藏北高原，年均降水量却只有 50~300 毫米，且因为地势过高、气候寒冷，多为雪、霰、雹等固态降水形式。这些有限的降水使得藏北高原收集到的淡水无法形成合力流入高原之外的低地，只能在高原内部的一个个凹陷处蓄积成一个个难以为人畜所饮用的咸水湖（无法排盐）。

恶劣的生存条件，使得藏北高原经常以“藏北无人区”的面目示人。这片无人区的存在，不仅大大缩减了青藏高原的人类生存空间，更影响到一些看似伟大的构想。将青藏高原丰富的水资源调入干旱的中国西北地区，尤其是位于高原北部的塔里木盆地，一直是网络上热炒的万年大计。问题是藏北高原空有水塔的高度，却没有水塔之实。更何况它自身的降水呈现出由东南向西北方向递减的走势。也就是说，越靠近塔里木盆地的部分，降水越少。即使考虑从水资源丰富的雅鲁藏布江流域调水，如何跨越藏北高原，工程上也将面临巨大的挑战。

然而，凡事有弊有利。尽管藏北高原目前对人类生存做出的贡献甚少，但缺少了人类的干预，这里却成为野生动物的天堂。那些青藏高原所特有的动物种群，例如藏羚羊、藏野驴等，成为这片干旱之地的守护者。今天，整个羌塘高原因行政区域的分割，被划为两个自然保护区，包括归属于西藏的羌塘国家级自然保护区和归属于青海的可可西里国家级自然保护区。二者当中，知名度最高的当属因一部电影《可可西里》而闻名天下的可可西里了。而它之所以被大家知晓，正是因为人类试图以一种最原始的方式榨取这片高原的经济价值。

既然羌塘高原看起来没有办法为人类生息提供土地，那么位于其南部的纵贯青藏高原东西的低地带——大湖盆地带，情况会不会好些呢？最起码就海拔来说，这一地区看起来应该没有那么高冷。事实也的确如此，这个今天在行政上，中部、东部归属于那曲地区，西部归属于阿里地区的凹陷带，还有一个带有生气的地理标签——羌塘草原。

说到羌塘草原的概念，就不得不提之前内容中多次出现过的那曲。狭义的那曲，指的是位于拉萨东北部的那曲县；广义的那曲，则指向包含十一个县级行政区的那曲地区[1]。位于东部的那曲县，是整个地区的行政中心。事实上，那曲县及其以东地区也是整个大湖盆地带自然环境最好的区域。游人眼中的羌塘草原，很大程度指向的便是那曲。就像世人一提到长城，脑海中最先浮现的总是八达岭那段明长城一样。

那曲之所以成为羌塘草原的代言人，在于它独特的位置。整个羌塘地区几乎都是封闭的内流区，位于最东端的那曲却是一个例外。在这个位置上，沿横断山脉而上的怒江，突破了唐古拉山脉与念青唐古拉山脉之间的接合部，延伸入大湖盆地区。来自印度洋的少量暖湿气流，得以顺着怒江河谷而上，为那曲地区东部提供一些降水。这使得本地区最东端的部分，也就是地理范围位于横断山脉西端的区域（具体为索县、比如县、嘉黎县），有机会将自己的年降水量提升到600~700毫米。

高山峡谷的存在，拉高了降水量和温度，使得那曲地区最东部有机会生成少量林地，并被开拓成耕地。即使如此，这些受益于横断山脉的“半农半牧县”，第一产业中仍然是以牧业为主。及至完全脱离横断山脉的那曲县，年降水量就只有400毫米了。由于念青唐古拉山的阻隔，大湖盆地带的其他地区并没有机会从雅鲁藏布大峡谷这个直面印度洋的开口沾光。同样，唐古拉山脉也断绝了它们从太平洋得到水汽的念想。平均4500米以上的海拔，使

[1] 2017年10月，国务院撤销那曲地区和那曲县，设立地级那曲市。那曲市设立色尼区，以原那曲县的行政区域为色尼区的行政区域。

得整个地区的热量严重不足，甚至没有绝对的无霜期。换句话说，以草原条件来说，能够从横断山脉沾点光的那曲草原，已是整个羌塘草原中条件最好的部分（越往西降水越少）。

从地缘分区角度来说，如果我们把雅鲁藏布江河谷地带视为高原上的农业板块，那么大湖盆地带就是一个纯粹的牧业板块。高寒草原成为那曲县及其以西大湖盆地带的唯一植被类型，导致分布于此的县级行政区在经济上都被定位为纯牧县。这种环境差异，意味着念青唐古拉山脉成为今天西藏板块的一条地缘分割线，或者说农牧分割线。漫长的历史中，山脉南部的雅鲁藏布江河谷，由于可以通过雅鲁藏布大峡谷这个缺口享受到印度洋的水热资源，加之相对较低的海拔，而逐步进入了农业经济时代。当然，你永远不能指望与海洋之间障碍重重的这些内陆板块能够像东亚半岛那样成为纯粹的农耕文明覆盖区。高原之上的农业板块，大部分会在自己的边缘山地补充部分牧业经济进来。

相信在历史上，生活在羌塘草原上的那些游牧部落也曾经与源自雅鲁藏布江河谷地带的吐蕃王朝进行过博弈。只不过，基于雅鲁藏布江河谷在经济、人口、文化等方面的综合优势，最终这一游牧板块也成为农牧混合的藏文化体系的一部分。对于当年的吐蕃人来说，征服现在被那曲所代表的羌塘草原，是非常重要的。这片草原的存在可以保证吐蕃王朝有足够的马保持机动性，并以农牧混合的优势向安多、康巴地区渗透。

在那曲县西北部、与青海交界的唐古拉山口之南，有一个县也是以“安多”为名的。安多的藏语意思，前面已经解释过，是下部、尾部的意思。从地缘层面来理解的话，也可以解读为边缘地带。对于卫藏板块来说，安多县所在的游牧属性的大湖盆地带是边缘地带。而当吐蕃人整合好唐古拉山脉以南地区，继续向北渗透并控制整个青藏高原时，今天青海省境内的藏区，又成为新的“安多”了。

值得注意的是，那曲的地缘特点并不仅仅体现在草原游牧文化上，与横断山脉相接的位置，还使之成为卫藏地区沟通康巴、安多两大板块的枢纽点。这一点，在前面已经分析过了。由此在地缘文化上还带来一个后果——从方言的角度来说，那曲其实属于康巴方言区。考虑到怒江的源头位于那曲，以及康巴人的商业活动能力，那曲在方言层面康巴化并不让人意外。然而从地缘政治角度来说，那曲却又必须为拉萨所控制，就像玉树需要归于青海一样。

单纯从西藏内部的结构来看，地处雅鲁藏布江河谷的卫藏核心区，与游牧色彩的羌塘草原、无人区环境的羌塘高原，形成了一个由南至北、特点鲜明的三级分区，使之即使在没有向康巴、安多两地区扩张之时，亦能形成一个完整且安全的地缘政治区。这也是为什么西藏能够在今天成为中国行政架构中的一个一级行政区。

念青唐古拉山脉与林芝

很多时候，“卫藏”和“西藏”会被视为同一概念。不过具体来说，还是有些区别的。在西藏的东部，因“西康”未能成为一级行政区而被划入西藏行政范围的昌都地区，在地缘文化上属于康巴板块。同时，西藏西部的阿里是一个甚至比雅鲁藏布江河谷还要更早进入文明阶段的独立板块，只是在其衰弱之后，成了雅鲁藏布江河谷的附属板块。基于阿里的位置及历史，将之与神秘的克什米尔放在一起解读，会更容易让我们了解它的前世今生。

如果以西藏现有的二级行政区划来明晰隶属卫藏的范畴，这个地缘概念由西至东包括日喀则、那曲、拉萨、山南、林芝五个地区。其中前四个地区，早在吐蕃王朝初期便已成为王朝的直接统治区，并称“卫藏四茹”。在吐蕃王朝扩张至阿里、昌都后，一度还有“卫藏六茹”之说。至于林芝，在吐蕃王朝时期被称为“工布”。由于它的气候环境与整个高原迥异，并没有被视作重点开拓的区域。

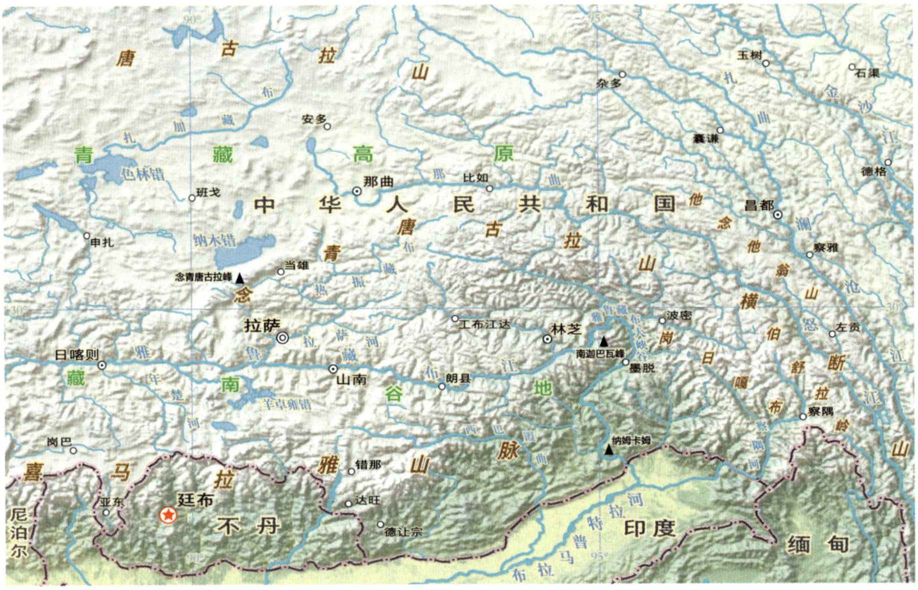

念青唐古拉与林芝及周边示意图

山是最为重要的地理特征，几乎所有民族的原始信仰中，都有对山的崇拜。在地缘分区中，神山所在的山脉往往是重要的地缘分割线。笃信宗教的藏地，有很多雪山被赋予宗教色彩，并被称为“神山”。高度并不是一座雪山是否能被选定为神山以及决定座次的主要依据。相比之下，区位更加重要。由冈底斯山、念青唐古拉山、阿尼玛卿山组成的“三大神山”，是藏地诸神山中的核心层级。剥离宗教色彩我们会发现，这分别位于阿里、卫藏、安多的三座神山，所标注的恰是“藏区”概念中依地势而划分的上、中、下三部（上部神山冈底斯山、中部神山念青唐古拉山和下部神山阿尼玛卿山）。这种选择并非巧合，就像古代中原王朝会在境内依照方位，以“五岳”的形式标注出核心区的范围一样。如果进一步研究的话，还会发现，随着中原王朝控制区域的变化，五岳具体指向的山峰也发生过变化。

很显然，藏地诸多神山的地位，同样不是同一时期定位的。最起码，身处黄河上游的阿尼玛卿山应该是在吐蕃王朝扩张至青海境内后方被纳入的。需要特别注意的是，无论冈底斯、念青唐古拉，还是阿尼玛卿，本意都是一座冰雪覆盖的山峰，而今天在地理层面上，它们又都已经成为各自所在山脉的标签。为示区位，现在具体指向这些神圣山峰时，往往会以“峰”而不是“山”作为后缀。如果以地缘政治地位来看，三大神山中念青唐古拉山无疑是最为重要的，因为这座山峰正位于拉萨的西北部。

在念青唐古拉的概念扩张为一条山脉后，我们会发现它在地缘层面发挥的作用要更为强大。高大山脉并不仅仅会成为天然边界，更会对周边低地的气候环境造成重要影响。作为“世界屋脊”，青藏高原上的每一条山脉无疑都是很出彩的。仅就卫藏、西藏的概念来说，对其内部板块划分影响最大的，并不是名气最大的喜马拉雅山脉，而是念青唐古拉山脉。以念青唐古拉山脉为分割线，卫藏板块可以被分割为环境迥异的三部分。除了前面我们解读过的以那曲为代表的羌塘以外，念青唐古拉山脉之南的雅鲁藏布江河谷，上、下游间的环境也不尽相同。

如果说羌塘草原的恶劣气候环境使之只能发展畜牧经济，那么雅鲁藏布江流域的农业条件则要好得多。青藏高原的农业潜力，很大程度体现在是否能够种植青稞上。作为大麦的一种，青稞的耐寒性和耐旱性极强，是高原民族历经千百年选育出来的适应高原气候的农作物。虽然水、热是影响农作物生长的两大气候因素，但让念青唐古拉山脉成为一条农牧分割线的，可不是两地的降水量。从降水量来看，以拉萨、日喀则为中心的雅鲁藏布江中游地区，与相对应的羌塘草原部分属于同一量级（拉萨年均降水量500毫米左右，只比那曲多50毫米）。

按照15英寸等雨线理论，拉萨也好，那曲也罢，都是有机会种植农作物的。决定两大区块命运的核心因素在于“热”，也就是温度。在几乎没有无霜期的羌塘草原，青稞乃至树木都难以生长，而雅鲁藏布江中游地区每年都拥有100~120天无霜期。这样的无霜期，对于中央之国核心区的粮食作物来说实在有些短，不过对于青稞这种只需要四个月就能成熟且适应高原环境的作物来说刚好也够了。这种各方面刚好够上农业开发门槛的条件，放在东亚半岛是根本没机会出头的，而处在一片无人区或者仅能提供牧草的板块中间，优势就十分明显了。能够养活上百万人口的雅鲁藏布江中游河谷地带，也因其农业优势而具备了竞争青藏高原核心板块的资格。

从行政角度说，这一核心板块包括拉萨、日喀则、山南三市的辖区（不包括日喀则延伸到羌塘草原的部分）。让前一核心板块拥有较好积温的主要原因在于海拔。相比海拔在 4500 米左右的羌塘草原，雅鲁藏布江流域的河谷低地海拔则不到 4000 米（拉萨海拔为 3658 米）。一般情况下，海拔每上升 100 米，气温下降 0.6 摄氏度。更高的温度在带来较好农业环境的同时，也让雅鲁藏布江更容易从周边消融的冰雪中获益。由此可引发另一个思考，作为世界上拥有高原冰川数量最多、面积最大的羌塘高原不是那么“高寒”，如果全球气候进一步变暖，它们应该也有机会变成外流区，包括让干旱的塔里木盆地受益，只是由此所引发的一系列连锁反应，未必都是人类所能预测的。

不过，各方面都刚好能够得上农耕门槛的拉萨—山南—日喀则地区，并不是雅鲁藏布江流域乃至整个西藏农业条件最好的区块。在拉萨和山南的东面，还有一个甚至能够种植水稻，被称为“西藏江南”的林芝存在。这片为雅鲁藏布江下游所覆盖的土地，整体属于温带湿润季风气候，雨量充沛，日照充足。其中心区年平均降水量能达到 650 毫米以上，无霜区更长达 180 天。

造就林芝特殊气候的根本原因，仍然在于地形。喜马拉雅山脉的主脉与念青唐古拉山脉，并不是平行排列的。喜马拉雅山脉主脉的东端，与弧状延伸的念青唐古拉山脉的内凹面，呈紧密相连状态。作为两大山脉分割线的雅鲁藏布江河谷，正是通过这个接触面由山南进入林芝，并因此而划分中游、下游的。整个林芝地区，西、北两面实际是由喜马拉雅山脉主脉以及念青唐古拉山脉东段这两段人字形关系的山体所围就，将整个板块与卫藏地区隔离。一旦跨越这个海拔超过 6000 米的人字形屏障进入林芝，河谷地区平均海拔就只有 2900 米左右了。

尽管没有我们这样的“上帝视角”来观察山南与林芝的差异，但经行于此的高原原住民还是会很容易感受到二者之间地形、环境的差异。按照经验来说，人字形山体相接处，很可能会有一座神圣的山峰，来标注先民的感知。事实也的确如此，在雅鲁藏布江即将注入林芝之时，江畔的杂日山（今属林芝市朗县，又称扎日莎巴山）便被戴上了神圣的光环。

杂日山并非喜马拉雅山脉的终点，这座世界最高山脉的东部终点还要再沿着雅鲁藏布江河谷向东北方向延伸 280 公里。在即将撞上念青唐古拉山脉时，一座被称为“西藏众山之父”的海拔 7782 米的高大山峰——南迦巴瓦峰，成为喜马拉雅山脉的东部起点。准确地说，南迦巴瓦峰同时也是喜马拉雅山脉、念青唐古拉山脉与横断山脉的接合点。在三大山脉的共同作用下，雅鲁藏布江在此不得不以一个超过 90 度的转角，硬生生地折向南，成为一条注入印度洋的河流。不过，这个惊天大逆转对于喜马拉雅山脉北麓的雅鲁藏布江河谷来说，并不是一件坏事。

这个拐角的角度和海拔落差都只能用“惊悚”二字来形容，加之雅鲁藏布江的集水区级别又足够高端（因此水量大），相信大家很快就会意识到这个被我们称为“雅鲁藏布大峡谷”的转角中所蕴含的巨大水电资源。如果雅鲁藏布大峡谷处在印度境内，开发它所蕴含的巨大水电资源，相信一定会被列入国家战略中去（鉴于印度的效率，能否开发成功，就很难说了）。只是这个峡谷为中国所有，并建制有墨脱县，所以今天真正能考虑雅鲁藏布大峡谷开发的国家是中国。然而，对于中国来说，开发雅鲁藏布大峡谷目前还只能是一个远景。因为无论是跨越喜马拉雅山分水岭去修建水坝，还是将来把电送回内地，看起来都几乎是不可能完成的任务（2013 年才通公路）。有鉴于此，雅鲁藏布大峡谷暂时还是以“世界第一大峡谷”的称号（河谷最深处达到令人恐怖的 6000 米）为我们增加一些民族自豪感吧。

雅鲁藏布江开口向南的走势，以及背靠高大山体的位置，是造就林芝地区暖湿气候的根本原因。来自印度洋的暖湿气流可以顺着峡谷而上，润泽杂日山以东地区。这使得林芝地区的整个环境实际更接近其东面位于横断山脉北部的康巴地区，以至在民国时期设立西康省时，依据这一特点将其划入了西康范畴。不过，地缘政治划分的依据并非仅仅考虑地理、环境、经济特点。如果一定要从环境和经济考虑，那曲看起来和安多藏区更有共同语言。

以影响力来说，拉萨、日喀则所代表的卫藏地区，无疑是整个藏文化区的地缘中心。林芝地区基于与之紧密相接的地理位置，无论在政治还是文化上，势必受拉萨影响更深。这点从林芝地区通行的藏语属于卫藏方言而不是康巴方言亦可看出。问题在于，为什么卫藏地区能够成为整个藏文化区的地缘中心呢？

“卫藏的菩萨”

“卫藏的菩萨”一说，已经指明了卫藏地区在藏区意识形态上的优势，而这一优势实际是其地缘核心身位的映射。农业优势并不是成为地缘核心的唯一要素，地缘位置的作用往往会更为重要。与很多城市的选址一样，拉萨并不是在河谷干流雅鲁藏布江之侧，而是在它的左岸支流拉萨河畔。如果拉萨不是因为自治区首府的特殊地位单独成就一个二级行政区，它与剥离拉萨而独立建制的山南市应该同属于地缘意义上的山南地区。

在地形图上对照拉萨以及山南市的行政范围，我们会发现这里的“山”指的就是念青唐古拉山。那么，与念青唐古拉山相接的冈底斯山脉与喜马拉雅山之间的河谷地带，又会被贴上什么样的地缘标签呢？就现在的行政标签来说，被冈底斯山脉所庇护的这段雅鲁藏布江河谷，被称为日喀则地区。其地缘政治中心日喀则，定位于年楚河河口三角洲地带（雅鲁藏布江右岸支流）。

狭义地理解“卫藏”概念，其中“卫”指向的是拉萨、山南和林芝的一部分，“藏”则指向日喀则。在清朝的设计中，卫、藏两个分立的地缘标签，被前藏、后藏所替代。正因为如此，之前为日喀则地区所独享的“藏”字，得以上升为整个族群、地理单元的名称。不过，就地缘关系来说，它们并不是两个对立板块，就像一般人并不会观察到冈底斯山脉与念青唐古拉山脉的分割线一样。

前藏、后藏到底是应该以分立的面目出现在藏区的地缘结构中，还是应该以“卫藏”之名被看成一个整体，主要看政治方面的需要了。对于我们来说，更为关注的应该是两大地缘政治中心——拉萨和日喀则的位置。仔细观察它们在各自板块中的位置，就会发现两座城市并不在各自板块的地理中心，而是一个在西端、一个在东端，二者之间的交通距离仅 260 公里。这种格局让人感觉到，控制两大板块的政治家在选择自己的政治中心时，都在尽力向板块分割线靠拢，似乎这条分割线本身才是雅鲁藏布江河谷的地缘轴心。

既然日喀则和拉萨看起来似乎在争夺一条地缘轴心的控制权，那么最简单的做法，就是在二者的连线当中找一个中点，看看这个中点一带到底有什么样的地理背景。暂时无视这些人类设计，单从地理结构入手，会更有利于我们得出客观结论。前文也说了，日喀则与山南分割的地理背景是冈底斯山脉与念青唐古拉山脉的分立。很明显，这两条相接的山脉之间，应当会有机会出现一条接缝，一条能够被人类开拓为通道的谷地，而日喀则、拉萨所争夺的，就是这条通往青藏高原中部、北部地区的战略通道。

事实上，在这两大山脉相接处，最显眼的地理单元并不是一条谷地，而是一条呈东南—西北走向的细长山地，以及山地西北麓的一个面积在中国境内仅次于青海湖的盐水湖。这条山地就是狭义的念青唐古拉山的所在地，而那个依山而生的湖泊则是位列西藏三大圣湖的纳木错。从位置上看，念青唐古拉峰正好位于东、西两大山脉之间，被认定为谁的一部分似乎都可以。不过从海拔和走向上来看，它显然与东边那道弧形山脉更加一致。因此，它的名字也扩展为东段雅鲁藏布江河谷北部山脉的标签。

虽然念青唐古拉峰在地理上被归入了东部阵营，但就这段山体来说，它与山脉主体之间的连接并不紧密，二者之间存在一条明显的断裂带。这条平均宽度10公里、总长约300公里，北接大湖盆地带、南抵雅鲁藏布江北岸的断裂带，成为卫藏与羌塘之间沟通的天然通道。只是由于日喀则和拉萨分别在它西南侧的年楚河口和东侧的拉萨河谷，这条唐蕃古道故址在断裂带中心当雄县的羊八井镇开始分叉，人字形分别指向前藏、后藏地区的这两个地缘核心（连通拉萨的公路为109国道）。

这两座城市的地缘位置优势还不仅仅体现在此，或者说，仅仅依靠控制一条北上通道的出口，还不足以凸显这两座城市的地缘价值，更无法让它们当中的一个成为整个藏文化区的地缘中心。最明显的问题在于，如果拉萨或者日喀则的价值仅仅在于更容易代表雅鲁藏布江河谷通向北方，那么它们与安多或者康巴相比又有什么优势呢？如果说安多因为缺少农业核心区而无法成为核心地，那么农牧条件兼备，看起来更有机会从中央之国核心区吸收先进技术和文化的康巴地区呢？

虽然康巴地区所覆盖的横断山脉北部在水、热资源上优势颇大，河谷低地加起来面积也不小，但这个板块最大的问题就是切割得太厉害。任何一个想直接统治所有河谷的想法，在古代几乎都是不可能完成的。即使在每一条河谷内部，上下游之间的巨大高差亦使之难以做到政治统一。正因为此，从青藏高原到云贵高原的整个横断山脉地带，一直到20世纪40年代，都延续着各自独立的土司制度。这些土司虽然会基于民族、宗教、政治原因，接受板块外政治力量的领导，但任何想从他们手中夺取领地控制权的企图，都会遇到最为激烈的反抗。相比之下，雅鲁藏布江河谷中游地带，地理、环境要趋同得多，在形成政治合力方面更有优势。

一个板块是否能够成为地缘中心，很大程度上还是一个文化问题。在这个问题上，“卫藏的菩萨”就是一个很好的例子。卫、藏两地意识形态方面的优势，才是其成为藏文化区地缘中心的根本所在。基于雅鲁藏布江河谷的地理位置和印度作为佛教起源地的背景，你很容易联想到这一切应该与印度有关。这样的联想对，也不对。说它对，是因为卫藏地区的确在地缘关系上与印度有剪不断、理还乱的关系；说它不对，是因为这种关系很大程度上不是直接发生，而是通过生活在喜马拉雅山南坡的民族和国家进行中转。

印度文明很大程度上是一个低地文明，即使中南部以德干高原为核心的高原地区，海拔亦不过 500~600 米。身为印度核心板块的恒河平原，平均海拔更是低至百米。“低原反应”是本人在《谁在世界中心》一书中解读藏、印关系时提到的一个概念。人的身体为了适应高原低氧的环境，红细胞的携氧能力会增强，以满足身体的需要。当人从高海拔地区回到平原后，空气的氧含量提高，而机体还没有适应这个高氧环境，红细胞仍然在高效率高质量地运送氧，就会出现“醉氧”症状。症状表现为浑身无力想睡觉，就像喝醉了酒一样。避免这一症状出现的方法是采取“台阶式疗法”，在离开高原后，每降低一定的海拔高度，就休整一段时间，最终抵达低地。

巨大的环境差异，为印度和西藏之间的交流设置了非常大的障碍，哪怕二者看起来是如此的接近。从政治的角度来说，历史上能够统一印度的政权，哪怕是强大的英帝国都未能把喜马拉雅山南坡地带整体纳入自己的政治版图。即使是现在，在这个板块上，依然存有尼泊尔和不丹两个国家。如果不是印度于 1975 年吞并了尼泊尔、不丹之间的锡金邦（中国于 2003 年正式承认），这条介于青藏高原与印度半岛之间的政治缓冲带还要更完整些。

环境差异并非仅仅体现在藏、印双方对彼此海拔的不适应上。18 世纪后期，印度在控制恒河三角洲的孟加拉国后，开始尝试向西藏开拓贸易之路时遇到的困难就很能说明问题。从位置上看，孟加拉国位于卫藏地区的正南方。今天，孟加拉国北部边境与日喀则之间的直线距离不过 300 公里，与拉萨之间的距离亦不过 400 公里。可以说，孟加拉国是印度核心板块中与西藏地缘距离最近者。然而，当英国东印度公司的使者经由今不丹首都廷布前往距离最近的日喀则，向当地的政教领袖表达开展直接贸易的意愿时，并没有受到欢迎。

除了政治上的警惕，西藏官员们的冷淡，更多是因为对印度高温及其所带来的疫病的恐惧。参考历史上中原王朝在开发岭南、云贵这些一度被视为

“烟瘴之地”的地区时曾经反复遭遇的失败，你就不会认为这种忧虑是一种胆小的表现了。有鉴于此，卫藏的统治者更愿意通过尼泊尔、不丹等喜马拉雅山南坡国家，与印度进行贸易和文化交流。

这些国家在种族、文化上与西藏拥有更多的共同语言，是其成为西藏通往印度桥梁的另一个重要原因。位置更偏一些的不丹，甚至在种族特征、文化信仰上都属于藏文化的辐射区（蒙古人种和藏传佛教）。相比之下，更接近印度核心区的尼泊尔，在地缘结构上表现得则更为复杂。生活在喜马拉雅山南坡的原住民，在种族特征上体现为蒙古人种；生活在南部归属于恒河平原部分的民族，则显现出更多印度雅利安人的特征。在印度的影响下，今天90% 的尼泊尔人为印度教徒（其余为佛教徒）。

如果河湟谷地具备雅鲁藏布江中游谷地这样的封闭性，它将是卫藏地区在整个青藏高原最有力的竞争者，最起码河湟谷地在从强势文明借力这一点上，与卫藏地区具有同等的机会。不幸的是，河湟谷地与黄土高原之间并不存在卫藏与恒河平原之间那样巨大的落差，不可避免地被更为强势的黄土文明所覆盖。反观卫藏地区，则可凭借喜马拉雅山脉的保护，形成独特的藏文化，并使之向整个海拔相近的青藏高原地区扩散。

藏印之路

在卫藏地区通过喜马拉雅山南坡国家与印度进行地缘交流的过程中，如何跨越喜马拉雅山脉分水岭，成为一个地理上必须面对的问题。理论上，喜马拉雅山脉分水岭两侧应该有很多条位置相近的河流能够承担通道职责。但由于跨越山口的路程过于艰险，真正会被采用并长期维护的通道往往不会太多。遵循地理规律并经由岁月洗礼而形成的城市，是确认这些通道线路的重要坐标。寻找到拉萨、日喀则，与加德满都（尼泊尔首都）、廷布（不丹首都），乃至旧锡金王国的首都甘托克之间的连线，是找到“藏印之路”的关键。

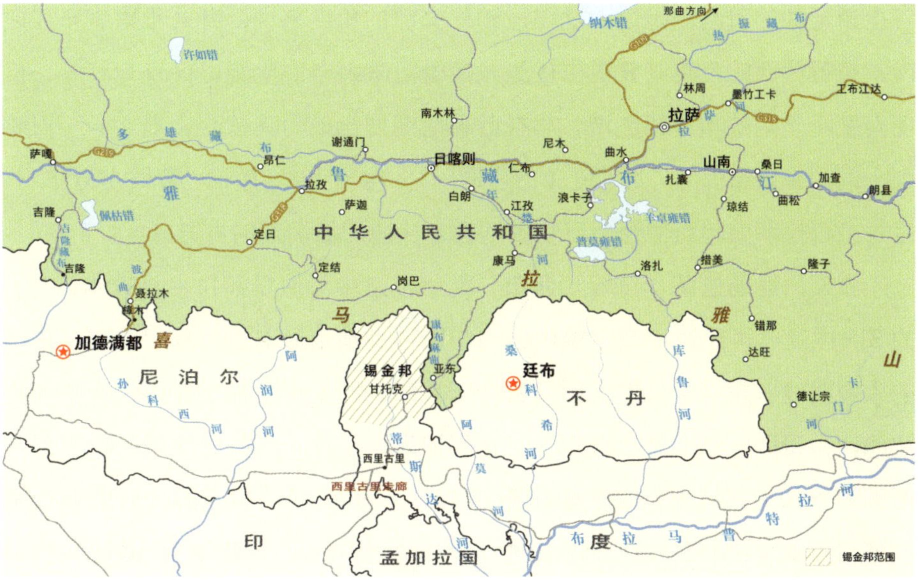

藏印通道示意图

循着上述思路，我们将很容易在卫藏与喜马拉雅山南坡国家之间找到若干山口和通道，并将之归纳为两部分：亚东走廊与蕃尼古道。从名字来看，后者要更具历史。事实的确如此，这是一条最迟在吐蕃王朝时期便已在政治层面被连通的通道，所谓“蕃”指的便是吐蕃。吐蕃的政治中心在拉萨。从向康巴、安多等其他青藏高原板块扩张的角度来说，拉萨具备很明显的地理优势。它不仅身处雅鲁藏布江流域位置最北的肥沃河谷，更控制了通往羌塘草原的通道。在确定拉萨为政治中心并兴建城市（约 633 年）之前，吐蕃部族的兴起之地原本是位于山南地区的。这一决定，不仅为吐蕃的扩张方向奠定了基调，更确立了拉萨在整个藏文化区长达 1400 多年的中心地位。

至于“尼”，很显然指代的是尼泊尔。吐蕃的兴盛期与尼泊尔历史上第一个有文字记录的王朝李查维王朝（公元 400 — 750 年）时间重叠。后者的核心区正处于加德满都一带（加德满都于公元 723 年建城）。如果单从位置来说，与尼泊尔隔喜马拉雅山脉相望的，是以年楚河为核心向雅鲁藏布江河谷上游延伸的日喀则地区。从与尼泊尔交流的角度来说，身处雅鲁藏布江之南、位置偏西的日喀则要更占优势。尽管日喀则市的建城史仅有600年，但拥有肥沃土地的年楚河流域，早在吐蕃时期便已成为其核心领地之一（日喀则一词的藏语意思为“土地肥美的庄园”）。换句话说，所谓“蕃尼古道”，将是一条以拉萨为起点，经由日喀则地区，连通加德满都的古道。

今天，连通拉萨、日喀则两市，最终抵达中尼边境聂拉木县樟木口岸[1]的318国道（再通过尼泊尔境内公路与加德满都相通），为我们指明了古道的大致路线。在这个位置上，源自中国境内，向南经尼泊尔注入恒河的河流波曲河，帮助连接了雅鲁藏布江—恒河流域。不过，具体到唐朝时，蕃尼古道的主线却更有可能利用的是东距樟木口岸66公里的吉隆沟，它的旁边是一条同样发源于中国境内、隶属于恒河水系的河流——吉隆藏布（藏布、曲，分别对应汉语中的江、河）。

经由吉隆沟进入尼泊尔境内的口岸，被称为吉隆口岸。相比樟木口岸，吉隆口岸的通行难度要更低些。虽然1965年通车的中尼公路选址樟木口岸穿越，使得吉隆口岸在最近几十年来有些衰弱，但这个古老的口岸，当下已经被确立为“新藏公路二线”（216国道）的南部终点。更大的利好在于，正在推进中的中尼铁路已经选址吉隆口岸，其中拼接日喀则、吉隆口岸的日吉铁路，预计将于2020年通车使用。相信在不久的将来，古老的蕃尼古道必将重新焕发青春，成为丝绸之路经济带的重要组成部分。将日吉铁路与日喀则—拉萨段的318国道、拉萨—那曲段的109国道、那曲—昌都段的317国道、西宁—昌都段的214国道，以及纵穿加德满都、连接吉隆口岸与印度的道路贯通后，一条覆盖1400多年前由唐王朝出发，纵穿整个青藏高原的唐竺古道（包括唐蕃古道和蕃尼古道）的战略路线，将跃然于地图之上。

唐蕃古道的使用者中，最具知名度的可能是吐蕃王朝开创者松赞干布

[1] 2015年，因尼泊尔地震，樟木口岸被迫关闭，2019年5月重新开放。

从唐王朝所娶的文成公主；在藏文化传说中，松赞干布从泥婆罗（今尼泊尔）迎娶的尺尊公主则是蕃尼古道的见证者。很显然，这两场几乎同时进行的政治联姻背后，透露出的是吐蕃乃至整个藏地在地缘位置上的微妙之处。那微小的差异表明藏地与中央之国的地缘关系要紧密得多。相比之下，尼泊尔这类喜马拉雅山南坡国家，已是高原民族在地缘政治、经济上向南发生联系的极限之地。这也是历史上来自印度的政权几乎没有在西藏留下过政治印记的原因。反之，看起来地理距离更远的中央之国却与这片高原之地融为了一体。

虽然文成公主与尺尊公主在藏文化中拥有很高的地位，并且有很强的地缘政治背景，但若是以穿行整个唐竺古道并青史留名为标准，那么这个历史地位应该留给曾三次出使北印度的唐朝外交官王玄策。在第二次出使恒河流域覆盖的北印度时，被迫卷入当地邦国之争的王玄策，曾经借助唐蕃联盟的关系，向泥婆罗借兵七千，完成了为后人所津津乐道的“一人灭一国”。公元 658 年，王玄策最后一次出使印度时，在吉隆沟留下的摩崖石刻——大唐天竺使出铭（当地称“阿瓦呷英摩崖题铭”），则是那段历史和唐竺古道的重要见证。

今天，尼泊尔作为中国与印度两个大国之间最重要的缓冲国，蕃尼古道的复兴也牵动着印度的神经。基于历史和地缘关系，印度在尼泊尔的影响力要深得多，这点从尼泊尔人的主要信仰为印度教便可感知。问题在于，以尼泊尔的位置来说，无论南向还是北顾，其实都是正常的选择。从尼泊尔的角度来说，当下中尼关系的推进，更多是让地缘政治的天平恢复到平衡状态。毕竟对于一个客观上的缓冲国来说，无论完全依赖哪一方，都不是明智的表现。

事实上，从中印正面交锋、交流的角度来看，亚东走廊的存在与变化要更为敏感。虽然总体来说，喜马拉雅山脉分水岭是中国和印度以及喜马拉雅山南坡国家的地理分割线，但基于西藏天然具有的高原优势，在跨越分水岭的通道上，中国的领土线往往要更偏分水岭南侧一些。波曲河、吉隆藏布两条隶属于恒河流域的河流，上游位于中国境内便是证明。如果说这两个在地图上不甚明显的标记还不足以突显这一问题，那么亚东走廊这个突出部，肯定能让你直观感受到这种走向的存在。

亚东走廊的形成，同样与一条河流有关。喜马拉雅山脉在亚东位置上向南形成了一个明显的凹陷带，并造就了一条向南注入印度的河流——亚东河。在藏语里，亚东河被命名为“康布麻曲”，在中国境内蜿蜒近 100 公里后，经由不丹西部注入印度境内的托尔萨河。后者纵穿印度东北地区后，在孟加拉国北部注入贾木纳河（雅鲁藏布江在孟加拉国境内的部分）。沿着亚东河一路向南，一条沟通西藏、不丹、印度、孟加拉国的通道便呈现在眼前。

从行政角度说，亚东是隶属于日喀则市的一个县级行政区，它之前与日喀则、拉萨两个战略重点的连接，是通过雅鲁藏布江河谷南侧的江孜（今亦为日喀则下属县级行政区）完成的。四点之间形成的 Y 字形通道，成为卫藏地区通往印度的又一条战略通道。在西藏与南亚的交流史中，这条通道被重视的时间要晚于蕃尼古道。这很大程度上是因为印度文明本身存在一个由西向东扩张的过程。亚东河所直面的印度东北地区，直到英属印度时期才被正式纳入印度版图。历史上，英国在控制印度后，向西藏渗透之举大多与亚东走廊和这个 Y 字形通道有关。1902 — 1904 年，英军曾经以西藏不履行《藏印条约》、侵犯印度边境为借口，两次经由亚东北上，军事入侵西藏。100 多年前的这两次入侵，尤其是后一次发生的“江孜保卫战”，成为电影《红河谷》的历史背景。

亚东河与亚东走廊并不仅仅是将西藏与印度东北地区联系起来，通过亚东走廊西侧的锡金邦，还能够打通一条连接卫藏—恒河平原的通道。远离印度核心区，加上亚东走廊的存在，使得锡金、不丹两地长期作为藏区的辐射区存在。无论在民族、语言还是宗教层面，锡金、不丹都与西藏有着很深的联系。今天尚能保持独立的不丹，和已经被印度吞并的锡金，历史上都曾长期是西藏的属地，直到 17 世纪时，两地才开始建立独立王国，正式脱离西藏的政治控制。与更多受印度文化影响、紧邻印度核心区的尼泊尔放在一起比较，地理位置的影响是显而易见的。

地理位置还决定了不丹与锡金两地的命运。对于被迫将孟加拉国剥离出自己板块的印度来说，只能通过一条脆弱的“西里古里走廊”与统治基础薄弱的东北地区相连，始终是其内部地缘格局的一个短板。亚东走廊这个突出部的存在，无疑加剧了这种安全上的担忧，尤其在视中国为最大威胁的情况下。印度基于维护自身安全的考虑，策动更容易受印度核心区辐射（比如移民）的锡金失去了独立地位，而相对偏远的不丹则在印度的“保护”下维持独立。

问题在于，如果仅仅是考虑中国的影响，消灭一个缓冲国的做法其实未必是最明智的。要知道，缓冲国的独立问题总能引来更多的国际介入。这意味着无论哪一个大国有想法，除考虑军事问题外，还必须考虑到外交上的掣肘。一个善于左右逢源的缓冲国，不仅能够让自己的利益最大化，更能增加两边大国的安全感。

第三节 | 从西藏到克什米尔

如果让地缘政治研究者们评选出地球上最复杂的一个板块，我想克什米尔应该是可以入围决赛的。无论从地理还是地缘角度看，能够与它竞争第一宝座的，只有“欧洲火药桶”巴尔干半岛。今天，巴尔干半岛虽然还存在波黑、科索沃这样的潜在不稳定地区，但局面已趋向缓和。这很大程度上是因为巴尔干半岛在 20 世纪 90 年代的乱局本质上属于“冷战后遗症”，或者说是俄国被迫退回东欧平原后，巴尔干半岛诸民族在重塑地缘政治格局时所付出的代价。

在可以预见的将来，巴尔干半岛的火药桶属性将暂时褪去。这是因为在冷战后遗症渐渐愈合的今天，已经退回东欧平原的俄国无力再干预巴尔干半岛局势；同时，巴尔干半岛极力融入的欧洲，目前又有欧盟这样一个强势的主导者。当然，如果有一天欧盟影响力下降，甚至趋向解体，巴尔干半岛隐藏的地缘矛盾仍将成为世人瞩目的焦点。

相比正处在间歇性稳定期的“巴尔干火药桶”，已经延续了 70 年混乱局面的克什米尔地区，还远没有看到和平的曙光。与巴尔干半岛有欧盟来调解、稳定局面不同，印度、巴基斯坦两国在克什米尔的结构性矛盾，并没有一个国家或者组织来调解。作为相关第三方的中国，也许有机会发挥一定作用，但最大的问题在于，印度并不认为中国是克什米尔问题的相关第三方，印

克什米尔及周边示意图

度认为中国是直接的参与者，甚至是与巴基斯坦结盟并与之对抗的参与者。结合印度一直视中国为大国政治舞台追赶对象的心理，以及中国向来不干涉别国内政的外交取向，克什米尔问题的解决，最终还是要靠印、巴两国自身。

历史上，中国对克什米尔的影响力，更多是通过西藏地区实现的。二者之间的地理、地缘联系，将是本节解读的方向。

谁是真正的克什米尔

如果要给克什米尔地区贴一个地理标签，那应该是“山地”。山脉在确定地理、政治边界时，发挥着异常重要的作用。然而，作为一个数条高大山脉相会之地，克什米尔山地的密度实在是太大了，以至常令试图在地形图上探寻其结构的人产生困惑：这样一块看起来并没有什么价值的土地，为什么会令印、巴两国趋之若鹜。

先来看看到底是哪几条山脉包夹而形成了这片山地。简单来说，克什米尔山地是由喀喇昆仑山脉主体及喜马拉雅山脉西端组成的。其西部边界止于兴都库什山脉，南部则面向富庶的印度河平原。进一步说，克什米尔山地就是青藏高原的最西端。

在地球上，喜马拉雅山脉和喀喇昆仑山脉是分列平均海拔榜第一和第二的山脉。全世界海拔超过 8000 米的山峰中，有 10 座在喜马拉雅山脉，其余 4 座则全部位于喀喇昆仑山脉。两条如此高大的山脉紧密贴合在一起，也难怪大家在地形图上几乎无法分辨出克什米尔的地理结构。幸运的是，除了肉眼难辨的山脉以外，我们还有水系这个法宝。既然这片看起来几乎连成一片的高大山地实际是两条山脉，那么依照正常的地理逻辑，山脉之间必定会有缝隙，并在承接降水后形成河流。

这条河流大家并不陌生，它就是哺育了印度文明的印度河。概括地说，克什米尔山地其实就是印度河上游山地。也就是说，今天为印、巴两国所分享的印度河平原（主体在巴基斯坦境内），生命之源皆来自这片复杂的山地。绝大多数情况下，水系结构都是呈树状的，即越往上游就存在越多的支流，复杂的克什米尔山地也不例外。总的来说，克什米尔地区的水系可以分为两大部分：吉尔吉特水系和森格藏布水系。

事实也的确如此，身为印度河正源的森格藏布，发源于西藏的阿里地区，它还有一个汉语译名——狮泉河。在藏文化的语境下，狮泉河不仅包括中国境内部分，还一路向西延伸进了克什米尔地区，在今巴控克什米尔境内与吉尔吉特河交汇后，再南流的部分才被称为印度河。当然，由于政治分割的原因，今天在地图上，克什米尔部分的狮泉河就已经被标为印度河了。不过，这并不妨碍我们在本书中从地缘文化的角度还原狮泉河概念的本来面目。

有两座著名的山峰可以帮助我们大致确定狮泉河流域的东西起始点。一座是位于中国境内的“圣山”——冈仁波齐峰，另一座则是位于巴控克什米尔境内，海拔超过 8000 米的南伽峰（世界第九高峰）。后者是喜马拉雅山脉西端的最高点，通常也被认定为喜马拉雅山脉主脉的起点。在历史的自然磨合中，整个狮泉河流域形成了三个地缘板块，包括中国境内的阿里、印控克什米尔境内的拉达克，以及巴控克什米尔境内的巴尔蒂斯坦。而与狮泉河交汇的吉尔吉特河流域则形成了巴控克什米尔境内的另一大板块——吉尔吉特板块。

吉尔吉特河流域与狮泉河中下游地区并不是克什米尔地区的全部。在巴控克什米尔范围内，吉尔吉特-巴尔蒂斯坦地区此前又被称为“北部地区”。然而，无论是吉尔吉特-巴尔蒂斯坦，还是拉达克，都不是真正意义上的克什米尔，而是“克什米尔北部山地”。“克什米尔”这个标签来自印度河的另一支流杰赫姆河的上游谷地——克什米尔谷地。只是“克什米尔谷地”这个名字并不准确，以至很多资料在介绍这片土地时，会望文生义地将之形容为“峡谷”。事实上，这是一个位于喜马拉雅山脉西端、由古老高山湖盆淤积而成的椭圆形盆地，将之命名为“克什米尔盆地”会更为精准。

即使在山地之中，决定每一板块命运的也是那些更容易进行农业开发的河谷低地。相比克什米尔山地中真正的峡谷状低地带，位于盆地底部、海拔只有 1600 米（甚至比昆明还要低一些）、低地面积能够达到 4000 平方公里的克什米尔盆地，优势是那么明显，很容易就能从卫星图或者地形图上找到它的位置。

正是在控制了这个富庶盆地后，来自印度的克什米尔王公，才能将这个政治标签覆盖至北部的印度河—吉尔吉特河流域，并造成今日印、巴两国的争端。不过，克什米尔盆地仍然不是政治意义上的克什米尔的起点，它在地缘政治上的定位，更多是印度通往印度河上游山地的一个跳板。“克什米尔”本身并不是一个完整的政治标签，而是一个省略了重要前缀的简称。

在英属印度时代，统治整个地区的土邦被称为“查谟-克什米尔”。需要注意的是，在现在的印度政治版图中，印控克什米尔部分同样被命名为“查谟-克什米尔邦”。鉴于这个标签已经有了新的含义，即使印度有一天真能夺取巴控克什米尔（虽然几乎没有可能），“查谟-克什米尔”这个标签应该也不会在行政范围上再扩大了。

从地理属性上看，查谟并不属于克什米尔山地，而是位于克什米尔盆地正南方。由杰纳布河及其右岸支流拉维河在喜马拉雅山脉南麓滋养而成的一片海拔300多米的台地，即查谟台地。这片台地之南，就是由杰纳布河、拉维河、杰赫姆河，以及西端的印度河干流，和东端的萨特莱杰河，共同冲刷而成的古印度文明的发源地——“上印度河平原”，即通常所说的旁遮普地区（旁遮普即为“五河之地”之意）。

查谟台地是整个“克什米尔”政治概念的起点，也是旁遮普地区向克什米尔盆地渗透的跳板。今天，克什米尔盆地的政治中心斯利那加，是印度查谟-克什米尔邦的首府所在。而在土邦时代，控制克什米尔盆地的查谟王公，同样会将自己的夏宫定于斯利那加，在避暑的同时强化对这片土地的控制。正是通过上印度河平原、查谟台地、克什米尔盆地、克什米尔北部山地这样的扩张路径，查谟的印度教君主代表印度完成了从印度河平原向喀喇昆仑山脉的三级跳。

从19世纪查谟土邦的君主扩张出“查谟-克什米尔”的政治概念起，到印巴分治时止，今天通常意义下的“克什米尔”前后共经历了百年的融合。然而，在大历史的视角下，这些时间显然不足以弥合整个地区内部巨大的地缘差。在印巴分治的影响下，整个地区的局势出现了更加复杂化的倾向。最起码在以宗教为分治标准的大前提下，印控克什米尔境内占据多数的穆斯林并不会满意这种归属。

印度同样不会对现状表示满意。从地理结构完整的角度说，即使失去了吉尔吉特-巴尔蒂斯坦这部分北部山地，印度认为自己最起码也应该完整控制包含克什米尔盆地、查谟台地这两大核心之地的杰赫姆河流域。然而，仔细观察印、巴两国在克什米尔的停火线与水系之间的关系，你应该能够注意到，印度并没做到这一点。

在克什米尔盆地的西侧，巴控克什米尔向南延伸了一条深入至查谟台地西端的小尾巴。这条地理上归为克什米尔盆地附属山地的小尾巴，在巴基斯坦被称为“自由克什米尔”，也是除吉尔吉特、巴尔蒂斯坦以外，巴控克什米尔的第三个分区。这条位于克什米尔盆地西侧高地上的小尾巴，不仅覆盖了杰赫姆河及其北部支流尼兰河的部分区域，同时也控制了克什米尔盆地通往北部山地及南部平原地区的主通道。

基于流域关系，自由克什米尔与克什米尔盆地一样，被视为克什米尔概念的起源地。这也是印巴两国在自己控制区内分区时，只有这两个板块能够使用“克什米尔”这个标签的原因。人口数量能够从另一个方面反映这两个“真正”克什米尔板块的核心地位。在巴控克什米尔范围内，尽管自由克什米尔面积是最小的，只有吉尔吉特-巴尔蒂斯坦面积的 18.4%，但 460 万的人口数量却是后者的 2.5 倍；而在印度控制下的克什米尔盆地，人口数量更是达到了 689 万（2011 年数据），这一数字甚至比查谟的 538 万还要多。对比占印控克什米尔面积近半的拉达克的区区 30 万人，大家应该更能感受到数字背后所蕴含的地缘潜力了。

单从水系分区的角度来看，克什米尔盆地与整个北部山地带的连接并不稳固。虽然克什米尔盆地所依附的杰赫姆河同属印度河流域，却属于印度河中游支流。如果某个印度人从克什米尔盆地出发，沿着河岸不间断前行去考察克什米尔北部山地，那他就必须先西出这个古老湖盆，然后沿杰赫姆河南下进入印度河平原，并在上、下印度河平原交接之处转而北行，再沿印度河干流上行进入克什米尔北部地区。显然，现实中并不会有人这样做，无论是旅行者还是当年进行军事扩张的印度人，都能够在杰赫姆河上游寻找到直接与印度河上游对接的山口，完成他们的探险行动。

只从这点就可以看出，克什米尔盆地与北部地区的联系并非十分紧密，否则，与之直接对应的狮泉河谷也不会成为藏文化的覆盖区。基于同样的原因，巴基斯坦和伊斯兰教沿印度河干流或吉尔吉特河谷向北部山地施加影响力，也要比印度强行从查谟向北完成三级跳容易得多。事实上，在伊斯兰教几乎覆盖整个上印度河平原，并能够沿杰赫姆河向上游地区传播的背景下，即使是印度控制下的克什米尔盆地，穆斯林的数量也占据了绝对优势。在印控克什米尔三大板块中，印度教教徒唯一能够数量占优的地区，只有一切问题的起点——查谟（印度教教徒数量占当地总人口数的将近 2/3）。

然而，就此认定印度在这场与巴基斯坦的地缘博弈中落了下风，也是失之偏颇的。毕竟作为印度境内唯一的穆斯林大规模聚落，查谟-克什米尔板块（印控）那不到 800 万的人口，对比全印度超过 10 亿的印度教教徒来说，数量还是非常少的。这意味着，除非有比印度实力更高一级的域外政治力量加以干涉（比如当年的大英帝国），才有可能改变目前的地缘政治格局。在印度已经跻身世界一类地缘政治体，并且处于上升期的当下，这种可能性基本为零。

更为重要的是，以现在印巴双方在印度河流域的国境线（或实控线）来看，印度在水资源方面占据了明显的优势。由于身处热带沙漠气候区，最初的印度河文明及现在的巴基斯坦都极度依赖上游高地补水。这点与中东的尼罗河流域、两河流域情况类似。问题在于，为印度河平原提供补水的五条河流，每一条都是经由印度控制区注入巴基斯坦境内的。尽管印巴两国在多方调解之下，于 1960 年签订了《印度河河水条约》，但无论在此之前还是之后，两国在水资源方面的摩擦都从未停息过。

根据 1960 年的协议，印度得到了自己境内的拉维河、萨特莱杰河（包括其支流比亚斯河）的全部水资源，这些原本应该继续南下滋养巴基斯坦土地的珍贵河水，现在被水坝留在了印度境内，用以灌溉印度境内的旁遮普、拉贾斯坦等地区。很显然，这一改变水资源自然结构的做法，已经从战略上极大损害了巴基斯坦的利益，以至巴基斯坦方面不得不实施“西水东调”工程，用印度河（干流）、杰赫姆河、杰纳布河这“西三河”之水，补给水资源受损的拉维河、萨特莱杰河下游平原。

然而，即使是被巴基斯坦寄予厚望的“西三河”，也仍然要受到印度方面的掣肘。在巴基斯坦方面看来，印度通过在印控克什米尔超规模兴修水电项目，仍然在杰赫姆河、杰纳布河等河流的上游占用了 15%~20% 本该属于巴方的水资源。无论印、巴两国的水资源之争在法律层面谁更占理，有一点是可以肯定的，印度在这场博弈中占据了地理优势。

同样的情况也发生在南亚次大陆东部的孟加拉国。从地理角度看，孟加拉国处在恒河—布拉马普特拉河三角洲。这两条分别流行于印度北部、东北部地区的大河，客观上成为印度向孟加拉国施压的重要武器。不过，印度在水资源安全上也谈不上完美。最起码在它试图以水为兵向邻国施加影响的时候，还需要想起一件事，那就是布拉马普特拉河上游在中国还有一个名字——雅鲁藏布江。

虽然基于和平发展的初衷，中国并不会真正利用雅鲁藏布江的水资源来刻意打压下游地区，但中、印、巴三国复杂的地缘政治关系却使得印度每每对中国在雅鲁藏布江流域修建正常的水电项目过于敏感。在这一复杂的地缘政治关系中，关于克什米尔范围的认定，亦是一个关键。在印度看来，克什米尔的范围并不仅仅包括今天分别为印、巴两国所控制的 17.3 万平方公里土地，还包含喀喇昆仑山脉分水岭之北、归属于中国的两个地理单元：喀喇昆仑走廊以及阿克赛钦。在本节的最后部分，这两个板块的前世今生也将浮出水面。

好了，通过上述解读，相信大家已经对“克什米尔”这个神秘标签在不同语境下所涵盖的范围有了初步的了解。在国际关系中，这种不同的理解往往就是争端的起源。接下来的内容，我们仍将以地理为经、历史为纬，解析与中国地缘关系密切的几个板块，以厘清克什米尔在中国正在推进的“一带一路”国际合作中将处于什么样的地位。

阿里高原与“小西藏”

关于克什米尔的争夺，焦点并不在于那些海拔动辄七八千米的山峰，而在于能够支撑人类聚落生存的河谷地带。问题在于，在现代国家概念形成之前，这些河谷地带已经在数千年的人类文明史中经过自然博弈，沉淀出了属于自己的原住民。如果不考虑这些原住民的属性和想法，单纯追求将国界线推进到高大山脉的分水岭上，并试图通过扼守那些人迹罕至的山口来捍卫一国领土，在地缘战略层面是存在很大风险的。

一个为大家所熟知的历史事实，是1947年依宗教信仰原则切割原英属印度时，统治克什米尔地区的王公本身是印度教教徒，而克什米尔的大部分居民则为穆斯林。前者希望加入印度，后者则更愿意生活在巴基斯坦。由此也造成了印、巴两国长达70年的军事对抗，以及现在克什米尔地区只有停火线的地缘政治格局。然而，无论从政治、民族、宗教还是历史的角度来说，对这片土地的地缘结构造成过影响的，远不止印、巴两国及它们的前身，在克什米尔北部山地，来自中国方向的影响力要深远得多。

提到来自中国的影响，就必须先解读一下“阿里”这个地缘标签。前面在解读青藏高原的基本地理结构时曾经说过，自吐蕃崛起之后，冈底斯山脉与喜马拉雅山脉之间，以雅鲁藏布江中游河谷为核心的卫藏地区，一直被定位为西藏及藏文化的核心区。单纯从这片高原来看，卫藏地区的核心地位并没有问题。不过，如果以喜马拉雅山脉为轴线，将由雅鲁藏布江、印度河、恒河所组成的“环喜马拉雅山脉地区”视为一个关联区块，我们会发现整个区块的中心将是阿里。

在中国的行政区划中，“阿里”是西藏自治区下辖的一个地区名。剥离掉阿里地区行政范围内北部大片近似无人区的“藏北高原”，地缘意义上的阿里指向的是雅鲁藏布江河谷以西、喜马拉雅山脉以北、藏北高原以南、拉

阿里地区及周边示意图

达克以东的河谷地带，其地理标签为“阿里高原”。有一种说法，如果青藏高原是“世界屋脊”，那么阿里高原就是“世界屋脊的屋脊”。不管阿里高原是否有资格成为世界第三极的高点，有一点是可以肯定的，那就是无论从地理还是地缘角度，阿里高原的确是整个环喜马拉雅山脉地区的焦点。更准确地说，充当这一角色的是阿里高原东端两处拥有神圣光环的地标：冈仁波齐峰和玛旁雍错。

冈仁波齐峰和玛旁雍错被印度教、藏传佛教、西藏原生宗教本教以及古耆那教同时视为圣地。虔诚的宗教徒在冈仁波齐峰、玛旁雍错周围“转山”“转湖”。视西藏为净化心灵首选之地的文艺青年，相信这种仪式也能够让自己的心灵得到净化。不过，我们更关注的是什么样的地缘因素促成了这种四方来朝的现象。藏文化对这一地区地理特征的标注，以及从地理结构入手的解构，有助于我们揭开这一谜团。与这一山一湖绑在一起的，是四条沿不同路径向环喜马拉雅山脉地区延伸影响力的河流：森格藏布、当却藏布、马甲藏布（尼泊尔境内改称格尔纳利河）和朗钦藏布。

森格藏布即印度河主源狮泉河。另外三条河流也是以动物来命名的。其中，当却藏布翻译成汉语为“马泉河”，是雅鲁藏布江的源头部分；马甲藏布为“孔雀河”，从阿里地区南部的普兰县境内穿越喜马拉雅山分水岭，由尼泊尔境内南下注入恒河；发源于阿里地区札达县的朗钦藏布为“象泉河”，则是印度河平原“五河”概念中最东边的萨特莱杰河的源头。在印度几乎截断萨特莱杰河之水的情况下，萨特莱杰河实际上已经成为一条独立的河流。

作为全世界平均海拔最高的山脉，喜马拉雅山脉并没有提供太多的缺口，让山脉北部之水有机会注入南亚次大陆。印度河与雅鲁藏布江本质上是从喜马拉雅山脉两端分别与喀喇昆仑山脉和横断山脉的相接处寻得突破口南下的。区别在于，后者与横断山脉结合得实在太紧密了，不仅在跨越分水岭南流之时形成了一个世界级地理奇观——雅鲁藏布大峡谷，更让当年划定“麦克马洪线”的英国人，没能在这一地区把设想的政治分割线划到山脉的分水岭上。另一方面，中国在雅鲁藏布大峡谷设置的行政区墨脱县，也不得不成为中国最后一个通公路的县（2013 年）。

相比之下，平行走向的喀喇昆仑山脉和喜马拉雅山脉，对人类就要宽容多了。两大山脉之间留下的缝隙，不仅为下游的印度河平原平添了更大范围的集水区（克什米尔），还为人类在这一地区的生存及周边区域的交流提供了基础。这也是克什米尔会成为丝绸之路上的重要节点，而雅鲁藏布大峡谷更多只是一个地理奇观的原因所在。

单纯身为东、西两条绕至喜马拉雅山脉南部的江河的源头交汇处，已经足以让阿里高原成为喜马拉雅山脉北麓的焦点所在；能够在一山一湖周边再觅得两个突破喜马拉雅山脉阻隔的缺口，成为恒河、萨特莱杰河的源头，这样的地理属性，使之也能够受到山脉以南地区的瞩目。然而，透过表面看本质，宗教层面的四方朝圣行为只是文明交汇的映射。上述四条河流只有在客观上承担了文明交流通道的作用，才有可能让居于喜马拉雅周边地区的那些种族、信仰差异极大的民族，共同视这一交汇之地为圣地。而在地缘层面，能够被映射出来的不仅有宗教方面的碰撞，更有政治、民族方面的博弈。

作为世界文明的先发地区，南亚印度文明对青藏高原的影响是毋庸置疑的。公元7—9世纪的吐蕃是西藏历史上第一个有明确记载的政权，佛教正是在这一时期从印度和汉地两个方向传入卫藏地区的。后来被归为密宗的藏传佛教，更是直接传自南亚次大陆。孟加拉地区在开启伊斯兰化进程之前，曾经也将密宗定为主要信仰，并与藏地进行过交流。

然而，吐蕃并非西藏地区政权的起点，佛教也不是高原民族的最初信仰。在佛教传入的吐蕃时期，它一直遭遇着西藏本土宗教——本教的抵抗，以至吐蕃末期还出现过灭佛归本事件。在人类的发展过程中，宗教为了适应传入地的地缘文化，多多少少都会做些吸收本土元素的改变，由此才会有诸如汉传佛教、藏传佛教这样的分类。佛教在传入喜马拉雅山脉北麓之后，同样经历了与本教博弈、融合的过程。今天藏传佛教信仰中的一些独特元素便是吸收自本教，其中以对冈仁波齐峰、玛旁雍错两大圣地的崇拜最为典型。

事实上，吐蕃并非这片屋脊之地强大的开端，以拉萨—日喀则为核心的雅鲁藏布江中游谷地，也不是高原文明的起点。在此之前，喜马拉雅山脉之北曾经有一个以本教为国教的强大政权——象雄王国。尽管关于象雄王国还有很多未解之谜，但阿里高原是其兴盛之地这点是可以肯定的。

从环喜马拉雅山脉地区的文明传播、交流入手，也许能够解释为什么环境并不那么优越的阿里高原能够率先成为高原文明的起点。首先，整体环境的差异，使得喜马拉雅山脉之南的热带气候区有机会比北部的高原地区更先开启文明进程。这意味着，高原文明在形成自己独特气质的过程中，势必会受到相邻印度文明的影响。其次，南亚文明存在一个自西向东传播的过程。最初的古印度文明产生于印度河平原，在雅利安人入侵之后，文明中心逐渐东移。恒河平原及南部的高原地带开始为带有种姓、婆罗门教（印度教）等印度—雅利安特征的“新印度文明”所覆盖。

当我们把南亚文明自西向东推进的过程与象雄—吐蕃的世代更迭联系在一起，一切就好理解了。在印度河平原还是南亚文明的优势区时，与之有数条直接交流通道的阿里地区，一定比东部的雅鲁藏布江河谷更容易在文化、贸易、技术等方面确立优势。而随着时间的推移，尤其在恒河平原成长为南亚文明中心后，与之相对应并且环境更好、能承载更多人口的雅鲁藏布江中游谷地，也就顺势成为高原的地缘中心了。

虽然高原文化在发展时，会一定程度上从更发达的南亚地区吸收文明因子，但二者之间巨大且缺乏地理缓冲的海拔差，使得青藏高原不仅能够避免被南亚文明所同化，更能够形成自己的地缘优势。在高原的西端，阿里高原虽然失去了中心地位，但仍然承担着帮助藏民族文化向西传播的重任，以至我们今天在印巴相争的克什米尔地区仍然能够看到“藏”元素。

很多人知道，狮泉河中游以列城为首府的拉达克有“小西藏”之称，但少有人知的是，狮泉河下游以斯卡都为首府的巴尔蒂斯坦，在巴基斯坦也有“小西藏”之称。以至最早到此考察的英国人曾将从南伽峰到冈仁波齐峰之间的整个狮泉河谷都视为藏区的一部分，并将巴尔蒂斯坦、拉达克、阿里分别称为第一西藏、第二西藏和第三西藏。

如果将喀喇昆仑山脉视为冈底斯山脉的延续，狮泉河与雅鲁藏布江可以被视为处于同一谷地。在这条海拔、气候类似的谷地，民族和文化的趋同并不让人感到意外。以拉萨为核心的卫藏地区，如果要对拉达克、巴尔蒂斯坦保持政治控制力，阿里高原将是最重要的节点。然而，从地理环境层面看，要想以阿里地区为核心，向下游延伸控制力，还是有一定难度的。这是因为，正常情况下，河谷下游地区在农业、人口方面的潜力要大于上游地区。卫藏地区承载人口的能力其实是完全比不上下游的印度东北地区以及孟加拉地区的，只不过巨大的海拔差使得彼此之间几乎完全隔离罢了。

作为“世界屋脊的屋脊”的阿里地区，其资源潜力不如身处下游的另外两个“小西藏”。这一点从三个区域的人口总量也可以看出。今天，中国阿里地区的总人口约为 10 万；归属于印控克什米尔的拉达克，总人口在 30 万左右；至于最下游归属于巴控克什米尔的巴尔蒂斯坦，人口则超过 40 万。这一数据反映出来的客观现实是，如果历史上卫藏政权足够强大的话，那么无论是拉达克还是巴尔蒂斯坦，甚至更远的区域都有可能为其所控制。反之，如果卫藏地区的控制力不够，或者说有更强势的外部势力插入狮泉河流域，那么阿里高原这个在整条河谷地带中处于资源、人口弱势的板块，将很难承担起制约中下游地区的地缘政治任务。

以狮泉河谷的历史来说，也的确如此。公元 9 世纪中叶，强大的吐蕃开始走向崩溃，部分吐蕃王室成员在混乱中逃往拉达克、阿里，并分别建立脱离雅鲁藏布江政权控制的拉达克王国、古格王国，开启了狮泉河中下游地区的全面藏化进程。此后，为了争夺对整个狮泉河流域的控制权，拉达克王国、古格王国一直争端不断。在这场博弈中，人口潜力更大的拉达克王国取得了最后的胜利，一度于 17 世纪上半叶控制了阿里全境。

然而，阿里高原的地缘地位是如此重要，卫藏的西藏地方政府即使能够容忍狮泉河中下游地区脱离自己的控制，也不可能放弃这个环喜马拉雅山脉地区聚集点。18 世纪末，在中央政府（清）的支持下，阿里地区回归西藏地方政府的管辖范围，拉达克则以藩属的身份，被置于西藏地方政府及中央之国的政治结构中。19 世纪 30 — 40 年代，随着查谟的入侵，拉达克在政治上被迫切断与卫藏及中国的联系，成为克什米尔的一部分。

印度之所以能够得到拉达克，与当时这片大陆的英属印度背景是分不开的。一如我们之前分析的那样，从查谟平原到克什米尔盆地，再到拉达克，这种三级跳式的政治扩张并非地缘扩张的常态。如果没有当时称霸世界的大英帝国主导，仅靠印度内部自发的力量，短时间内是很难做到的。由此导致的地缘后果之一，便是在印控克什米尔范围内出现了印度教教徒主导的查谟、穆斯林覆盖的克什米尔盆地，以及被世人称为“小西藏”的拉达克三者并存的地缘奇观。在可以预见的将来，即使能够按照现在的印巴停火线解决划界问题，这一地缘分割造成的负面效果，也将对印度的内政乃至外交造成长远影响。

第四节 | 天堑与通途

对中国来说，克什米尔是一个敏感又无法绕过的区域。这不仅是因为中国与印控克什米尔交界处还存在多处领土争端，更是因为无论在古丝绸之路，还是中国的“一带一路”倡议中，克什米尔地区都是一个重要的节点。从这两个角度来说，地缘政治考量与领土争端才是人为设置的“天堑”；那些经由克什米尔连通世界的艰险通道，反而很容易在技术上变为“通途”。

在和平与发展成为人类共识，中国亦希望古老的丝绸之路焕发新的活力、重新成为中国与世界共赢平台的今天，即便政治“天堑”暂时无法逾越，也不妨碍我们从地理、地缘角度来解析一下这片神秘的土地。

古丝绸之路在克什米尔地区的走向

以包括拉达克、巴尔蒂斯坦、吉尔吉特三大板块的克什米尔北部山地的自然地缘进程来说，来自恒河平原的影响力其实是可以忽略不计的。真正在这一区域与西进的高原影响力发生碰撞的，是沿吉尔吉特河东进、来自中亚方向的影响力。

从位置上看，克什米尔整体处在西藏、中亚—西域、南亚三大板块的包夹之中。这意味着，克什米尔地区应该在沟通欧亚大陆诸板块的丝绸之路上成为一个重要的节点。不过，上一部分我们也说了，在不同的立场下，克什米尔的范围其实是有很大分歧的。同时，每个可能被归入这个概念下的亚板块，具体所能联结的大区也不尽相同。

丝绸之路很明显是一个从中国视角出发的通路概念。在这个概念中，包括青藏高原在内的欧亚大陆中心地带，所承担的更多是中继节点的任务。真正的贸易终端，是围绕这片旧大陆腹地生成的几个边缘地区，包括东亚、西欧、南亚，乃至伊朗高原以南的阿拉伯世界。

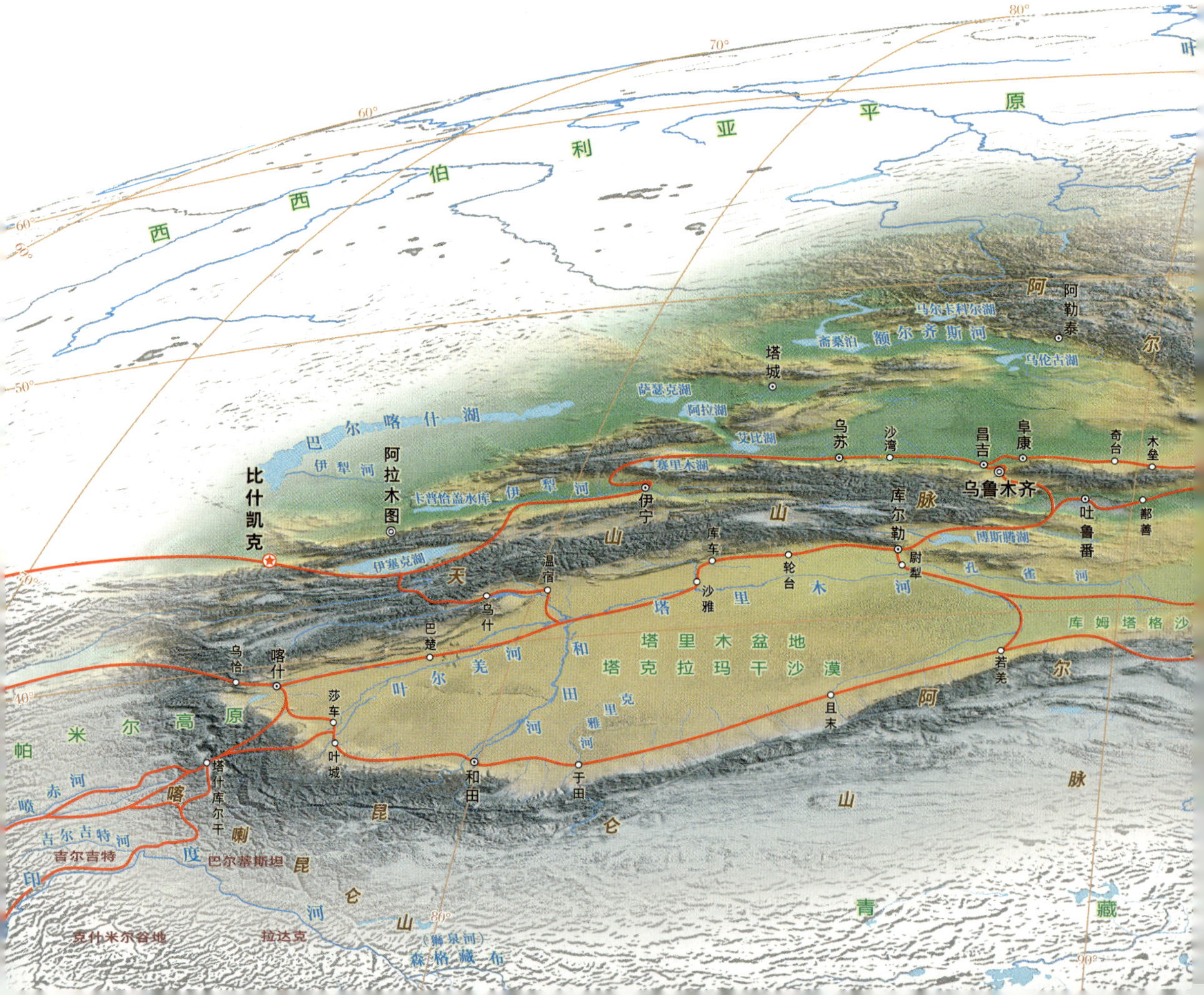

从上述定义看，被喀喇昆仑山脉与喜马拉雅山脉主脉合围的拉达克地区，技术上虽然可以成为西藏地区与中亚、南亚文明交流的门户，却无力成为任意两个边缘地区交流的必经之路。真正在克什米尔概念中承担丝绸之路任务的，是今天被巴基斯坦完整控制的吉尔吉特板块。在这条丝绸古路上曾经发生过无数故事，其中与中国关联最密切、最有代表性的，是唐代的“小勃律之战”。透过这场发生在1000多年前的战争，我们可以清晰地了解到克什米尔北部高地有些怎样的地缘价值。

公元7世纪初至8世纪中，也就是从唐太宗李世民主政的贞观时期到安

天堑与通途示意图

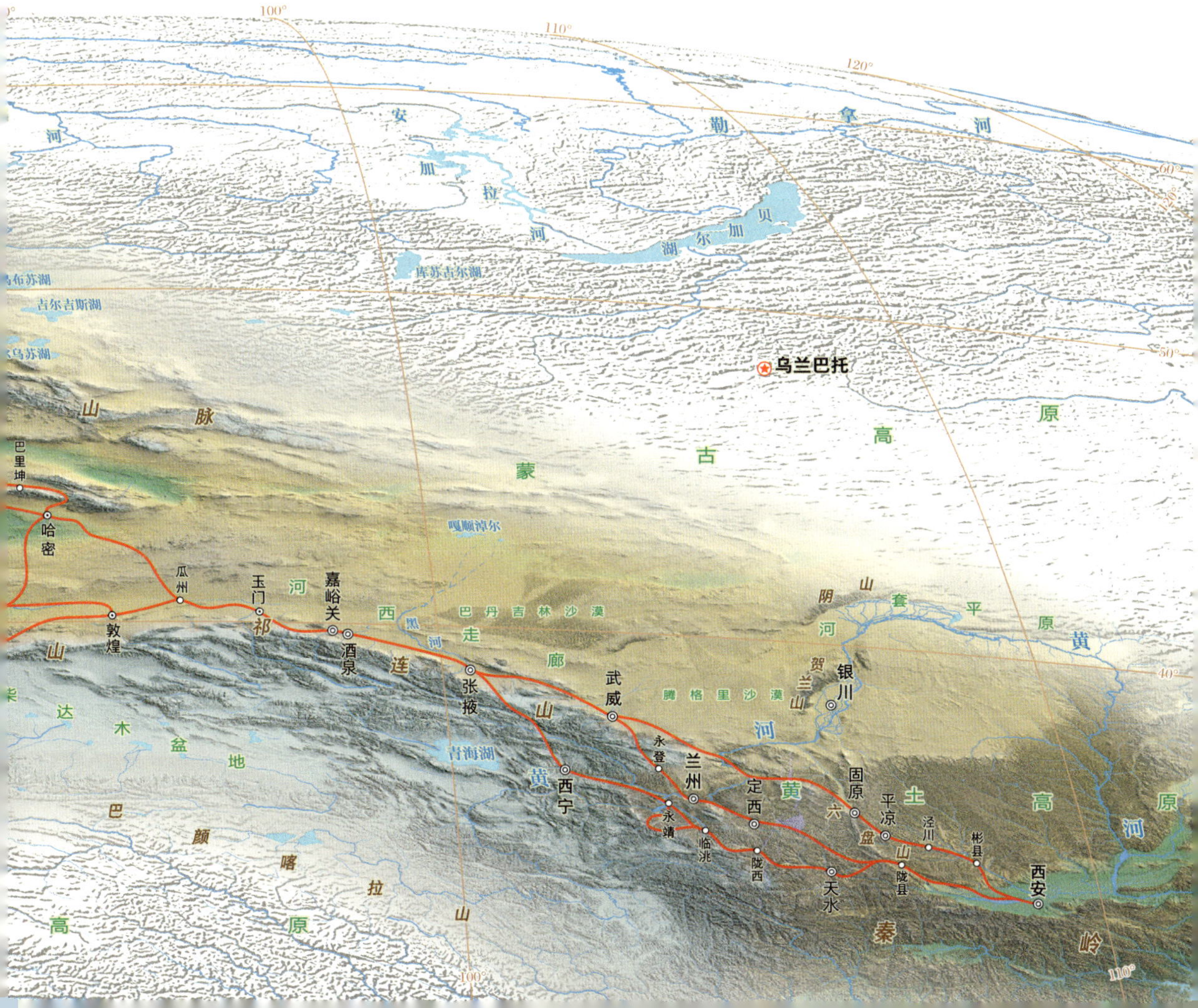

史之乱之前，是中国历史上著名的盛世。以中央之国的普遍历史观来说，评价一个朝代是否有作为，通常是看其是否有能力将防线战略性地延伸至长城以北。简单点说，即是否能在东北地区、蒙古高原，乃至西域展现控制力。从这点来说，在上述板块分别击败了东、西突厥和高句丽的唐王朝，应该是表现得很完美了。这使得唐朝与汉朝一样，成为华夏文明在境内外最喜欢用来标注身份的代名词。

然而，强大的唐王朝在外部地缘环境上也呈现出与其他朝代不同的特点，那就是来自青藏高原的力量成为中原王朝的主压力源之一。从卫藏地区崛起，向北统一青藏高原诸板块的吐蕃，甚至曾经攻陷过帝国首都长安。在其他历史时期，能够对黄土高原构成威胁的高原力量，只有位于河湟谷地—祁连山一带的青海地区。无论是汉时的羌人，还是此前被吐蕃征服的吐谷浑，都没有形成过如蒙古高原游牧政权那样的影响力。

除了通过青海地区、河西走廊向唐王朝在黄土高原的核心区施加压力，吐蕃同样参与了对塔里木盆地的争夺。而在历史常态下，参与争夺这一地区的绿洲小国并施加影响力的，只有来自草原的游牧势力和中原王朝。丝绸之路带来的巨大贸易利益是吐蕃西进的主要动力。阿里高原在这次地缘政治扩张中再一次充当了重要角色。

如果不考虑实际通行难度，从雅鲁藏布江河谷通往塔里木盆地的最短线路，应该是自阿里高原中转，然后穿越藏北高原西端进入南疆的和田地区。然而，任何在行政地图上画出的直线穿越方案，都只是理论上的计划。在实际操作中，下一个补给点的位置才是路线的决定性因素。不要忘了，藏北高原还有一个让人望而却步的名称——藏北无人区。类似这种高海拔、大面积的无人区，技术上并非无法穿越。后面我们会用具体的案例告诉大家，要完成这样一次穿越，将付出多么大的代价。

对于志在西域的吐蕃来说，即使能够凭借自己在高海拔地区的优势穿越藏北无人区，对驻扎在西域的唐军进行一两次奇袭，在战略上的意义也不大。要想真正从丝绸之路获益，吐蕃需要的是一条战略线路，一条沿途有人类聚落的线路。从这个角度说，沿着狮泉河谷而下，通过控制吉尔吉特河流域，对接丝绸之路的方案是最为可行的。

在这条战略通道上，一个叫勃律的小国是横亘在吐蕃王朝西进线路上的首要障碍。“勃律”在地理范围内所指的，正是今天巴控克什米尔北部的吉尔吉特-巴尔蒂斯坦地区，更准确点说是吉尔吉特河谷与狮泉河下游河谷地带。事实上，这一遵循自然地理结构所形成的地缘政治分区，在唐蕃争霸的时代已然形成。勃律人原本的统治中心是在东侧的巴尔蒂斯坦境内，在吐蕃强大的压力下，这一中心遂西迁至吉尔吉特河下游河谷，并就此分裂为大勃律、小勃律两个小国（东为大勃律，西为小勃律）。

当吐蕃军队通过征服大、小勃律站立在吉尔吉特河下游河谷时，他们的西域之旅还将面临两个方向性的选择。与绝大多数河流一样，吉尔吉特河也拥有两个主源：一路向西指向帕米尔高原南沿的是它的干流，另一条被称为罕萨河的河流上源则向北指向喀喇昆仑山脉的西端。如果从路程来看，沿罕萨河谷北行的线路无疑是最经济的。问题是，在现实世界中，你永远不能只用几何原则来规划线路，尤其是在这样一片复杂山地中。

罕萨河谷最终并没有成为吐蕃进军西域的通道，因为千百年来穿行于克什米尔山地的商旅们早已探明，直接翻越高大的喀喇昆仑山脉并不是最好的选择。今天，生活在罕萨河谷的数万罕萨人被称为“世界上最健康的人”，总人口中百岁老人的比例远超世界平均水平。常识告诉我们，能够获得类似称号的地区，往往在地理上属于半封闭的世外桃源之地，罕萨河谷便是这种情况。如果把视线进一步抬高，我们会发现整个罕萨河谷其实是处在喀喇昆仑山脉主脉之中。很显然，复杂的地理环境在帮助罕萨人维持健康、规律生活的同时，也减少了罕萨人从古丝绸之路获益的概率。

最终充当古丝绸之路主线的是吉尔吉特河谷。从地理结构上看，吉尔吉特河谷与狮泉河谷一起分割了喀喇昆仑山脉和喜马拉雅山脉。这也意味着这两条河谷将一起承接打通克什米尔北部山地东西战略通道的重任。只是沿吉尔吉特河上溯至源头处后会发现，这条战略通道所对接的将是平均海拔甚至高过青藏高原的帕米尔高原。作为亚洲大陆最著名的几大山脉的汇集之地，这片高原会比喀喇昆仑山脉更适合充当丝绸之路的节点吗？答案是肯定的。事实上，一片土地之所以被称为高原，只是因为它的平均海拔够高。能否承担交通任务，包括有没有人类大规模生存的条件，还是要看高原之上那些相对低地的情况。相对喀喇昆仑山脉这种单纯的地表隆起之地，一片“高原”能够为人类提供的想象空间要大得多。就像最初孕育华夏文明的黄土地，在地理定位上也同样是片高原。

吉尔吉特河谷上源在帕米尔高原南沿将要对接的是著名的瓦罕走廊。这一走廊地带横亘于帕米尔高原和克什米尔山地之间，在今天的国家版图上，主体在兴都库什山脉的阿富汗能够有这样一条狭长的国土与中国对接，很难不让人产生地缘政治上的联想。潜意识会告诉我们，它的存在应该与丝绸之路有关。

瓦罕走廊之名得自一条位于阿富汗境内的河流——瓦罕河，河谷之北为之收集降水的山地，则被称为瓦罕山。发源于帕米尔高原东南部的瓦罕河在西行至今阿富汗与塔吉克斯坦的交界处后，汇入一条充当阿富汗、塔吉克斯坦分界线的河流——喷赤河。后者同时又是中亚名河阿姆河的上游部分。这意味着，顺瓦罕河一路下行的商旅，无论是固执地一定要沿河谷前行，还是沿帕米尔高原西坡寻机进入吐火罗盆地，瓦罕河都将发挥连接中亚板块的战略作用。

现在的问题在于瓦罕河谷的另一端能够连接哪里。一个好消息是，作为几大著名山脉的“山结”之地，帕米尔高原的东沿与昆仑山脉夹合成一条裂隙——“塔什库尔干裂谷带”。与瓦罕走廊及塔吉克高原主体一样，生活在这片土地上的原住民是有着高原雄鹰之称的“高山塔吉克人”。行政上则建制有中国境内唯一的塔吉克族自治县——塔什库尔干塔吉克自治县。

“塔什库尔干”一词在维吾尔语中的原意为“石头城”，得名于一座位于塔什库尔干县城之北的唐代古城堡。这处遗址同时也见证了中央之国及古

瓦罕走廊及周边示意图

丝绸之路在这一地区的历史。比照瓦罕走廊的命名原则，我们可将地理意义上的“塔什库尔干裂谷带”变身为地缘意义上的“塔什库尔干走廊”。需要注意的是，板块意义上的瓦罕走廊、塔什库尔干走廊，都不仅仅指向两条河流所覆盖的河谷地区，而是整个帕米尔高原南侧、东侧的谷地带。

基于方位和地势的原因，塔什库尔干走廊所汇集的水（塔什库尔干河）并没有如瓦罕河那样向西流淌，而是向东穿越昆仑山脉成为塔里木河上游之一——叶尔羌河的一条源流。这意味着，只要寻路将瓦罕走廊与塔什库尔干走廊连接起来，一条翻越帕米尔高原、连接中亚—西域的交通线路便宣告打通。相比无人区性质的藏北高原，河流交错的帕米尔高原生存条件反而要好些。无论是在丝绸之路进入政治家视线的2000年前，还是今天，塔吉克人和他们的祖先一直都在这片土地上游牧。清朝时，包括东、南两条走廊地带的帕米尔高原又被称为“八帕”，意指其内部分为八个板块（每个板块都有相对应的部落）。瓦罕和塔什库尔干（时称塔格敦巴什）都是其中一“帕”。

上述两条走廊的存在，不仅左右了古丝绸之路的走向，更对今天这一地区的地缘政治结构造成深远影响。在塔吉克斯坦占据帕米尔高原主体的同时，得到了瓦罕走廊的阿富汗与留住了塔什库尔干走廊的中国，得以沿着古老的丝绸之路保有一条直接对话的战略通道。追根溯源的话，这种极富地缘政治感的设计，源自19世纪末英、俄、中三国的博弈。[1]

在连接中亚、西域两大板块的问题上，瓦罕走廊与塔什库尔干走廊具有同样的地缘政治价值。如果我们再把视野放宽到南亚乃至青藏高原，瓦罕河谷在古丝绸之路上所能发挥的作用就更大了。除了北沿的瓦罕山以外，瓦罕河的南沿还同时从兴都库什山脉东段与喀喇昆仑山脉西端接受补水。结合吉尔吉特河谷实际为喜马拉雅山脉和喀喇昆仑山脉分割线的情况，这意味着只要沿着吉尔吉特河的某个源头上溯，就有机会寻找到三大山脉相接的最薄弱处进入瓦罕走廊，打开通往中亚、西域两大板块的大门。

如果有兴趣，可以按照上述推导，在纯地形图上沿着吉尔吉特河的上源寻找这个接合点。要是手边只有行政地图也没关系，因为那些当年帮助政治家们划定这一地区国界线的技术人员，已经在地图上标定了这个地理分割线，那就是今天巴基斯坦、阿富汗以及巴控克什米尔三方的交界点。鉴于这个点只有一个，相信你很快能够找到。

很显然，这样一个点应该天然存在于山口。这个被认定为兴都库什山脉和喀喇昆仑山脉分割点的山口，被称为卡兰巴山口。纯粹从地理角度来说，卡兰巴山口是最有资格充当吉尔吉特河（印度河支流）和瓦罕河（喷赤河支流）分割点的地标的，甚至可以被认定为青藏高原的西部起点。但在承担古丝绸之路主通道这一问题上，其西部与之相距约30公里的两个山口——巴罗吉勒山口和坦驹岭山口，起的作用要更大些。

以跨越山脉分水岭连接两条河谷这一情况来说，其实天然会存在很多山口。这是因为，每条河谷在它的左右山坡都会存在很多支流。这些支流河谷

[1] 1895年3月11日，英俄签订《关于帕米尔地区势力范围的协议》，划定两国在帕米尔的势力分界线，将兴都库什山北麓与帕米尔南缘之间的狭长地带划作两国间的“隔离带”，这就是瓦罕走廊。

之间，就会存在很多配对成功的可能性。就像被视为天堑的秦岭，内部一样可以按照这一原则开拓出诸如子午道、陈仓道等多条通道来。具体选择哪条道路作为主通道，除了考虑通行难度以外，还要考虑对接板块的内部情况。

巴罗吉勒山口和坦驹岭山口并非处在同一条分水岭上，二者之间的距离只有15公里。之所以会有这样看起来更复杂的选择，是因为在兴都库什山脉东端、喜马拉雅山脉西端，或者说瓦罕河谷与吉尔吉特河谷之间，还插入了一个新的地理单元——吉德拉尔河谷。你很容易能在地图上发现这个位于巴控克什米尔与阿富汗之间、地理上属于巴基斯坦北部山地范畴、行政上则归属于巴基斯坦吉德拉尔县的突出部。其中，巴罗吉勒山口位于瓦罕河谷、吉德拉尔河谷的分水岭上，坦驹岭则是吉德拉尔河谷、吉尔吉特河谷分水岭的一部分。

吉德拉尔河谷之所以没有被纳入克什米尔范围，是因为沿着吉德拉尔河谷而下，从瓦罕走廊而来的商旅可以直接抵达阿富汗境内的贾拉拉巴德。在抵达这个丝路古城之后，可以选择溯喀布尔河而上进入阿富汗腹地，也可以选择沿着这条印度河右岸支流而下，在穿越开伯尔山口后，进入巴基斯坦境内的上印度河平原。

从地理基本面上来看，吉德拉尔河谷属于印度河中游支流。它不像吉尔吉特河、狮泉河那样，属于印度河上游。包括吉德拉尔河谷以东那部分巴基斯坦北部山地，之所以未成为克什米尔的一部分，也都是因为其“中游”属性。不过，同样的原则并不适合从印度方向进行定义。基于以克什米尔盆地为跳板强行扩张的原因，这个本身与北部山地联系不深的印度河中游板块，甚至得以将自己的名字扩展至喀喇昆仑山脉。

吉德拉尔河谷的重要性，在于为西域与南亚的交流提供了一条无须经过克什米尔北部山地的通道，能够更快进入南亚低地区。基于这一通路的价值，我们同样可以将之命名为“吉德拉尔走廊”。将上述地理关系厘清之后，瓦罕走廊的重要性逐渐显现出来。经由这个枢纽点，西域、中亚、南亚，乃至青藏高原之间，都能够打通交流通道。只不过，来自青藏高原的地缘力量除了控制狮泉河谷之外，还必须得到吉尔吉特河谷，才有可能直面这个四方力量汇集之地。具体到高原力量最为强大的吐蕃，其在地缘政治上的体现就是控制大、小勃律及帕米尔高原上的小国。唐代征小勃律之战的目的，便是试图将吐蕃势力逼回阿里高原（此战中最为关键的连云堡之战发生于瓦罕河畔）。

公元 7—9 世纪，唐王朝与吐蕃为争夺丝绸之路的控制权，曾经在天山至克什米尔的广袤土地上进行过很多次战争，征小勃律之战只是其中最具代表性的一次。厘清上述路线，相信对了解这段历史会有很大的帮助。然而相比 1300 年前，这一地区的地理环境虽然并没有太大改变，但具体到地缘层面却出现了两个重要的变化。

变化之一在于种族和宗教结构。历史上，在欧亚大陆腹地的争夺上，草原条件更好的欧洲游牧民族拥有先发优势。很有可能在公元前 4000 年，原始印欧人便已驯化并使用马作为工具。这使得以雅利安人为代表的印欧语系民族很早就开始了向东扩张的进程。这一先发优势使得今天从伊朗高原到南亚次大陆北部的主体民族（包括塔吉克人），无论在体质特征还是语言上，都与欧洲诸民族呈现出密切关系，并共同拥有“印欧人”这个称呼。

在克什米尔北部山地，印欧人也一度完成了全覆盖，勃律国的建立者很有可能仍然属于印欧人。不过，这一局面最晚至公元 9 世纪藏族在狮泉河中下游建立拉达克王国后便已改变，包括巴尔蒂斯坦在内的整个狮泉河流域开始为归属于藏缅语族的黄种人所主导，以至今天我们会在克什米尔范围内看到巴尔蒂斯坦、拉达克两个“小西藏”。单纯从种族博弈的角度看，这种情况颇有点黄、白对决的意思。

然而，具体到族群划分来说，种族只是其中一项参考特征罢了。宗教、语言、政治，甚至地理距离等诸多要素，都会对族群彼此间的认同产生重要影响。尽管从客观环境、种族以及历史层面来说，巴尔蒂斯坦与拉达克似乎应该归类在一起，但这两个“小西藏”客观上已经分化为两个不同的族群。这种分化，并非印、巴两国分治之功。事实上，印、巴两国能够在二者之间各取一块，更多是基于现状的顺势而为。

如果说以雅利安人为代表的白种人向东迁徙影响了欧亚大陆种族分布结构，那么源起于阿拉伯半岛的伊斯兰教的对外传播影响的就是宗教结构。在吉尔吉特等地的印欧语系部族皈依伊斯兰教之后，处在“藏”文化前沿的巴尔蒂斯坦也在 15 — 16 世纪伊斯兰化。也就是说，尽管从种族、语言、历史等几方面来看，今天 90% 的巴尔蒂斯坦人似乎都应该还是“藏”人，但他们在宗教层面已经与巴基斯坦境内那些印欧民族无异了。这使得巴基斯坦能够在与印度争夺克什米尔的控制权时顺利得到巴尔蒂斯坦。

同属一条河谷地带的拉达克与巴尔蒂斯坦之间，本身并没有明显的地理分割，今天的印巴停火线，可以被认定为两大板块的分割线。历史上，巴尔蒂斯坦曾长期为拉达克王国所辖。按巴尔蒂斯坦人自己的说法，造成巴尔蒂斯坦与拉达克地区分裂的直接原因，是发生在狮泉河谷的一次地质灾害。这次灾害虽然没有在印度河谷中形成堰塞湖，却阻断了河道两旁的道路。不过，这客观上也为拉达克的藏传佛教文化增加了一层保护。

事实上，在巴尔蒂斯坦伊斯兰化之后，拉达克同样在地缘结构上发生了重大变化。17 世纪后半叶，为了摆脱卫藏地区的控制，拉达克王国曾经与克什米尔地区的穆斯林部落结成同盟。而拉达克为此付出的代价，就是允许那些具有高加索人种特征的部落以及他们的宗教进驻拉达克。今天如果你去拉达克旅游，就会发现有“小西藏”之称的拉达克其实并不只有藏族和藏传佛教，拉达克的穆斯林比例甚至还要略高于佛教徒。当然，在拉达克实际已为印度所控制的背景下，出于地缘政治安全考虑，印度主观上势必会减缓拉达克的伊斯兰化进程，只是基于同样的理由，用来摊薄这一比例的将会是印度教人口。[1]

[1] 拉达克伊斯兰教、佛教、印度教教徒人口占比分别为 46.4%、39.7%、12.1%（2010 年数据）。

中巴公路与新藏公路

随着工业化进程的推进以及现代国家制度的重塑，即使中国没有提出“一带一路”倡议，地区与地区之间、国与国之间的公路乃至铁路的修建工作，也是非常有战略意义的。在这个过程中，历史上那些穿行于欧亚大陆腹地的商旅探索出来的丝绸之路，仍然具有重要的参考价值。以古丝绸之路的自然选择来看，从中国的南疆地区（塔里木盆地）向南亚次大陆修筑公路或铁路的A方案，应该是由塔什库尔干走廊、瓦罕走廊、吉德拉尔走廊、喀布尔河谷组成的。这一方案除了能够尽量少地穿行于复杂山地，更因其在次大陆的中转点——开伯尔山口西侧的贾拉拉巴德，处在连通阿富汗与巴基斯坦核心区的喀布尔河谷之侧，西距阿富汗首都喀布尔、东距与之隔开伯尔山口相望的巴基斯坦西部重镇白沙瓦，交通距离都只有150公里左右（距巴基斯坦首都伊斯兰堡也不到300公里）。

无论从经济还是从政治合作角度考虑，这样一条能够同时勾连两国的线路，性价比都是非常高的。然而，基于现实的地缘政治原因，这条古老的丝绸之路暂时没有重获新生。从技术上看，这样一条两次横穿阿富汗境内的线路，显然要比中巴两国直接合作更复杂些。更大的问题在于，身为“帝国坟场”的阿富汗自独立以来，内部一直处于动荡之中。在这种情况下，复活一条能够促进中、巴、阿三国经贸关系的古丝绸之路，将存在很大的不确定因素。

单纯从通行的复杂程度来说，从瓦罕走廊对接吉尔吉特河谷，然后沿印度河而下的线路，是仅次于A方案的B方案。目前，吉尔吉特河口以南部分已经是中巴公路的重要组成部分，并在为中巴两国架设友谊桥梁的同时，发挥着上述作用。只不过，同样由于阿富汗内部政局不稳，瓦罕走廊与吉尔吉特河谷之间的天然通道并没有变身为国际公路。

在可以预见的将来，如果阿富汗的局势能够趋向稳定，那么在中国大力推进“一带一路”多边经济合作的大背景下，上述A、B方案应该都是很有可能成为“新丝绸之路”的重要组成部分的。在此之前，中国如果想拥有一条稳定抵达印度洋的陆地交通线，暂时只能选择最为艰难的线路——翻越拥有四座海拔超过8000米山峰的喀喇昆仑山脉，通过世外桃源般的罕萨河谷来打通中巴之间的交通线。

历史上，喀喇昆仑山脉并非不存在能够供人类通行的山口。位于中、巴边境的明铁盖达坂、红其拉甫达坂等山口（“达坂”即为山口之意），都曾经为喀喇昆仑山脉两侧居民的沟通发挥过作用。20世纪60年代，中国和巴基斯坦基于共同的利益，决定建立伙伴关系后，相对通行条件更好的红其拉甫山口成为打通中巴陆地通道的节点。前后共花费13年时间（1966—1979年），中巴友谊公路宣告通车。

鉴于喀喇昆仑山脉在整条公路中的重要性，这条公路又被称为“喀喇昆仑公路”。然而，红其拉甫条件较好只是相对而言，这里也素有“死亡山谷”之称。在整个施工过程中，共有超过700名中、巴施工人员付出生命的代价。在吉尔吉特中国烈士陵园中，长眠着88名在施工中遇难的中方工程人员。更为严峻的是，红其拉甫南北的地质情况非常复杂，常年面临着雪崩、塌方等自然灾难的威胁。相较于经由瓦罕走廊的A、B方案，当下的喀喇昆仑公路在通行难度上只能算是C方案。

尽管如此，从地缘政治角度考虑，这样一条在通行条件上不是最优的公路，却对中、巴两国意义非凡。即使有一天，绕过喀喇昆仑山脉及克什米尔的A线路能够打通，也无损喀喇昆仑公路的战略价值。于中国而言，这是一条能最大限度避开政治不确定因素（只需考虑和巴方的关系），直达印度洋的战略通道；而对巴基斯坦来说，除了与互为“全天候战略合作伙伴关系”的中国建立紧密联系以外，打通从喀喇昆仑山巅延伸到印度洋的纵向交通线，更对其坐实巴控克什米尔有着重要的战略意义。

为了稳定内部结构，中国同样也需要一条横向公路，以连通新疆、西藏这两个在国防最前沿的板块 。理论上，如果整个环喀喇昆仑山脉地区，也就是今天分属三国的瓦罕、吉尔吉特-巴尔蒂斯坦，以及拉达克，能够处在同一政治框架之下，那么沿吉尔吉特河谷、狮泉河谷，横向连通青藏高原与中亚、南亚的传统丝绸之路主线还是可以继续焕发青春的。只是鉴于这条主线已经位于中国境外，且印、巴两国在克什米尔的矛盾解决起来遥遥无期，这条丝路古道暂时连做备选方案的资格都不具备。

每个国家都有权力从自身利益出发，想象出一条理想的安全线，只不过就现实来说，立足于当下领土、维护战略安全才是正途。在喀喇昆仑山脉客观上已经成为中国和南亚国家政治分割线的情况下，被历史推进至国防线前沿的阿里高原，需要在中国控制的范围内，打通一条连接南疆的战略公路。在这个问题上，阿里高原再次因其地理位置，成为连通新疆和西藏的窗口。

总的来说，在自然降水稀少的阿里高原，大多数土地只适合开展畜牧经济。然而，拥有更大人口潜力的，又往往是那些适合农耕的土地。在阿里高原，适合开展种植业的少量土地，存在于能够承接高山补水并形成相对温暖小环境的盆地状河谷地带。自公元 9 世纪的古格王朝起，藏区对这些核心河谷的描述，便有“阿里三围”之说（相传，古格初代国王将三个儿子分封到这三个地方），包括“雪山环绕的地方”——象泉河谷（普兰）、“岩石环绕的地方”——孔雀河谷（札达）和“湖泊环绕的地方”。

第三围“湖泊环绕的地方”的位置，并不是特别确定。一般认为，这一围应该在拉达克。不过，通过前面的分析我们已经知道，拉达克其实是一个与阿里板块同级的地缘政治板块。在吐蕃衰弱之后，这两个地区很快建立了拉达克王国和古格王国，摩擦不断，更何况以列城为中心的拉达克并没有呈现出“湖泊环绕”的地理特征。因此，阿里三围的最后一围并不是拉达克。

在阿里高原星罗棋布的湖泊当中，除了戴着“圣湖”光环的玛旁雍错之外，最引人注目的应该是日土县境内的班公错。这片湖泊环绕的地区，才

喀喇昆仑公路和新藏公路［G219］示意图

最有可能是阿里三围中的最后一围。注意到班公错的人，更多是被这个湖区的另外两个特质所吸引：一是这个狭长的内流湖实际上分为“西咸东淡”两部分，二者之间靠一条狭窄的水道相连；二是它是中、印两国之间的界湖，其全部淡水部分及部分咸水部分位于中国境内。由于位置特殊，班公错湖面上驻扎的边防水上巡逻队，经常被非正式地称为“西海舰队”。

班公错这种特殊的水质结构我们并不陌生，应该说在每个内流淡水湖的旁边，都必定有一个湖底海拔更低的咸水湖，以帮助其沉淀河流带来的矿物质。比如在“圣湖”玛旁雍错旁边，就连着一个起这样作用的拉昂错。在玛旁雍错被奉为“圣湖”之后，与之水质迥异的拉昂错不仅没有沾光，甚至还成为黑暗的对立面，被称为“鬼湖”（藏语原意为“有毒的黑湖”）。

严格来说，班公错并不属于印度河流域。它与狮泉河流域最重要的一条支流、主体位于拉达克境内的什约克河之间，相隔一道 6 米高的分水岭；与狮泉河谷之间，也有一条 60 公里长的天然峡谷相通。从外形来看，班公错并不是一个标准的盆地型湖泊，而是一个东西长约 155 公里，南北宽约 15 公里的峡谷型湖泊。根据经验来看，这种形态的湖泊更多出现在筑坝而成的高山水库中。如果不是人工建筑的，那最大可能就是由于某一次地质运动而形成的堰塞湖。

班公错是不是堰塞湖，目前还没有相关研究成果，但如果班公错在某个历史时期曾经与狮泉河谷或者什约克河相通，并不会让人感到意外。尽管没有正式归属于印度河流域，但二者之间如此紧密的地理关系，以及东班公错所蓄积的珍贵淡水，已经足以让它成为阿里高原最北端的核心地理单元，并因为与拉达克相邻的位置，成为印度所觊觎的对象。鉴于塔里木盆地位于阿里高原的北部，如果在二者之间寻找一条距离最短的通道，那么最有可能充当南部起点的当属日土县境内的东班公错地区。

历史上的确存在这样一条古道。沿着班公错东北部支流多玛曲（日土县多玛乡境内），古道一直向藏北高原腹地延伸。而在塔里木盆地方向，承担这一任务的是于田县境内的克里雅河，这条勾连新疆和西藏的古道也因此被命名为“克里雅古道”。

克里雅河在藏北高原的源点被称为“克里雅山口”，今天如果在地形图上观察新疆地区行政边界，会发现这个自治区的南部其实延伸到了青藏高原北部。将那些注入塔里木盆地的河流置于同一行政大区范围内，是造就这一行政格局的地理依据。处在新疆和田地区与西藏阿里地区分界线上的克里雅山口就是其中一个分割坐标。

就这条线路来说，翻越山口已经不是最大的障碍。因为有了藏北高原这个底座，那些在高原上凸起的山地，相对高度反而并不算太高。身处其中，你甚至很难准确定位包括克里雅山口在内的各流域之间的分水岭。事实上，由北向南试图向班公错进发的旅行者，在穿越克里雅山口之后，无法直接转入班公错流域。二者之间还隔着大片人类无法生存的高原盐湖（流域间的直接距离就超过 200 公里）。即使带够给养，或者通过捕杀野生动物来补充给养，并在这种缺乏河谷通道的地形中找准前行的方向，你还要面对高原反应和变化无常的天气挑战。

由于通行条件过于恶劣，克里雅古道并没有成为新疆和西藏之间商业、人员沟通的桥梁，它的定位更像是大道之外的“小路”。然而，一如三国时期邓艾借阴平古道奇袭蜀地，这种容易被人忽视的“小路”一旦被军事行动所突破，政治上的收获通常也是巨大的。1717 年，一度控制新疆、与清王朝对抗的蒙古准噶尔部，曾经以 6000 兵力沿克里雅古道进入阿里，奇袭卫藏地区并取得成功，建立了政治统治。

没有准确数字告诉我们，300 年前的蒙古骑兵在穿越克里雅古道时遭遇过什么样的困难。另一个 60 多年前的案例，却能让我们真切感受到藏北高原的艰险之处。1950 年，一支由 136 人组成的队伍，经由这条线路进行过一次史诗般的穿越行动。在整个穿越过程中，共有 40 人付出了生命代价。这支队伍后来被授予“进藏英雄先遣连”荣誉称号。后期同样通过克里雅古道所运送的补给，最终只有不到十分之一安全送达。

以克里雅古道的原始状态，自然是无法承担沟通新疆、西藏的战略任务的。在完成那次史诗般穿越后不久，沿克里雅古道修建的新藏公路进入施工阶段，不过这条路线很快就被放弃了。复杂的地质条件是重要原因之一。一个可信的说法是，当时的施工大军甚至亲眼目睹了火山喷发的场景。

沿河谷穿行，是人类自史前时代起就已经掌握的基本技能。从这个角度说，穿越藏北高原腹地的克里雅古道并不是最好的选择。塔里木河在青藏高原西部的两条上游河流——叶尔羌河与和田河（主源喀拉喀什河），源头部分看起来要与班公错更为接近。历史上，来自新疆的商旅也的确沿着这两条河流打通了连通新疆和西藏的商道。尽管这些古道经常依起点不同被打上各种标签（例如桑株古道、克里阳古道等），但万变不离其宗的是，叶尔羌河及喀拉喀什河的上游河谷，都在其中发挥了核心作用。因此，我们可以将这两条核心线路统称为叶尔羌古道与喀拉喀什古道。

无论是从哪一条古道修建新藏公路，在工程上遇到的挑战都将是巨大的。当然，在人类掌握了工业技术之后，这些挑战并不是无法克服的。一个前面我们提到的案例是，尽管由罕萨河谷进入南亚的通道并非 A 方案，但在地缘政治的需要下它还是被打通了。在新藏公路的选址问题上，地缘政治方面的考虑同样重要。一个显而易见的理由是，在喀喇昆仑山脉主脉大部已成为中国与邻国国境线的背景下，如果新藏公路的选址能更加靠近喀喇昆仑山脉北麓，那么这条公路所具备的，就不仅仅是连通中国两大边疆板块的作用，其将在国防层面拥有更高的价值。就这点来说，沿克里雅古道修建公路的方案，并不如选叶尔羌河或者喀拉喀什河沿岸更有价值。

从沟通新疆、西藏，以及承担国防公路的任务来看，初建于 20 世纪 50 年代末的新藏公路无疑是合格的。然而，今天我们看到的新藏公路实际上并不是一条古道，更准确地说，它是一条串联了三大古道的新生命线。叶尔羌河谷、喀拉喀什河谷，以及东班公错上游的多玛曲河谷，都为这条新藏生命线贡献了力量。换句话说，在沟通西域、南亚、西藏三大板块的问题上，今天的中巴公路、新藏公路所选择的路线，其实都不是历史上的 A 方案。不过，造成这一切的根源倒是一致的，那就是英属印度在青藏高原的扩张。

阿克赛钦与喀喇昆仑走廊

对于印度或者说整个南亚次大陆在地理结构上的短板，大英帝国可以说是了然于心的。为此，在英国的推进下，英属印度的东、西边界都站上了相对应的高地。尽管这一设计为今天巴基斯坦西部山地以及印度东北地区的动荡埋下了伏笔，不过将边界推向天然边界的做法，可以预期的收益是战略性的，今天的印、巴两国应该不会为这种设计而责怪英国。

当然，英国人当年的做法，并不是为了后来印、巴两国的利益，而完全是出于维护自己利益的考虑。控制克什米尔及包括尼泊尔、不丹等国的喜马拉雅山南坡地区，还不足以让英国人对英属印度感到足够安全。理论上，整个环喜马拉雅山脉地区都处于英国的势力范围内，这一安全闭环才算完整。正是基于这一考虑，19 世纪后期的英国战略家们，明确将西藏定位为印度的北部缓冲区。除了多次派出探路队以外，更分别在 1888 年、1903 年两次发动侵藏战争。藏族在这片高原之地独特的地缘优势以及中央政府的支持，是英国最终未能在喜马拉雅山脉北麓渗透成功的关键。与之形成对比的，是不具备这两项地缘背景的缅甸，两次英缅战争后被迫成为英属印度的一个省（1886 年）。

尽管扩张者往往会基于现状制定一个目标，但在实际操作中，何时停止扩张的脚步，取决于是否遇到了难以逾越的障碍。比如，英国如果未能把缅甸变为“缅甸省”，那么它所追求的就会是将缅甸定位为缓冲国，而做到这点后，泰国就会被定位为英属印度与法属印度支那之间的缓冲国。这种情况在如何定位“环喀喇昆仑山脉地区”的问题上，同样有所体现。

单纯从为英属印度谋求一条强力天然边界的角度说，通过查谟-克什米尔土邦将控制线延伸到喀喇昆仑山脉其实已经足够了。不过做到这点的英国人，并没有认为自己在南亚的利益得到了绝对保障。这种担心很大程度上并非来自当时处在混乱中的中国，而是强势在中亚扩张的沙皇俄国。英国人担心，已经站上了天山山脉的俄国人接下来势必会向西域扩张。事实上，俄国人也的确这样做了。如果不是清政府采纳了左宗棠的“塞防”主张，并最终收复新疆的话，那么无论是通过保护国还是直接控制，俄国人的势力都将抵达昆仑山脉。

为了应对这种可能的地缘政治风险，英国人希望自己能够抢先一步将“克什米尔”或者说英属印度的概念推进到喀喇昆仑山脉以北，乃至站上昆仑山脉主脉。正是基于这一设想，昆仑山脉分水岭、喀喇昆仑山脉、藏北高原三大高地之间，一条被称为“约翰逊线”的利益分割线隔出了一块土地——阿克赛钦。

从地形结构上看，阿克赛钦是一个由昆仑山脉、喀喇昆仑山脉和藏北高原三方合围而成的盆地，因此我们也可将之称为阿克赛钦盆地。通过盆地的西北部，喀拉喀什河得以迫近喀喇昆仑山脉，并与印度河最北部的源头——什约克河相望。同时，后者的源头及左岸支流也覆盖了这个高原盆地的南部边缘区。这使得阿克赛钦成为这一南一北两大水系的交汇地，并有可能因此而具备通路作用。除此以外，阿克赛钦盆地的大部是以阿克赛钦湖为核心的内流区。

无论哪个历史时期，在“环喀喇昆仑山脉地区”承担政治分割任务的都是喀喇昆仑山脉，英国人的做法显然不可能得到中国的认同。如果真如英国人所担心的那样，俄国将势力线压到了昆仑山脉分水岭，那么阿克赛钦问题很可能在19世纪末就浮出水面了。而事实上，俄国人最终没有能够出现在昆仑山脉北麓。在20世纪中叶，中、印两国先后迎来自己的新生命，并开始自主审视边境线的走向，这个由大英帝国埋下的地缘政治炸弹，却在20世纪60年代爆炸，并深刻地影响了两国的政治关系。

对于一切都遵从英国安排的印度来说，从未发挥过法律效力的“约翰逊线”是英国人为其留下的一笔政治遗产。一如前面对于“扩张者”的描述那样，如果没有遇到不可逾越的障碍，印度似乎没有理由放弃这个迫近昆仑山脉的突出部。然而，对于中国来说，这种情况是完全不可接受的。因为这样一条无论从地理、历史还是法理上来看，都明显不具备合理性的分割线，将从战略上影响中国在这个方向的安全。一个显而易见的事实是，鉴于阿克赛钦的南、北两端分别压在了喀喇昆仑山脉、昆仑山脉两大山脉之间，中国如果想修建一条从南疆地缘政治中心喀什通往西藏首府拉萨的新藏公路，最合理的路线将无法实现。最终如我们现在所看到的那样，喀拉喀什的部分河谷及阿克赛钦盆地都成了新藏公路选址的组成部分，阿克赛钦并没有成为印度所认为的克什米尔的一部分。

在一定要认定阿克赛钦属于克什米尔的问题上，英国人和印度人都无法面对的一个逻辑悖论是，英国人是根据殖民时代所确立的“谁发现，谁占有”原则，单方面将阿克赛钦地区划入克什米尔范围的。这一划分的前提则是认定阿克赛钦为一片无人涉足的“无人区”。然而，作为新疆、西藏商贸的主通道，喀拉喀什古道在“藏区”的终点实际就在拉达克境内。也就是说，沿着这条古道向昆仑山麓探险的英国人，其实正是因为阿克赛钦有路通行（包括有向导），才得以画出那条臆想中的红线的。

在以拉达克为起止点，连通南疆地区的通路中，喀喇昆仑山脉主脉并没有成为障碍。前文提到的印度河源头——什约克河谷，可以承担这一任务。这是一条发源于阿克赛钦境内，沿喀喇昆仑山脉北麓南行，绕过喀喇昆仑山脉后，再沿南麓折向巴尔蒂斯坦境内，与狮泉河相汇的河流，分割二者的这段山地被称为拉达克山脉。

环境相对较好的什约克河谷下游，同样是巴尔蒂斯坦的组成部分。在这个问题上，占据狮泉河下游的巴尔蒂斯坦人会更具优势。不过，对于拉达克人来说，什约克河中上游河谷同样具有重要意义。在巴尔蒂斯坦与拉达克因为地质和政治原因被切割为两个独立地缘板块后，拉达克人需要借由什约克河谷打通一条独立通往西域的商道，即使这条商道在通行难度上要高于当年吐蕃和高仙芝所走过的路线。

西班公错与什约克河、狮泉河之间的特殊地理关系，为拉达克向什约克河中上游地区渗透影响力提供了战略上的可能。这个为东班公错排盐的湖泊，地理上的特别之处在于，它与什约克河谷及狮泉河谷之间的距离都非常近，并且存在天然谷地通道。这也是为什么前面说它很有可能在某个地质时期与两条河流相通。如果以拉达克山脉为核心，将什约克河谷、西班公错与狮泉河谷（中下游）视为“环拉达克山脉地区”，那么因为西班公错这个支点的存在，列城的拉达克人更有机会将势力范围延伸至什约克河谷中上游地带。

历史上，拉达克王国不仅通过西班公错向北打通了通往喀喇昆仑山北侧的商路，更向古格王国控制下的东班公错（在今西藏自治区阿里地区日土县境内）成功扩张过。看清了这层地理关系，也就能够理解为什么得到了拉达克的印度能够在班公错与中国形成对峙状态，更能够明白，为什么印巴停火线能够纵向切割整个“环拉达克山脉地区”。

在居于下游河谷地带的巴尔蒂斯坦人眼中，狮泉河是一条“雄性”的河，什约克河则是一条“雌性”的河。然而，在印度向喀喇昆仑山北渗透影响力的问题上，什约克河中上游河谷却充当了更为“雄性”的角色。由于翻越拉达克山脉的难度要远低于周边几大山脉，从列城出发的拉达克人、印度人、英国人，如果想进入什约克河谷，一般会直接翻越拉达克山进入西班公错与什约克河谷相接地带。在此之后，试图向塔里木盆地进发的旅行者，有两个方向可以选择。一是经由西班公错之北的什约克河左岸支流羌臣摩河谷东行，然后在中印边境一带转而向北，由阿克赛钦盆地西南角进入中国境内，最终沿喀拉喀什古道进入塔里木盆地。如果不想选择上述路线，那沿着什约克河谷继续向阿克赛钦西北角的源头北行，也是可选方案。这一路线并不进入阿克赛钦。在阿克赛钦盆地西北角与喀喇昆仑山脉之间，一个著名的山口——喀喇昆仑山口，承担了叶尔羌河与什约克河分水岭的职责。也就是说，只要穿越喀喇昆仑山口，沿什约克河谷北上的旅行者就能够进入叶尔羌古道，并最终抵达塔里木盆地。这也是为什么今天是喀喇昆仑山口而不是喀喇昆仑山主脉分水岭成为分割中国和印度的天然地标。

然而，在这片人迹罕至的高海拔地区，整条路线的海拔及通行难度完全没有因为绕过喀喇昆仑山脉主脉而降低（喀喇昆仑山口海拔5575米）。什约克河的走向，更多只是在技术上给了印度一个在喀喇昆仑山脉主分水岭以北立足的依据。真正能够造成实际影响的，还是那些能充当天然通道，并为旅行者甚至定居者提供补给的河流的归属。

从水系分割的角度来说，如果当年阿克赛钦如英国人所谋划的那样，成为克什米尔的一部分，印度从而得以控制部分塔里木河水系（喀拉喀什南亚河），无疑将在这个方向上更具地缘优势。即使不考虑政治家、军事家们执拗追求“天然疆界”的合理性，在南亚三大河流——印度河、恒河、布拉马普特拉河都有源流在中国境内的情况下，单单能够控制部分塔里木河的源头，也足以提升一点印度的民族自尊心。

在向塔里木河水系渗透的问题上，阿克赛钦并不是英属印度或者说印度唯一的诉求点。除了最东段对应印控克什米尔什约克河部分，喀喇昆仑山北坡之水，也就是大体对应巴控克什米尔的部分，都汇入了塔里木河水系的另一个源头——叶尔羌河。其中，尤以位于喀喇昆仑山脉中段，沿山脉北麓西行的源头河流克勒青河，与喀喇昆仑山脉的地理关系最为紧密。

克勒青河谷也有一个打上“喀喇昆仑”标记，并带有通路属性的地缘名称——喀喇昆仑走廊。沿着这条河谷，往来的商旅既可向西转入塔什库尔干走廊，也可直接沿河而下接入叶尔羌古道。事实上，从水系划分来说，塔什库尔干走廊同样属于叶尔羌河水系。这意味着，控制了喀喇昆仑走廊就拥有了通过叶尔羌河水系向塔里木盆地渗透的跳板。印度向喀喇昆仑山脉以北渗透的政治主张中，喀喇昆仑走廊也是计划的一部分。然而，落实这一想法的大前提是“统一”整个克什米尔。因为在克什米尔范围内，真正能够在这个方位跨越喀喇昆仑山脉向克勒青河谷渗透影响力的，是巴控克什米尔范围内的巴尔蒂斯坦。

在吉尔吉特与巴尔蒂斯坦分属两个地缘政治单元的情况下，无论是一千多年前的大勃律，还是后来的巴尔蒂斯坦，如果想打通与西域乃至中亚的通道，最好的办法还是如拉达克那样，在人迹罕至的喀喇昆仑山以北地区寻找机会。喀喇昆仑走廊及其所对应的山口，便成了巴尔蒂斯坦通往西域的窗口，这也是来自克什米尔方向的力量染指克勒青河谷的大背景。不过，中国与巴基斯坦两国已经在20世纪60年代和平解决了这一问题，两国在这一地区的国境线也基本锁定在喀喇昆仑山脉的分水岭之上。

尽管喀喇昆仑走廊历史上是巴尔蒂斯坦直通南疆的主通道，但并不代表拉达克控制下的什约克河谷没有机会接入这条走廊。很多人应该已经注意到，虽然印、巴两国在数十年前就已经在克什米尔划定了停火线，但这条停火线北部并没有延伸到对应的喀喇昆仑山口，而是留下了一个缺口。很显然，印巴两国对这一地区的归属仍然存有争议。

这个印巴角力的焦点就是锡亚琴冰川，这片冰雪覆盖的土地被世人称为“世界上海拔最高的战场”。在国际新闻中，这个地方的出现往往伴随着死亡。绝大部分为之付出生命的印巴军人并不是死于战场，而是死于自然灾害。仅仅是在2012年4月7日的一次雪崩中，巴基斯坦方面就有140人葬身于此，其中绝大部分人甚至无法找到尸体。追根溯源，这样一条看似毫无价值的冰川之所以成为印巴角逐的主战场，是因为它还有一个看起来不那么冰冷的标签——努布拉河谷。

准确地说，锡亚琴冰川并非完全与努布拉河谷重叠，它实际所指向的是河谷的上游部分。而努布拉河则为什约克河中游右岸的一条支流，两河相接的位置与列城隔拉达克山脉相望。这意味着，除了喀喇昆仑山口及阿克赛钦，列城还可以通过努布拉河谷翻越对应的山口（因地拉科里山口），直通喀喇昆仑走廊。问题在于，如果想通过这条河谷翻过喀喇昆仑山，上游河谷的通行情况是最重要的。很难想象，这样一段被我们视为死亡之谷的冰川，能够帮助打通拉达克地区与西域之间的通道。

如果努布拉上游河谷的情况一向如此，相信在古代是没有人愿意尝试在此开辟道路的。实际情况是，这段山谷并非自古以来就是冰川。它真正由一条普通河谷成为一座冰雪覆盖的冰川的历史不过两百年时间。也就是说，在18 世纪之前，努布拉河谷都是可以打通连接西域的道路的。而在此之后，由于气候变化，冰川开始向下生长，道路被完全封闭了。

这样看起来，在英国殖民者能够控制克什米尔时，他们便已经完全没有机会使用努布拉河谷—克勒青河谷这条通道了。相应的，印巴双方在用停火线初步切割克什米尔地区时，似乎也很难对无人区性质的锡亚琴冰川的归属做出决断。因为按照双方在南部人口聚落划定的停火线，结合与喀喇昆仑山口这个重要分割点的连线来看，锡亚琴冰川更应该归属于巴基斯坦方面。然而，以努布拉河中下游河谷归属于印度这一点来看，印度人也有理由顺着河谷上溯到喀喇昆仑山之巅。这种模糊的定位，使之成为印、巴两国走向最终和平的拦路虎。

从地缘控制力角度来看，印度方面在争夺冰川控制权时会显得更有优势。控制努布拉河谷（锡亚琴冰川）入口的印度人，在兵力投送、后勤补给方面明显会更有效率。相比之下，巴基斯坦人要想进入这条谷地，所面临的困难要更多（虽然这种平均气温零下 30 摄氏度的环境对任何一方都是一种折磨）。目前，印度控制了冰川两侧的大部分山口。

印巴两国今天对于锡亚琴冰川的争夺，更多是基于地缘政治上的一种避险需要。对于巴基斯坦方面来说，印度如果拥有了这个突出部，插到自己和中国之间，本身就意味着一种地缘威胁；而对印度来说，不能完全控制一条河谷的上游部分，让自己的敌人有机会俯视自己，同样也是一种威胁。更何况努布拉古道之所以封闭，是因为气候恶劣，但在现在这个全球气候变暖的趋势下，谁又能保证有朝一日努布拉河谷不会成为插入拉达克的一把尖刀呢?

对于印度来说，另一个不足为外人道的考虑是，如果依然不愿意正视中国对于喀喇昆仑走廊的主权，那么维持这个幻想的它，最起码要有一块领土能够直面这条走廊，而锡亚琴冰川是唯一的机会。

第四章

西伯利亚与东欧平原

巴伦支海
喀拉海
赫尔辛基
塔林
季曼岭
乌拉尔山脉
西伯利亚
西西伯利亚平原
东欧平原
伏尔加河
伊希姆平原
伊希姆河
瓦休干平原
巴拉巴草原
图尔盖高原
鄂毕河
额尔齐斯河
努尔苏丹
乌拉尔河
里海
咸海
咸海沿岸卡拉库姆沙漠
锡尔河
图兰低地
克孜勒库姆沙漠
巴尔喀什湖
阿尔泰山脉
西萨彦岭
比什凯克
塔什干
杜尚别
天山山脉
阿姆河
帕米尔
塔里木河
塔里木盆地
塔克拉玛干沙漠
阿尔金山
柴达木盆地
昆仑山脉
喀布尔
伊斯兰堡
印度河
阿里高原
藏北高原
唐古拉山
青藏高原
60°
20°
40°
80°
75°
45°
30°

拉普捷夫海
上扬斯克山脉
勒拿河
利亚低地
伯利亚高原
亚
阿尔丹山原
斯塔诺夫山脉(外兴安岭)
鄂霍次克海
安加拉河
贝加尔湖
雅布洛诺夫山
黑龙江
大兴安岭
小兴安岭
锡霍特山脉
乌兰巴托
戈壁阿尔泰山脉
蒙古高原
内蒙古
北京
平壤
首尔
渤海
日本海
黄海
华北平原
黄河
秦岭
100°
75°
120°
140°
160°
60°
45°
30°
西伯利亚与东欧示意图

将西伯利亚和东欧平原放在一起解读的理由只有一个，那就是这两大板块的绝大部分都位于今天的俄罗斯境内。如果不是1991年的那次变故，我们甚至可以把“绝大部分”改成“全部”。即便如此，从地缘政治角度看，俄国作为中国北方的新压力源这一点，依然没有变化。

之所以说“新压力源”，是因为在绝大部分历史时期，中央之国的北方压力都是来自蒙古高原和东北平原。在俄国东扩后，来自东欧平原的力量取代了西伯利亚的游牧民族。很显然，要想了解这一地缘政治变迁是怎么造成的，将隔乌拉尔山脉相望的两大板块放在一起解读，是最合理的选择。

第一节 | 西伯利亚的环境

西伯利亚这块地方让很多中国人魂牵梦萦，只恨它在那里空置了数千年，中国人却未能在俄国人之前把那块1300多万平方公里的土地收入囊中。究竟是什么原因，让古典时期的中央之国，包括那些游牧民族所建立的中央政权，一直没有真正控制这片土地呢？答案是气候。

气候与西伯利亚的命运

如果按照纬度进行大致划分，整个西伯利亚地区都处在亚寒带和寒带。这一地带从气候的角度看，属于极端大陆性气候。通俗点说，这是块得不到海洋滋润的大陆。以至在人们的一般印象中，西伯利亚就是极端寒冷的大陆性气候的代名词。

影响一个地区气候的因素有很多，纬度是其中最重要的。基本上，纬度越高，气温越低（放在北半球就是越往北越冷，南半球则反之）。不过，同一纬度也并非气候都一样，海拔越低，温度相对越高，反之温度则会变低。除了这两点之外，海洋和风的影响也很重要。同一纬度，如果是处在海洋中的岛（包括半岛），能接受海洋暖湿气流影响，湿度会比较大，温度也会比较高，整体

北极圈
北回归线
南回归线
南极圈
西经0°东经
东格陵兰寒流
北大西洋暖流
斯堪的纳维亚山脉
阿尔卑斯山脉
大高加索山脉
扎格罗斯山脉
昆仑山脉
喜马拉雅山脉
欧洲
亚洲
非洲
地中海
大西洋
印度洋
北
大
南极
加那利寒流
几内亚暖流
南赤道暖流
本格拉寒流
索马里暖流
季风洋流
赤道逆流
南赤道暖流
厄加勒斯暖流
西澳大利亚寒流
西风漂流
1 寒带冰原气候
2 寒带苔原气候
3 亚寒带针叶林气候
4 温带落叶阔叶林气候
5 温带海洋性（落叶阔叶林）气候
6 温带季风（阔叶落叶林）气候
7 温带草原气候
8 温带沙漠气候
9 亚热带常绿硬叶林（地中海）
10 亚热带季风（常绿阔叶林）
11 亚热带常绿阔叶林气候
12 亚热带沙漠和草原气候

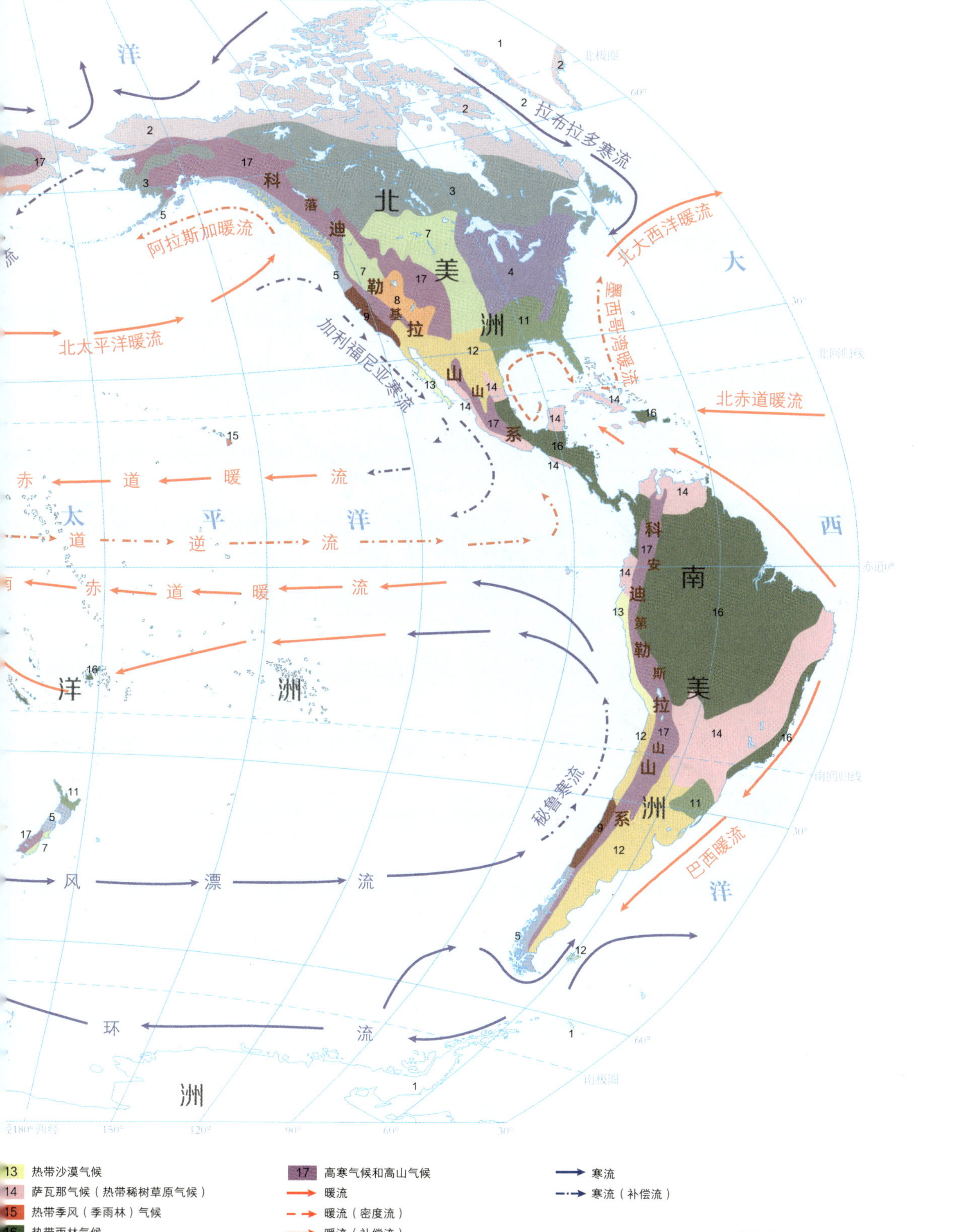

北美洲
南美洲
科迪勒拉山系
安第斯山脉
拉布拉多寒流
北大西洋暖流
墨西哥湾暖流
北赤道暖流
阿拉斯加暖流
北太平洋暖流
加利福尼亚寒流
赤道暖流
赤道逆流
秘鲁寒流
巴西暖流
风漂流
环流
太平洋
大西洋
洲
北极圈
北回归线
赤道0°
南回归线
南极圈
经180°西经
150°
120°
90°
60°
30°
13 热带沙漠气候
14 萨瓦那气候（热带稀树草原气候）
15 热带季风（季雨林）气候
16 热带雨林气候
17 高寒气候和高山气候
暖流
暖流（密度流）
暖流（补偿流）
寒流
寒流（补偿流）

世界气候分布图

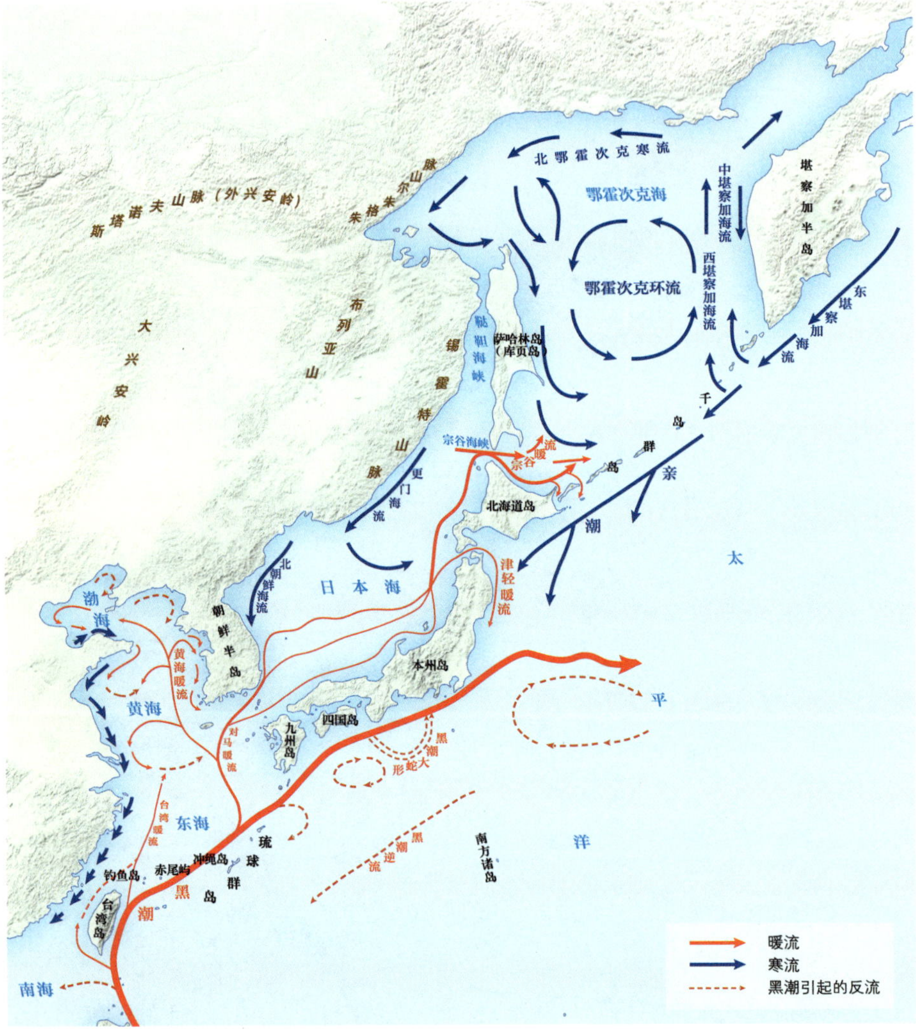

东亚洋流示意图

气候会比处在内陆的地区舒适许多。

总结一下，影响气候的主要因素就是纬度、高度、湿度。其中，纬度是最基本的要素，不过受其他两个因素的影响，同一纬度的气候有时候差别还是很大的。

如果大家把视线投向欧亚大陆的另一端，就会发现，中欧国家和北欧国家与西伯利亚地区基本处于同一纬度。这一地区大致包括德国、波兰、挪威、瑞典、芬兰、波罗的海三国，以及俄国欧洲部分的上半部（东欧平原的北部，大致以莫斯科为分界线）。

这些地区所产生的文明可以占据半部欧洲史。如果说气候也如西伯利亚那么严酷，就只能用白种人的体质比黄种人强来解释了。事实当然不是这样，虽然他们吃肉比我们多些，但我们的食谱也并不缺乏热量，而且应该说营养还更加均衡。

欧洲之所以能够比西伯利亚更适合人类居住，归根结底还是因为它能接受大西洋暖湿气流的润泽。如果我们把视野放大点，观察整个欧洲的外缘，就会发现欧洲整体上其实可以看作欧亚大陆伸入海洋中的一个半岛，三面都是海，而且中部地区地势平缓，只在南北两端各有一座山脉（南部为阿尔卑斯山脉，北部为斯堪的纳维亚山脉）。整个欧洲的平均海拔只有340米，因此也被称为海拔最低的大洲。虽然在南北有两座山脉，但欧洲的西面正对着大西洋，使得大西洋暖湿气流可以无障碍地湿润西欧的大部分地区。

海拔够低，湿度够大，纬度尚可（绝大部分属于中温带、寒温带），使得这部分欧洲大陆虽然和西伯利亚地区处在同一纬度，气候却适合人类居住。当然，比起平均海拔同样不高，也能受到海洋气候影响的东亚大陆来说，欧洲相对较高的纬度，还是让它的整体气候比东亚更冷些。白种人的一些生理指标也相对更适应寒冷的气候。

事实上，如果不是欧洲大陆北部（北纬50度以北）的气候尚属温暖湿润，专家大概都不会将这一地带划归温带，并命名为寒温带。因为在同一纬度的亚洲和美洲大陆，温度看起来更适合那些有厚厚毛皮保护的动物生存。因此，尽管处在同一纬度，用“亚寒带”为北纬50度以北的亚洲地区（基本就是西伯利亚）命名会更为写实。之所以还能勉强挤入温带的行列，主要是因为与北极的气候相比，西伯利亚地区还算有四季的分别，尽管漫长的冬季使得这一地区的四季并不像暖温带地区那样相对平均地各自占据一年中四分之一的时间。

至于西伯利亚为什么会这么冷，气象学家一般会告诉我们那里有一个寒流中心。这个寒流中心所产生的寒流，不仅影响西伯利亚的气候，还会周期性地入侵东亚核心区，我们每年从广播电视中听到西伯利亚寒流时，就知道要加衣服了。但问题是，为什么这个寒流中心没有生在非洲，也没有生在同纬度的欧洲？相信专家会有更为精准的解释，只是副热带高压一类的名词并不是我们要讨论的重点。本书只是希望用尽量浅显的道理，解释看似高深的理论。

接下来我们可以从地理结构上研究一下，西伯利亚为什么会在那么长的时间内都是个极限之地。先来看看为太平洋地区带来温润海洋气候的暖流是怎么影响大陆气候的。在海洋当中，海水会因为风、密度等原因，沿一定路径流动，这就是洋流。专家根据这些洋流的地理位置、温度取不同的名字，比如北赤道暖流、加利福尼亚寒流之类。从洋流的温度属性来看，暖流就是从赤道地区循环出来的海水，寒流则是在两个极地降过温的。

影响东亚地区气候的暖流有一个特别的名字叫“黑潮”，之所以会取这个名字，主要是因为它的颜色呈深蓝色，较一般洋流显黑。不过，它对于东亚大陆的贡献当然与颜色无关。“黑潮”即使在冬天也能达到20摄氏度以上的水温，是人类所喜好的。当黑潮沿着东亚外岛链的东沿，经由菲律宾群岛东侧、台湾岛北上时，岛链中体量最小的琉球群岛为之提供了靠近东亚大陆的缺口。暖流从西北方向沿琉球群岛进入东海地区，在湿润了中国的核心区后，继续向北到达日本列岛的南部。在这里，洋流被一分为二，一部分经朝鲜半岛与日本本州岛之间的对马海峡进入日本海，另一部分则沿着本州岛的西侧北上，在受阻于沿千岛群岛南下的北冰洋寒流（千岛寒流）后，转而拐向东北方向去支援北美大陆了。

源自赤道地区的暖流沿太平洋西岸北上之时，发源于北冰洋的寒流也同样在南下。至于两者相遇之后谁更占优，取决于该地区的纬度。这一南一北两股洋流对决的主战场，就在日本海。在这里，经由对马海峡北上的黑潮与经千岛群岛南下的北冰洋寒流相遇，展开了一场遭遇战。其结果是，太平洋暖流沿着日本的西侧向北顺时针循环，北冰洋寒流则沿着外东北的海岸线南下逆时针循环。其对周边陆地造成的影响就是，日本西海岸的气候要好于外东北地区。而俄国人在千辛万苦地扩张到太平洋之后，沿海岸线一直南下到朝鲜半岛附近才算找到一个温度适合的深水港——海参崴。

如果说在日本海，太平洋暖流和北冰洋寒流还算是勉强打成了平手，那么到了位置更北的鄂霍次克海，已经在日本海被缠斗得筋疲力尽的太平洋暖流，就一点机会都没有了。与黑潮可以很容易经由琉球群岛进入东海一样，南下的北冰洋寒流主力很容易突破千岛群岛这道防线，进入鄂霍次克海。在寒流占据绝对优势的情况下，无论是鄂霍次克海西侧的西伯利亚，还是东侧的千岛群岛，气候都变得让人难以忍受（虽然和日本海一样，东部海域温度会相对较高）。

既然与西伯利亚地区相邻的海区鄂霍次克海是以寒流为主，那么西伯利亚东部沿海地区的气候当然好不到哪儿去。造物主可能还觉得北亚地区不够惨，于是在为欧亚大陆设计地形时，还在朝鲜半岛以北的整个海岸线设置了连续的高海拔山地带。在这种地理结构影响下，即使有气流能够从太平洋上带来些热量，也没有机会深入北亚腹地。也就是说，包括西伯利亚、蒙古高原在内的北亚大陆腹地，在气候上几乎得不到太平洋的润泽。

说起来，造物主其实挺偏心欧洲地区的。不仅没有设计出岛链来影响大西洋暖流靠近欧洲大陆，更是把欧洲铺设成北高西低的地势。这样既可以减少北冰洋寒流带来的冷空气影响，又有利于接收大西洋暖流带来的温润气流，使之尽可能地深入大陆腹地。相比之下，西伯利亚的地势正好倒过来，东面的山地阻挡了太平洋暖流带来的暖湿气流，而北部又缺少东西向的山脉阻断北冰洋冷气团的入侵。

理解这一现象并不需要很强的想象力。假使在冬天，你的右边有一块冰让你体会寒冷，左边则有一个火炉帮助御寒。如果你足够幸运的话，会有一堵墙挡在冰块和你之间；要是不幸的话，那堵墙就生在你和火炉之间了。

西伯利亚地区东高西低的地形，不仅挡住了有可能吹过来的暖气流，更

重要的是，它使得这一地区的风向更多是从西向东吹，加剧了洋流的东流，进而减少了太平洋暖流进入鄂霍次克海的水量。整个西伯利亚以东、堪察加半岛和千岛群岛与大陆之间的这片海域中，只有库页岛和千岛群岛的南部能接受到一点太平洋暖流的影响。除此之外的大部分地区，气温都低得令人难以忍受，以至沿岸地区至今都没有被大规模开发。

顺带说一下，鄂霍次克海是俄国人取的名字，它最早的中文名字，叫作北海。北海之名始于唐朝。在唐王朝征服高句丽之后，中央帝国的学者们有机会把视线投向更北的方向。他们发现这片海比汉朝人在匈奴故地发现的那个大湖（贝加尔湖）更适合作为中央之国北部海洋的代言人（首先它够冷够大，其次它是咸的），因此让它接过了“北海”这个荣誉称号。

不过，世事总有不如意处。近代以后，中国人发现欧洲也有一个“北海”。为了不造成地理名称上的混乱，更因为现在的中国已经与那片海没有关系了，所以便“大方”地使用了它的俄文名字，以示对俄国在东亚地区存在的认可。

西伯利亚地形示意图

西伯利亚的地理结构

既然已经初步了解了北亚大陆的基本气候特点及其形成原因，那就让我们回到西伯利亚这块土地上，开始分析它的地理特点。前面已经说了，这是一片东高西低的土地。按照地理结构来划分，可以分为西西伯利亚平原、中西伯利亚高原、东西伯利亚山地三个板块。如果想在地图上为这三个板块找寻地理边界，发源于蒙古高原北部的两条河流——叶尼塞河、勒拿河，将是三大板块的天然分割线。其中，叶尼塞河谷承担了切割西西伯利亚和中西伯利亚的使命，勒拿河谷则分割了东西伯利亚和中西伯利亚。

首先进入我们视线的是西西伯利亚平原，这块平原让很多在地图上初看到它的人感觉这里一定很适合游牧民族生存。260 万平方公里的面积，地势开阔平坦，2000 多公里的长度，高度差竟然不超过 200 米，以至被称为“世界上最平坦的平原”。尽管在纬度上要高于蒙古高原，但它的高度却足以弥补这一缺憾。在乌拉尔山脉另一侧与之相对应的东欧平原就是游牧民族的天堂。

可惜的是，大自然和这块平原开了一个大玩笑。大家都知道“水往低处流”的道理。河流都是在高海拔地区发源，然后流向低海拔地区的。除了部分身处大陆腹地的内流河，大多数河流最终的归宿都是大海。以欧亚大陆的情况来看，欧洲的河流入海口，基本都在大西洋海域；东亚则是注入太平洋海域；南亚注入印度洋海域。

按照上述三个边缘地区的规律来看，地处北亚的西西伯利亚平原上的河流很可能是自南向北流入北冰洋。一般情况下，越靠近海洋的地方海拔越低，受海洋暖湿气流的影响就越大，因此即使冬季河流结冰，也是上游地区先结冰。这一方面是受海洋的影响，另一方面则是因为上游所处的高海拔地区温度更低。如果整条河流都结冰，那解冻的顺序也是自下而上，最终上游松动的冰块会顺流而下融为河水。

但这并不适用于西西伯利亚平原。从地势上来看，西西伯利亚平原非常平坦，所以这里河流的南北两端并不会因海拔的变化而形成温度差。影响温度的主要因素就是纬度，也就是说，从纬度的角度看，西西伯利亚平原下游地区会比上游地区更冷、更容易结冰。到了这个时候，还有一根救命稻草，那就是海洋暖湿气流，不过西西伯利亚平原上的河流实在是太不走运了，它们的最终归宿恰恰是最为寒冷的北冰洋，不仅没办法指望暖湿气流，还会因为北极寒冷的气候，延缓下游地区的解冻时间。

于是，每年春季，一个西伯利亚独有的现象出现了：由南向北流的河流在上游解冻时，身处北方的下游地区还处于冰封状态。由此造成的结果就是，上游来水无法通过下游河道泄洪，只能向两岸低地漫流，造成冰水泛滥。短暂的夏季，还来不及将这些积水蒸发掉，就不得不再一次迎来冬季。年复一年的这种情况，使得西西伯利亚地区形成了大片的沼泽湿地。大家可以想象一下，在长征时期，仅仅是沼泽地（草地）就让当年生存能力极强的红军陷入了困境，这里还要加上冰水，简直就是老天存心想为地球保存一个湿地公园。

当然，西西伯利亚平原也并非完全没有机会进行农业开发。最起码这片平原的南部、河流上游部分，在温度上还是有机会的。只不过20世纪之前，这片土地充其量也就是为游牧民族提供一定数量的草场。后面我们会解读，这片西伯利亚板块中条件最好的土地，曾发挥了什么样的作用。

既然最有条件作为人类发展地的西西伯利亚平原在绝大多数历史时期都很难进行农业开发，那么中西伯利亚高原和海拔更高的东西伯利亚高地的条件就更指望不上了。在分析完西伯利亚的气候及地理环境之后，大家可能已经要把它与北极画等号了，认为西伯利亚只有漫长的冬季。其实情况还没有糟到那个程度，西伯利亚大部分地区还是有其他三个季节的，否则气象学家也不会将之划入温带气候区（温带的一大特点就是四季分明）。只是它的冬季过于漫长，有六个月之久，而且温度低到让人难以忍受（最低曾创造过零下71摄氏度的纪录）。

对于生活在温带及亚热带地区的我们来说，在这种环境下生存是难以想象的，但千万不要低估了人类的生存能力。广袤的森林、相间的草场和苔原，以及动物资源，仍然能够为渔猎民族和从蒙古高原逐步渗透过来的小股游牧民族提供生存的基础。今天生活在中西伯利亚高原的原住民主要是突厥语族的雅库特人。这些活动在贝加尔湖周边地区的游牧民族，在与蒙古语族游牧民族（主要是布里亚特人）的竞争中落败后，被迫沿着勒拿河北迁至中西伯利亚高原腹地。在成为俄罗斯的一部分后，中西伯利亚的大部分土地也因此被建制为萨哈（雅库特）共和国。

然而，很显然，中西伯利亚高原并不是一片适合大规模开发的土地。这一点，从它的人口密度便能看出。萨哈（雅库特）共和国的总面积为310.32万平方公里，甚至比印度还要大一点（印度为298万平方公里），不仅是俄罗斯境内最大的一级行政区，也是世界同级别行政区中最大的。然而，如此广袤的土地上，生存的人口却只有100万。如果不是因为地下丰富的矿产资源有机会得到开发，这一地区的人口潜力显然还要大打折扣。

在中西伯利亚、东西伯利亚和西西伯利亚，河水甚至都很难有机会在它们当中打造出湿地。在高海拔和强烈切割的多山地形中，土地更多是以深厚广泛的永久冻土形式存在。尽管雅库特人在温度相对较高的河谷地带努力寻找草场维持他们的游牧特色（事实上，大部分时间牲畜处于圈养状态），但仍然不得不像更早在此求生的通古斯部落一样，在经济生活中加入大量的渔猎比例。

相比中西伯利亚高原，勒拿河以东的东西伯利亚山地生存环境要更恶劣些。有一种说法是，在中俄商讨《尼布楚条约》的内容时，以勒拿河为界曾经是清政府提出的第一方案。如果那样的话，等于将东西伯利亚山地正式划入了中央之国的版图。不过，考虑到东西伯利亚山地的极端环境，即使是渔猎民族出身的清王朝，其实也不会真的有兴趣。退一步说，即使当时真的将东西伯利亚山地纳入了中央之国的版图，在俄国一定要拿到外东北，并打通太平洋出海口的大背景下，东西伯利亚当下的政治归属还是不会发生变化。

尽管东西伯利亚山地本身的生存条件比中西伯利亚高原还要差，但东临太平洋的优势，却是只与北冰洋相接的中西伯利亚高原无法比拟的。在太平洋季风的影响下，东西伯利亚沿海地区的气候呈现出复杂多变的状态，为居于其间的人类提供了更多选择。同时，海洋还为生存于当地的部落提供了新的渔猎平台。

永远不要低估人类在恶劣环境中的生存能力，即使在气候环境最恶劣的东西伯利亚山地东北部，至今也还生存着一万多保持传统渔猎生活状态的楚科奇人。俄罗斯联邦甚至为他们建制有楚科奇自治专区。另一个更广为人知的证明人类极限生存能力的例子，就是通常被中国人称为“爱斯基摩人”的因纽特人。“爱斯基摩”在印第安语中的原意为“吃生肉的人”，尽管这看起来是一种写实的描述，但多少带有贬义，因此在2004年以后，用来描述客观环境的“因纽特”（意为“极寒之地”）成为这个北极民族的官方名称。

一般情况下，因纽特人并不被归入美洲土著属性的印第安人范畴中。不过，从人种划分的角度看，因纽特人以及印第安人都属于黄种人。由于美洲并没有人类进化的证据存在，这些“美洲黄种人”的祖先很显然是从相邻的东西伯利亚地区迁入的。

位于亚洲、美洲两块大陆之间的白令海峡，几乎是原始黄种人扩散入美洲的唯一可行路线，除非你真的相信殷商后裔渡海成为印第安人祖先的文学创作。20000 至 10000 年前地球史上最近一次大冰川期的末期，由于大量海水结冰，海平面较现在要更低。这使得目前平均深度只有 30~50 米的白令海峡有可能显露为一片冰雪覆盖的陆地。这片陆地被称为“白令海峡大陆桥”。

自亚洲北部迁入美洲北部的人类，并不止一批。最早这样做的移民，到底有没有借助白令海峡大陆桥，目前科学家们还有不同的看法。可以肯定的是，不管时间和路线怎样，西伯利亚都是这场迁徙的起点。在人类进入文明时代之后，探寻一片新土地的原因会有很多。不过，在“冰河世纪”，能够驱动人类迁徙的，只可能是狩猎对象。也就是说，生活在西伯利亚的原始狩猎者，是在追逐猎物的“游猎”过程中，登陆美洲并向南扩散的。

尽管在西伯利亚，人类仍然会竭力通过畜养牛羊（南部）、驯鹿（北部）等，扩充自己的食物来源，但向大自然直接索取的渔猎方式，始终占据着主导地位。在周边地区进入文明状态之后，传统的渔猎经济并非没有在结构上受到影响。一个最突出的变化是，渔猎民族的生产活动有机会不再以满足自身需要为目的。换句话说，那些丰富的物产将有机会通过贸易行为被交换到世界其他地区。被交换回来的商品、技术，则可能促进渔猎地区的开发，包括承载更多的人口。

在今天俄罗斯对西伯利亚的开发中，资源，尤其是矿产资源经济，占据了核心地位。然而，就直接向大自然索取资源这点来说，它与传统的渔猎方式并没有区别。即使是在开采这些矿藏资源时采用了工业技术，甚至进行了一定程度的初加工，也无法改变其脆弱的渔猎经济的本质（至多算是加入了一点“畜牧”成分），比之传统渔猎经济，矿藏资源对贸易链的依赖性更强。如果没有市场消化这些产出，这笔地下财富并不能对当地的人口和经济做出贡献。今天我们会看到，很多在全球经济高速增长时赚得盆满钵满的资源型国家，在全球经济衰退的过程中变得举步维艰，根源便在于此。

第二节 | 俄国的扩张

俄国对西伯利亚的征服与开发

人类开始大规模利用地下矿藏，是在工业化之后的 20 世纪，而俄国对西伯利亚的征服，则在 16 世纪末（明朝后期）就已经开始了。这意味着西伯利亚的地下矿藏并非吸引俄国东进的原动力。获取一个太平洋出海口，当然可以成为战略目的之一，只是在如此苦寒之地扩张数千公里，西伯利亚需要为当时的俄国人提供一个直接的经济动力。

打通与中国的贸易路线将是俄国人东扩的收益之一。鉴于中国出产的丝绸、茶叶、瓷器在欧洲很受欢迎，如果能够拥有直接与中国人进行贸易的机会，势必获得不错的收益。这条线路的主线必须横穿游牧民族控制的草原地带，因此也被后世研究者称为“草原丝绸之路”。

尽管成吉思汗的帝国在 14 世纪已经分裂，但这并不影响他和他的家族（黄金家族）在随后数百年间继续在欧亚草原上发挥影响力。最突出的一点就是，无论你的语言和信仰与最初的蒙古帝国统治者有多大差异，想在草原上建立自己的政权，都必须表明自己黄金家族的血统，并以成吉思汗继承者的面目示人。在历史上，我们甚至会看到，莫卧儿王朝的建立者在征服印度

西伯利亚汗国控制范围示意图

时也这样操作过。

最初让“西伯利亚”这个标签出现在地缘政治舞台上的，是从金帐汗国分裂出来的一个小汗国——西伯利亚汗国。在蒙古帝国衍生出的众多汗国中，西伯利亚汗国并不起眼，不过它却是南俄草原直通蒙古草原的主通道。在俄国跨越乌拉尔山向亚洲扩张的过程中，西伯利亚汗国也是最先被征服的。

以地理位置来说，西伯利亚汗国的控制范围，是西西伯利亚平原南部，鄂毕河上游的托博尔河、额尔齐斯河，以及二者主源之间的土地。其行政范围大体包括俄罗斯境内的斯维尔德洛夫斯克州、秋明州、鄂木斯克州、新西伯利亚州、库尔干州，以及哈萨克斯坦境内的北哈萨克斯坦州、巴甫洛达尔州。

当然，也可以把整个鄂毕河流域乃至西西伯利亚都划入西伯利亚汗国的领土范围，就像很多历史地图会把元朝的北部疆界划到北冰洋一样。然而前文已经分析过了，由于河流解冻顺序的原因，西西伯利亚平原的大部分土地长年处于冰水泛滥的沼泽状态。对于一个游牧汗国来说，它没有可能向北延伸太远。哈萨克丘陵与沼泽之间的草场，才是西伯利亚汗国存在的基础。

西伯利亚汗国又称“失必儿汗国”。这个名称得自其位于额尔齐斯河、托博尔河交汇处的统治中心“西伯尔”，俄国在征服后将之改名为“托博尔斯克”（今属俄罗斯秋明州）。至于“利亚”，相信大家都已经注意到了，很多源自西方的地名都会有一个类似的后缀。这个词尾最初的来源是拉丁语或古希腊语中的“-ia”，意译的话，就是“之国”（之地）。顺便说下，根据“-ia”前一个字母的不同，这个后缀经常有-lia、-ria、-sia等组合，音译过来就是利亚、里亚、西亚一类的称谓。比如阿尔及利亚、利比里亚、印度尼西亚等国的国名，都是西方人按照这一模式设计出来的。

西伯利亚汗国覆盖了从乌拉尔山以东到太平洋之间，包括西、中、东三个西伯利亚的地理区间。这个概念之所以能够扩展，也是因为西伯利亚汗国的统治区域不仅是进入整个西伯利亚地区的门户，更是俄国在吞并西伯利亚时所能够遇到的最大障碍。

尽管打开通往中国的贸易通道很有诱惑力，但俄国人对西伯利亚汗国的征服动机却并非如此。在蒙古语中，“西伯尔”的意思为“泥泞”，事实上也的确如此，托博尔斯克的位置不是在草原之上，而是已经进入沼泽地带。虽说人类很早就掌握了将沼泽改造为干燥居住之地的技能。不过，一个游牧属性的政权，没有将政治中心定位于更靠近欧亚草原的南部，多少有些不寻常。

以西伯利亚汗国在欧亚草原过于边缘的位置来说，原本是没有办法独立建国的。最起码以游牧标准来看，西西伯利亚平原的地缘潜力并不如人意，它更多是作为附属于草原游牧政权的边缘之地。与之情况类似的还有唐努乌梁海和外贝加尔地区。真正让西伯利亚汗国得以出现在地缘政治舞台上的，是一种珍贵的亚寒带特产——毛皮。

为了抵御严寒，生活在西伯利亚针叶林带的哺乳动物们，身上都披着厚厚的毛皮。人类之所以自认为比其他动物高级，在于他们有能力将其他动物的“特长”移植到自己身上。将动物毛皮制作成衣服，就是这一技能的体现。

对于中国人来说，“毛皮消费”是一个比较陌生的概念。依靠更为轻便的棉衣，足以让大部分中国人对抗冬季的寒冷。不过，生活在长城以外地区的中国人应该对这个判定有异议。最起码今天在东北地区，“貂”几乎是最具吸引力的商品和最能彰显身份的符号，以至坊间流传着各种倾家荡产也要买貂的段子。

这里所说的“貂”，是指由貂皮制成的大衣。很显然，这一文化产生的背景，在于东北地区寒冷的气候。在整体纬度高于长城以南地区，与东北地区、蒙古高原乃至西伯利亚持平的欧洲，毛皮制品一直有着旺盛的市场需求。只不过经由上千年的开发，欧洲本土所蕴藏的毛皮资源已近枯竭，最起码不能够成为一种广泛供应的商品。处女地一般存在的西伯利亚，恰恰为欧洲的毛皮需求提供了一个资源宝库。这片针叶林带盛产的紫貂、狐狸、海狸乃至松鼠等动物毛皮，不仅量大，而且质高。

无论是统治西伯利亚汗国的游牧民族，还是后来代表俄国开拓整个西伯利亚的哥萨克，实际上并不是毛皮动物的主要捕猎者。大部分猎物仍然是由生存于森林深处的小型渔猎部落收获的。这些与世隔绝的渔猎民族本身并不具备掌控贸易通道的能力。在绝大部分历史时期，与之相邻的游牧民族或者靠近农业区的渔猎民族，是毛皮及其他物产的收购者。由此带来的收益，也为后者进入地缘政治舞台提供了支撑。

与草原地带不同的是，在森林地带穿行及运输这些珍贵物产，河流是唯一可以依靠的通道。西伯利亚汗国的政治中心之所以定位于托博尔河与额尔齐斯河的交汇处，是因为这个枢纽点不仅是整个鄂毕河下游地区（包括主源部分）渔猎产品的汇集点，更可以通过托博尔河和额尔齐斯河将之输往欧洲及亚洲两个方向。

随着金帐汗国的分裂以及俄国在东欧的崛起，乌拉尔山脉以西的很多游牧政权纷纷成为俄国人的附庸。西伯利亚汗国也一度以每年向对方交付1000张毛皮为代价，接受过这一定位。不过，很显然，这笔象征性的贡赋完全没有办法满足俄国人的欲望。一面是欧洲巨大的市场需求，一面是四分五裂的草原游牧集团，很容易可以猜到俄国人会做什么样的选择。

1582 年，哥萨克为当时的沙皇俄国夺取了西伯尔的控制权。不过，西伯利亚汗国残余力量的抵抗，仍然延续至 1598 年。这意味着从 17 世纪起，俄国终于可以放手在西伯利亚进行开发了。当然，从地缘位置上看，控制鄂毕河上游的哥萨克还可以同时向南部的哈萨克丘陵，也就是中亚草原方向扩张。只不过在这个方向，真正的哥萨克（哈萨克）的抵抗要更加激烈，也更加有实力。直到 18 世纪末、19 世纪初，俄国才逐渐完成对哈萨克的征服。

在西伯利亚方向，俄国人遇到的障碍要小得多。至 1610 年，沿鄂毕河探险的哥萨克便已经进入了中西伯利亚和西西伯利亚的分割线——叶尼塞河，并建立据点。1632 年，今天萨哈（雅库特）共和国的首都，位于中西伯利亚腹地、勒拿河畔的雅库茨克城便已出现。又过了十几年，俄国人发现了西伯利亚的东部是太平洋。

在整个探索和征服过程中，除却恶劣的气候以外，能够给哥萨克们制造些许麻烦的，只有那些生活在森林深处的小型部落。尽管出于自我保护的原因，部分森林原住民袭击了这些陌生人，同时哥萨克们在探索过程中也洗劫了一些村落，但总的来说，俄国在整合西伯利亚的过程中，与原住民之间的关系并不如外界想象的那么紧张。这很大程度上是因为，俄国人的到来及其在西伯利亚构筑的交通体系，使得西伯利亚资源的开发力度有了质的提升。

有记录表明，在控制西伯尔的第五年（1586），俄国政府就通过各种收购手段，从西伯利亚得到了包括 20 张紫貂皮在内的近百万张毛皮。在西伯利亚毛皮贸易的鼎盛时期，从毛皮贸易中获得的直接收益，甚至有可能达到俄国国库总收入的 30%。尽管俄国人是最大的获益者，但那些出售毛皮的原住民同样有机会提高自己的收入。

西伯利亚的河流打造的物流系统，是西伯利亚资源潜力得以开发的基础。鄂毕河、叶尼塞河、勒拿河这三大水系，在夏季所具备的航行条件，为哥萨克将收购毛皮的触角延伸进西伯利亚腹地提供了有力的支撑。通常情况下，为了连接相邻水系，人类会采取挖通运河的方式。精于此道的中国人，曾经修筑了打通长江、珠江水系的灵渠，以及连通长江、淮河和黄河水系的大运河。这些运河为中央之国的内部融合做出了重要贡献。

在寒冷的西伯利亚，挖通运河几乎是不可能完成的任务。俄国人采取的是“河—陆—河”联运的方式，即在水系相接之处，砍伐森林，修筑道路，然后在冬季结冰之时，通过这些河间通道，将船只和货物从一条河流转运到另一条河流。技术上看，从乌拉尔山东麓起程的船只，只需要经过两次转进，就可以横穿西西伯利亚和中西伯利亚，抵达东西伯利亚山麓。

由于可供对接的河流众多，俄国人在西伯利亚实际修建的河间通道并不止于理论上的两处，而是多达二十余处。这些连接处很自然地也成了贸易据点，并且大部分发展成了移民的定居点。利用这些河间通道，俄国人不仅收获了更多的毛皮，还实实在在地完成了在西伯利亚的地缘扩张。

西伯利亚三大河流虽然能够为哥萨克征服这片土地提供有力帮助，但三大河流北出北冰洋的走向，无法让俄国迫近太平洋。如果想在西伯利亚构筑完整的统治网，并且打通前往太平洋的通路，俄国还需要一条能够东出太平洋的河流，以对接叶尼塞河。这条河流便是俄国人口中的“阿穆尔河”，中国人称之为“黑龙江”。

除了在蒙古高原东部的上游部分，黑龙江河谷的主体位于外兴安岭与小兴安岭两大山脉之间，地理上的外东北即指此地。17 世纪 40 年代，溯叶尼塞河而上的哥萨克开始进入黑龙江流域，并于 1650 年在黑龙江左岸构筑雅克萨城。对于视东北地区为祖地的清政权来说，这显然是不能容忍的。只不过此时清王朝的注意力集中在长城以南与明王朝的决战中，无暇北顾。在解决了三藩之乱（1673 — 1681），完成长城以南核心区的统一工作后，将俄国势力逐出外东北的战争很快便打响了。

最终，通过雅克萨之战（1685—1688）的胜利以及《尼布楚条约》的签订，俄国人的扩张被遏制在了外兴安岭以北。只是在19世纪中叶，中国的大门被列强从东南沿海突破后，俄国人终于还是通过《瑷珲条约》（1858）得到了大部分的外东北。之所以没有说是全部的外东北，是因为从地理结构上看，外兴安岭和小兴安岭之间的整个黑龙江河谷地区，是一个完整的板块。中、俄两国以黑龙江主航道划界的结果，使得俄国实际上并没有获取整个外东北。这一划定带来的一个地缘政治后果，就是中国的行政版图上能够出现一个以“黑龙江”为名的省份。当然，这一地理结构上的解读，并不妨碍我们继续将“外东北”的概念指向外兴安岭以南的俄国领土。

从技术上看，以河流为天然地理标志划界的难度，要低于山脉分水岭。不过，这并不是执着追求“天然疆界”的俄国人在控制整个黑龙江河谷问题上“妥协”的原因所在。溯黑龙江而下，俄国人就会发现，这条朝东北方向注入太平洋的河流，河口位置的纬度实在太高了，即使完整得到黑龙江两岸地区，实际上依然没有办法得到一个能使用的港口。

一个沿海地区是否能够成为优良港口，影响因素很多，在这一地区的问题主要是温度。因此俄国人的选择是沿黑龙江出海口继续南下寻找“不冻港”。这一兼顾海、陆需求的扩张方向所导致的地缘政治后果，就是黑龙江以及它的右岸支流——乌苏里江，成为中俄两国在这一地区的分割线。俄国人在暂时放弃控制黑龙江全流域欲望的情况下，得到了包括海参崴（今符拉迪沃斯托克）在内从黑龙江口到朝鲜半岛的沿太平洋地区。

出于将地缘政治影响力延伸至朝鲜半岛的需要，“外东北”这一概念的南线并没有止于海参崴，而是继续向南延伸至中、俄、朝交界处的图们江口。由此造成的一个重大地缘政治后果，是中国从此丧失了在日本海的出海口。[1]

在乌苏里江以东地区的成功扩张，使得俄国在远东的版图上多了个滨

[1] 1858年的《瑷珲条约》规定，乌苏里江以东的中国领土划为中俄共管；1860年的《中俄北京条约》则将乌苏里江以东划归俄罗斯。

海边疆区。至于外兴安岭与阿穆尔河之间的部分，则被建制为阿穆尔州。同时，在两地之间的阿穆尔河下游地区，还建制有哈巴罗夫斯克边疆区。换句话说，与中国东北地区包含三个一级行政区一样，俄国控制下的外东北同样被划分成了三部分。

顺便说下，一条被充当国境线的河流（阿穆尔河—黑龙江），其名称分别成为中、俄两国相关行政区命名的共同选择，其间所暗含的地缘政治意味是不言而喻的。最起码在中、俄两国都担心对方会觊觎自己治下的东北、外东北板块的情况下，这样的命名能够增加自己在法理上的依据。

寻找新的耕地是俄国希望得到外东北，及整个黑龙江流域的另一个动机。对于一片土地的控制来说，获取资源和出海口固然是一个理由，但可供耕种的土地才是支撑人类大规模生存的可再生资源。换句话说，如果没有可供人类依附的土地，那些因为毛皮贸易和政治原因迁徙至西伯利亚的俄国人，很难成为这一地区的永久居民。

在沙皇俄国开始向亚洲扩张的17世纪，一个具有吸引力的政策是在俄国核心区实行的“农奴制”还没有在西伯利亚及整个远东地区推行。类似鼓励开发的政策，在世界各国的扩张史中都很常见，比如美国在西部大开发中的土地政策。换句话说，失地或者不愿意被农奴制束缚的俄国人，可以在西伯利亚找到新希望。然而，就农业条件来说，俄国亚洲部分的整体吸引力是不足的。西西伯利亚平原南部以及外东北算是整个西伯利亚板块中最有可能被连片开发的区域了，毕竟它们在地势、土壤肥力的累积以及水资源的供给上，有造就规模性农业基地的条件。上述两大板块长期没有得到农业开发的原因，在于全年平均温度过低，无法积累出适合一般农作物生长所需的“有效积温”。

每一种植物都有一个开始发育和生长的最低温度，达不到这个温度，种子甚至都不会发芽。但仅仅在某一时间达到这一温度，还不足以完成植物的发育和生长。这个温度还需要保持一定的时间，即需要累积到一定的总热量，才能保证农作物最终成熟。这个农作物生长过程中所需要的总热量，就是“有效积温”。

尽管西西伯利亚平原南部、外东北地区的温度条件不尽如人意，人类也无法改变它们的大气候，但可以通过选育需要较少积温就能成熟的农作物品种来开发它的农业潜力。土豆、耐寒小麦等作物的选育，使得上述两地区有机会成为俄国在亚洲部分的耕地集中地，并为帝国的安全提供支撑。

然而，俄国本身人力资源的不足以及上述地区脆弱的农业环境（易遭遇自然灾害影响），使得俄国在南西伯利亚和外东北地区的农业开发显得力不从心。遭遇政治动荡或者自然灾害后，那些被勉强开垦的土地很容易被放弃。比如 20 世纪 50~60 年代，苏联就曾经运动式地在哈萨克斯坦北部及西西伯利亚平原南部复耕过大量被抛弃的土地。

类似困境在古代中原王朝争夺河套平原、下辽河平原时同样周期性地出现。庞大的人口基数以及今天更为先进的农业技术，能够很大程度上弥补环境的劣势。从地缘政治角度来看，人口尤为重要，毕竟影响一个地区政治走向的，最终还是人。由此我们也会看到，俄国在远东开发问题上存在患得患失的心理。一方面，从人口资源丰富、土地经营理念先进的中国引进人口，有助于开发俄国亚洲部分的资源；另一方面，俄国又担心这种做法会最终影响到自己在东方的控制力。

西伯利亚铁路

既然西伯利亚本身无法支撑大规模的人类生活，那些寄希望于凭借西伯利亚自身的力量来控制如此广袤的区域的想法就不现实了。对于俄国人来说，最好的方式是，通过拥有足够的机动性，将西伯利亚与东欧平原的政治中心连接在一起。这样的话，他们就可以把东欧平原的地缘实力随时传递到西伯利亚腹地，直至欧亚大陆的东端。维持这种机动性，蒙古马当然是一种

西伯利亚大铁路示意图

选择，不过相比于蒙古高原上的那些游牧民族，俄罗斯人显然不可能在马上获得战略优势。

尽管在最初的征服中，哥萨克的马队发挥了极为重要的作用，但俄国人需要新的机动力量来控制这一庞大的帝国，特别是它的亚洲部分。好在工业革命使这种愿望变成了现实，相比于蒙古马来说，铁路无疑是更好的选择。

假如俄国人能够完全控制蒙古高原，或者说漠北地区，那么他们将可能更愿意按照游牧民族的传统路线，将铁路修上蒙古高原。毕竟这里与富庶的东亚核心区更为接近，也更具有地缘优势。不过，考虑到打通太平洋出海口的需求，即使将铁路深入江北，最终还是要绕到阿穆尔河（黑龙江）以北，因此不管怎么说，俄国都需要一条横贯西伯利亚的生命线。

既然已经决定接受西伯利亚严酷自然环境的挑战，那么无论让谁选择，穿越西西伯利亚平原南部，然后沿着蒙古高原的北部边缘向东前行，最终经由外东北板块通往太平洋的海岸线，都将是俄国人所能想到的最佳路线。在工业技术面前，那个被很多人视为丘陵的乌拉尔山脉并不会成为障碍（乌拉尔山脉平均海拔只有 500~1200 米）。

尽管这条路线是能找到的最合理的路线，但实施起来面临的困难仍然是难以想象的。最终，俄国人花了 13 年时间，才在 1904 年 7 月勉强实现通车，花费的资金甚至比当时的军费还要高。不过，所有的努力都是值得的。从战术层面看，俄国人之所以要赶在 1904 年通车，是因为日俄战争迫在眉睫。由于海上实力占优，日本在这次战争中可以很容易地向东北前线集结资源。如果不是西伯利亚铁路通车，使俄国得以将大批驻扎在欧洲的军队调往中国的东北地区，那俄国根本无法抵挡日本的进攻。

日本之所以要在1904年2月发动战争，同样是因为西伯利亚铁路，此时这条铁路仅剩下环贝加尔湖100多公里长的一段就可以全线贯通了。对于日本来说，当然希望在俄国人有能力将欧洲的兵力调至远东之前彻底将其赶出东北。不过，日本还是低估了俄国人的创造力，为了扭转战争形势，俄国人在尚未完工的贝加尔湖段临时采用摆渡的方式将东西两段连接起来；而到了冬天，俄国人甚至直接在冰上铺设铁轨。

只是铁路可以将陆军运抵远东，却无法将军舰运到太平洋。相比日本倾力经营太平洋，俄国则需要在太平洋、大西洋，甚至北冰洋方向部署舰队。为了支援亚洲战场，俄国人做出了一个颇具想象力的决定：将驻扎在欧亚大陆之西的波罗的海舰队调至大陆的东端，以支援在此的太平洋舰队。只是当波罗的海舰队从大西洋绕过好望角（部分吨位较小的船只走苏伊士运河），穿越印度洋、南海，最终到达东北地区时，还能有多少战力就可想而知了。最终波罗的海舰队和太平洋舰队被日本海军全歼，俄国陆军的抵抗也因此被瓦解。

不过，西伯利亚铁路的修建还是让俄国拥有了参与远东角逐的实力。日本仍然不得不继续面对俄国的压力，无法独占中国东北。就当时的俄国来说，西伯利亚并不是他们的终极目标。毕竟无论是欧洲人还是游牧民族，富庶的东亚大陆才是他们的梦想所在。对于俄国人来说，中国东北地区是一个不错的选择，特别是在已经谋得外东北主权的情况下。

作为横贯俄国全境的铁路干线，西伯利亚铁路的概念通常会涵盖从波罗的海沿岸的圣彼得堡（苏联时期的列宁格勒）至太平洋沿岸的符拉迪沃斯托克（海参崴），总计9937.7公里的线路。从地理分区的角度来说，这同时也是一条横贯整个欧亚大陆中心地带的大动脉。鉴于西伯利亚在整条线路中的核心位置，以及在这片严寒之地的施工难度，它也被称作“西伯利亚大铁路”。

对于西伯利亚广袤的土地来说，仅有一条铁路肯定是不够的。为了开发西伯利亚腹地的资源，也为了不把鸡蛋放在一个篮子里，后来的苏联决定再修建一条西伯利亚铁路。上次沙皇选择的路线是在贝加尔湖南侧，苏联人则把目光投向了贝加尔湖北侧。由于俄国人在这段铁路所涉及的另一个重要地理标志是“阿穆尔河”，所以这条新线也被称为“贝阿铁路”。

其实就对接贝加尔湖与外东北的线路来说，贝阿铁路西段，也就是从贝加尔湖北沿穿行的线路，才是西伯利亚铁路最初所设想的方案。事实证明，当年沙皇俄国选择从贝加尔湖南岸绕行的做法是正确的。尽管北线还远谈不上深入西伯利亚的腹地，但苏联人遇到的难度已经是前所未有的了。中西伯利亚高原和东西伯利亚山地的永久冻土地带，成为施工人员的噩梦。

如果说上一条西伯利亚铁路所创造的纪录是长度上的，那么这次苏联人则在时间跨度上创造了一个新的纪录。当斯大林决定修建新的线路时，还是二战前的 1930 年；而 1991 年宣称完工时，苏联已行将解体。施工难度并非贝阿铁路创造时间纪录的唯一原因。这一计划之所以在 20 世纪 30 年代启动，直接原因在于日本对苏联远东地区的威胁。一旦日本在战略上决定“北上”而不是“南下”，那么原先沿蒙古高原边缘及阿穆尔河北岸修筑的铁路将极易受到攻击而被切断。

判断日本不会从东线入侵，以及受欧洲战场影响没有足够的劳动力，是贝阿铁路工程在二战时停工的主要原因。二战结束后，军队成为工程施工的主力，其中既包括苏军的铁道兵部队，也包括大量二战结束后被俘的德国、日本战俘。对“第三次世界大战”爆发的担忧，是苏联希望加紧完成这一战略支线的重要原因。只不过在《朝鲜停战协定》签订后（1953），苏联在外东北方向的战略紧张局势得到了缓和，贝阿铁路再次停工（1953—1974）。此后直至 1991 年，整条铁路才在这个强大帝国即将解体时宣告全线贯通。

西伯利亚的这两条铁路尽管并不能够覆盖西伯利亚的所有地区，但它们无疑成功地将俄国的两端连接了起来。在中国历史上，来自北方的威胁一直是中央之国的主压力方向。在大多数历史时期，蒙古高原和东北平原是两大压力源，尤其是拥有更广阔纵深的蒙古高原。在工业时代开启、北亚游牧势力不可逆转地衰退后，西伯利亚和外东北看似成了新的北方压力。然而，一个地区能否成为相邻地区的压力，本质并不取决于它的方位。

以西伯利亚及外东北本身的人口潜力来说，无法在工业时代独立对东亚地区构成任何实质性威胁。这一点，可以参考已经处在这种地缘政治定位的美国和加拿大之间的关系。后者虽然得以位列西方七个主要工业国家（七国集团）之列，但相信所有人都能看出，加拿大无论在政治上还是经济上，都依附于美国。

从地缘政治角度，与其说是西伯利亚和外东北取代蒙古高原和东北平原成为东亚地区的北方威胁，倒不如说这一压力是从东欧平原传导过来的。正是从波罗的海到太平洋的广袤土地处于同一政治体的现实，使得西伯利亚（包括外东北）得以借助东欧平原的力量发挥它的地理优势。而在技术上，这一力量的传导正有赖于西伯利亚大铁路的修建。试想一下，如果某一天乌拉尔山脉成为一条国界线，那么独立状态的西伯利亚和外东北，也没有可能成为周边国家的噩梦；成为亚洲的“加拿大”，将是它在地缘政治上唯一的选择。

俄国人并非没有意识到它在乌拉尔山以东领土的薄弱之处。即使不考虑以西伯利亚和外东北为进一步扩张的跳板，单就保有这片领土本身来说，仅仅依靠一条数千公里长的铁路也是极其危险的。最好的办法，是在遥远的东方再获得一个人口潜力足够大的板块，以使俄国在内部结构上摆脱西强东弱的格局。很显然，这一地缘重任将落在中国的东北地区身上。

另外让当年的沙皇俄国觊觎东北的原因，是获得一个温暖的出海口，以及保留陆地上直接进入朝鲜的可能。东北地区在乌苏里江与太平洋之间，形成了一个危险的突出部。西伯利亚铁路必须绕行阿穆尔河、乌苏里江的外围，才能够接入它在远东最重要的港口——符拉迪沃斯托克（海参崴）。如果能够从小兴安岭以南的中国境内穿行，那么一切问题将迎刃而解。

实现这一地缘政治上的构想，并不一定要吞并整个中国东北地区，但最起码应该包括中国境内的“阿穆尔河流域”。简单点说，就是中国的黑龙江省，以及呼伦贝尔草原及其以北的内蒙古地区（今内蒙古呼伦贝尔市所辖地区）。并非只有俄国人注意到呼伦贝尔与黑龙江省紧密的地缘关系。在清朝时期，呼伦贝尔就属于黑龙江将军的管辖地。而在伪满洲国时期，这个傀儡政权同样控制了呼伦贝尔地区。这也是日本挑起的“诺门罕战役”发生在今天中蒙边境的呼伦贝尔草原，而不是东北地区边缘的原因所在。

在整个东北地区已经被中国内地移民填满的 19 世纪末、20 世纪初，无论是沙皇俄国还是日本，都很难马上实现政治吞并东北的企图。事实上，曾经主政东北的奉系军阀已经意识到，人口将是自己控制这片土地（包括将之留在中国）的最大筹码，因此他们曾经不遗余力地招揽内地移民，甚至出现过用火车大量往关外运输人口的现象。

在利用铁路达到地缘政治目标这个问题上，俄国人无疑是先行者。早在西伯利亚铁路计划制订之时，穿越呼伦贝尔、黑龙江地区的铁路便已成为计划的一部分。这条西起中俄边境的满洲里（呼伦贝尔市境内），东至绥芬河（黑龙江省牡丹江市境内），以哈尔滨为中心的铁路干线被称为“中东铁路”。

由于施工条件远好于西伯利亚，中东铁路在 1903 年便宣告通车，并在后来的日俄战争中发挥了重要作用。换句话说，在俄国方面看来，中东铁路本身就是“西伯利亚大铁路”的一部分。哈尔滨之所以能够成为中东铁路的枢纽，在于中东铁路修建计划中还有一条连接哈尔滨与大连的“哈大线”。

相比在冬季需要借助破冰船通航的符拉迪沃斯托克（海参崴），能够直面渤海、黄海两大海区的大连，无论在地缘位置还是港口条件上都更具吸引力。以至在 1949 年之后，以社会主义阵营盟主自居的苏联，仍然非常想以租借的方式得到这一港口。除此之外，一个纵横东三省的 T 字形铁路干线格局，完整地将东北地区连接在一起。即使在今天，我们依然可以在东北的铁路网中看到这个 T 字形结构的存在。

日俄战争与铁路的标准之争

俄国并不是唯一想到利用铁路建设权向东北地区渗透的国家。在那个列强视中国为鱼肉的年代，东北地区同样被日本视为盘中餐。双方在日俄战争之前，就东北亚铁路建设权达成的协议，是俄国人得到中东铁路的修建权，日本人获得朝鲜铁路的修建权。很显然，这本身也是一个势力范围的划分协议。问题是，无论日本还是俄国都知道这并不是最终的结果，尤其是日本。

如果说俄国谋求中国东北的领土只是为了锦上添花，补充它在东亚的战略纵深，那日本则将东北地区上升到民族生存的高度了。对于身处岛国的日本人来说，能够进入东亚大陆始终是他们的梦想，朝鲜半岛只是完成这一梦想的跳板罢了。1904 — 1905 年，日俄战争在旅顺口爆发。至于这片土地的主人中国，却只能沦为看客。

日俄战争给我们的启示，并不止于对“弱国无外交”定律的证明。在这场东北争夺战中，铁路不仅成为争夺的标的物，更在战争中发挥了重要作用。在战争中，双方都采用了一些非常规的手段来完成自己的交通线。比如前文所说的，俄国人在贝加尔湖的冰面上铺设临时铁轨以缩短工期，日本人则在修筑朝鲜半岛的铁路时改用了窄轨，以减少工程量。这两条铁路最终都在战争开始后不久便投入了使用。

在这里，我们需要先交代一下轨距的标准之争。说起来，古老的中央之国应该是最早意识到轨距标准对交通，乃至地缘整合、扩张具有重大意义的国度了。在秦始皇统一六国之后颁发的诸多政令中，有一条与“书同文”并列的“车同轨”。“书同文”对于中华民族的形成，以及中国统一观念的形成具有多么重要的意义，相信大家都能感觉到。就这一层面来说，今天以推广普通话为标志的“语同音”政策，应是唯一与之有相似地位的战略性政策。

“车同轨”政策与“书同文”政策并立，意味着它同样能够在地缘层面发挥重要影响力。当然，2200 年前的中国并没有铁路。这里所说的“轨”指的是车辙。道路被车轮长期滚压后会形成深深的印痕（哪怕是石质道路），在这种被反复压实的印痕中行驶，能大大提升车辆的运行效率，并减少自身磨损。其道理与火车轨道相同，只不过铁轨是凸出地面铺设，车辙是凹陷于地面之下罢了。

毫无疑问，在所有的区域内统一轨距，将大大提升各地区之间的交通效率。不过，这里又面临着一个标准之争，即每一个国家都会希望推广自己的标准。秦朝之所以能够推行“车同轨”政策，在于它已经完成了政治统一。而在世界范围内，这一目标从未实现过。

事实上，铁轨并不是蒸汽机车发明的副产品。早在 16 世纪下半叶，欧洲人便已经在矿山使用硬木制作轨道，以使人力或者畜力驱动的矿车能够更高效地运输那些沉重的矿石。18 世纪下半叶，随着钢铁产能的飞跃，更为耐用的“铁轨”出现，只不过最初奔驰在铁轨之上的是马车罢了。随着蒸汽机车在 19 世纪的出现，铁路的应用场景日益扩大。世界各主要工业国开始将铁路的铺设上升到了国家战略层面。

对于铁路的重要性，处在世纪之交（19 世纪末、20 世纪初）的中国人并非没有意识到，除了大家耳熟能详的詹天佑的故事，很多人不知道的是，孙中山先生曾经有过“于十年之内筑二十万里之线”的铁路网修筑设想。在他看来，“凡立国，铁路愈多，其国必强而富”。如果不用再为政事烦恼，“专心致志于铁路之建筑”，就是他最大的理想。然而，在那个混乱的年代，这一愿景显然只能是空中楼阁；很多时候，只能看着日、俄之类的列强以铁路为“兵”渗透中国。

由于各自为政且没有统一的标准，在铁路的发展历史中，曾经出现过不下 20 种轨距，两根铁轨之间的距离从 600 毫米到 1829 毫米不等。究竟谁有资格充当“标准轨距”，更多倚仗于自身的实力和影响力。换句话说，谁能让自己力推的轨距有更多的应用场景，谁就有资格声称自己所主推的轨距为“标准轨距”。最终在这场标准之争中胜出的，是英国人推出的 1435 毫米轨距，相当于英制的 4 英尺 8 $^1/_2$ 英寸（1937 年由国际铁路协会确认）。由此，这一轨距也被称为“普轨”或者“标准轨”。比这个轨距宽的被称为“宽轨”，反之则被称为“窄轨”。

关于标准轨为什么是“4 英尺 8 $^1/_2$ 英寸”，有一种说法，这是古罗马战车的宽度。由于战车是由两匹马拉动，所以也有人戏称，今天各国普遍使用的轨距，是由两匹马的屁股决定的。当然，这一说法并没有实际依据，到底是如何产生的也并不重要。更值得关注的，是这一标准之争背后的地缘政治博弈。很显然，英国标准的胜出，与其“日不落帝国”的背景有关（比如印度、美国都是标准轨的采用者）。

在 20 世纪这场关于轨距的博弈中，并不是所有国家都愿意遵从英国人推出的标准。俄国和日本就是最典型的案例。相对来说，轨距越大，动力越强，但对动力和成本的要求也更高。在线路漫长、运力要求更大的俄国，俄国人更愿意选择宽轨。在反复对比之后，19 世纪末的沙皇俄国选择了对它来说性价比最高的 1524 毫米轨距。在欧洲国家后来普遍采用标准轨的情况下，苏联仍然坚持这一标准，很大程度上也是出于地缘政治的考虑。最起码其他国家想入侵苏联，不同的轨距将为之提供一层安全保障。

俄国人对于宽轨的坚持，对今天新丝绸之路背景下的互联互通也造成了很大影响。今天采用标准轨的中国，如果想利用前苏联国家的轨道打通中欧班列，需要在边境口岸进行换轨操作（将车厢或者货柜吊装到相邻轨道上的列车底盘上）。当然，以标准轨在欧亚大陆的普及程度，以及中国今时今日在铁路建设上的底气来说，如果最终出现一条横贯前苏联国家、连通欧亚大陆两端的标准轨铁路，并不会让人感到惊讶。

与“财大气粗”的俄国相比，资源紧缺、地域狭小的日本，在进入铁路时代后走向的就是另一个极端了。窄轨铺设速度快、成本低的特点，使得日本成为窄轨国家的代表。在日俄战争期间，为了赶进度，同时也为了适应日本机车的需要，日军在沿铁道线由旅顺口向北推进时，甚至曾经将俄国人的中东铁路（宽轨）改为窄轨。

然而，就此认为日本顽固地坚持窄轨标准，同样是不客观的。日本最初做出这一选择，是因为其岛国的背景，一旦其有能力（或者自认为有能力）向更宽广的大陆扩张，也不会排斥其他标准。在日俄战争之后，辽东半岛及其以北的半个东北地区，与朝鲜半岛一起正式归于日本的势力范围。俄国则保留了对他们至关重要的东北北部。在日、俄瓜分东北地区的协议中，铁路再次成为重要的划分标志。今天的吉林省会长春，成为双方的势力分割点。长春以南的那部分中东铁路支线，变身为日本控制下的“南满铁路”。

吊诡的是，曾经在战争期间将“南满铁路”改成窄轨的日本，很快又费时费力地将“南满铁路”，甚至朝鲜半岛窄轨改为标准轨。这样做当然不是单纯为了增加运力，否则可以像俄国人那样铺设宽轨，还能利用俄国人丢弃的机车和车皮。做出这一决定的根本原因，在于中国政府在山海关内外铺设的铁轨是标准轨，特别是1912年修通的，由英国人承包的从北京至沈阳的“京奉铁路”（又称“关内外铁路”）。从当时中国政府的角度来说，请英国人来修筑铁路，并选择不同于俄、日的轨距，显然有提防这两个危险邻国的考虑。至于已经获得长春以南东北地区的日本，为什么反过来适应中国的轨距，其背后的野心不言自明。

在中国希望依托高铁技术构建“新丝绸之路”的今天，100多年前日、俄两国在中国东北地区以及西伯利亚、朝鲜半岛所进行的这场铁路竞争，仍然有着许多重要的启示作用。就高铁这项技术而言，日本无疑是先发国家。1964年就已投入使用的“新干线”，是世界上第一个实现时速200公里的高速铁路系统。与日本旧有的窄轨铁路系统不同的是，新干线采用了国际通行的标准轨。很显然，这种选择很大程度上是未雨绸缪，考虑到海外市场的扩张。

如果当年日本“大东亚共荣圈”的幻想得以实现，那么日本将很有可能在高铁时代成为标准主导者，就像英国人把自己的轨距标准变为标准轨一样。然而，在日本被迫正视自己的岛国身份之后，想要通过外交、经济手段在其他国家建设、推行“新干线”系统，并不比当年军事争夺东北铁路的建设权容易。在同时期研发出高速铁路技术的法、德等国，类似的制约现象同样存在。曾被视为未来技术、由德国研发的高速磁悬浮技术，在看到落地希望后，被迫转让给了中国。[1]

尽管高速磁悬浮技术并没有如很多人预想的那样引发一场铁路革命，上海那条不到 30 公里的磁悬浮专线也更像是一次试错，但作为全球最大的单一市场，中国仍然凭借自己的纵深及需求，成为最合适的高速铁路技术应用国，并借此引进、消化、再创新，成就了自己的高铁技术。截至 2017 年底，中国已完成 25000 公里高铁里程，约占世界高铁总量的 2/3。伴随这一规模效应而来的，便是技术的成熟和成本的缩减。

对于试图建设高铁的欧亚大陆国家来说，除去成本和技术考虑以外，一个潜在的诱惑在于，在中国提出“一带一路”倡议及力推高铁出海的背景下，本国所建设的铁路线路将有希望接入中国的铁路网，并从中国市场受益。尽管这一愿景在外交层面上需要克服很多困难，但重要的是这种可能性是现实存在的。反之，当下应该没有人会认为本国的铁路系统有机会与日本本土对接，并从中获取额外的利益。

当然，认为中国即将垄断海外高铁项目的想法，同样是不切实际的。基于现实的地缘政治矛盾，一定会有不认为中国的强大能让自己受益的国家（比如印度、越南）存在，希望避免与中国的高铁，乃至“一带一路”倡议做过多捆绑。只不过就博弈而言，绝对垄断从来不是最终的追求，也很难实现。能

---

[1] 2002 年，上海建成世界第一条商业运营的高架磁悬浮专线。

够将博弈的天平向自己一方倾斜，就足以取得战略性优势了。

由铁路所反映的交通革命，并不仅仅担负着政治扩张的使命。更多的时候，铁路承载的是沿线地区、民众提高生活水平、发展经济的梦想。今天中国在国内、海外推进高铁项目，意义正在于此。以中国国内的情况为例，100年前的铁路修建，曾经深远地影响了很多城市的命运。

在地理条件相近的情况下，每一个板块的中心点并不是一成不变的。在铁路时代，可以说铁路修到哪里，哪里就能成为经济重心。黑龙江省会哈尔滨、吉林省会长春，无不是因为处于铁路相交的枢纽点而成长为中心城市，甚至可以说是当年日、俄铁路大博弈的受益者。在中国政府可以主导铁路建设的华北平原，类似的一幕也在同一时期上演。郑州、石家庄两个因铁路而兴的城市，借此超越了与之相邻的开封、正定，最终晋升为所在省份的省会。

理解了这一点，今天我们就不应该嘲笑那些地理位置相近的县市倾尽各种资源争夺高铁站的努力，因为这种偏差真的有可能影响一座城市的命运。最起码，这种努力，比力保“贫困县”资格的做法，要有价值得多。

第三节 | 东欧与草原

同样一个地理名称，在不同的语境下会有不同的含义，“东欧”也不例外。在冷战期间，“东欧”被打上了浓浓的意识形态烙印，成为以苏联为核心的欧洲社会主义阵营的代名词。尽管冷战背景下“东欧国家”的位置并不是完全处于东欧的范围内，但鉴于这一阵营整体位于欧洲的东部，如此表述也不能算不准确。只不过我们需要从地理的本质来界定一下，地理上的东欧到底指的是哪里。有了这一基础之后，再回过头去梳理欧洲东部的地缘政治变迁，相信一定会有不一样的认识。

欧洲的地缘政治板块划分

地质学家在20世纪提出了“板块构造说”，将全球地壳划分为六大板块，包括太平洋板块、欧亚板块、非洲板块、美洲板块、印度洋板块与南极洲板块。有趣的是，这一以大洋中脊（中央海岭）、深海沟、转换断层和地缝合线等构造带为切割线所进行的地质板块划分，与人类在地表进行的地理划分并不完全吻合。欧、亚两洲虽然不出意料地被归入了同一地质板块，但其中的阿拉伯半岛、印度却被归入了印度洋板块，东西伯利亚山地则被归入了美洲板块。

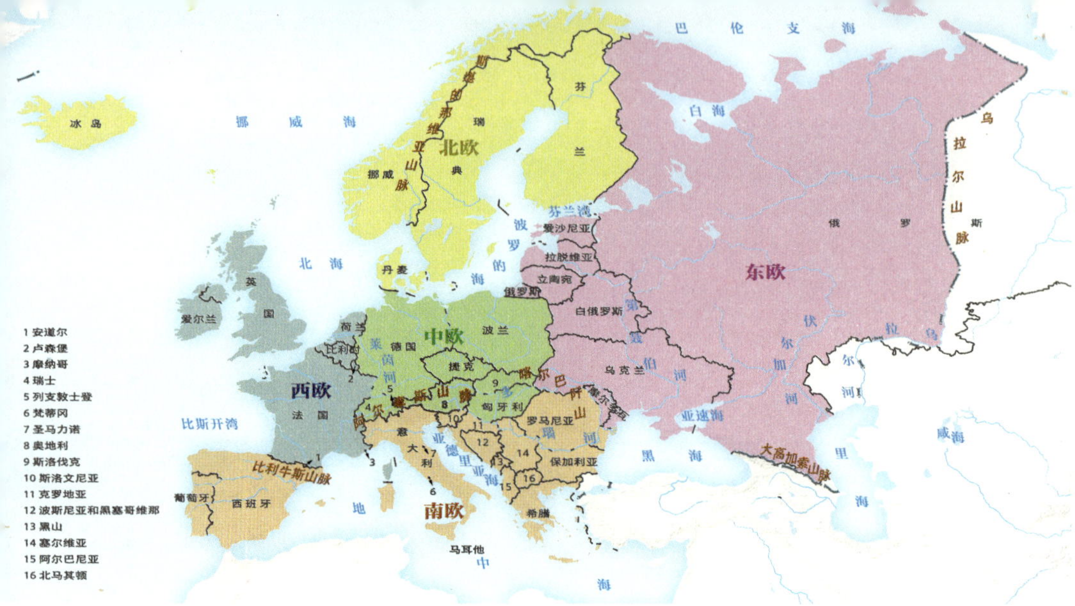

欧洲地缘政治板块划分示意图

当然，地质学家的划分，与人类日常生活，包括政治的关联并不大。即便印度试图将印度洋经营为自己的后花园，但将阿拉伯半岛、澳大利亚列入印度洋板块，应该也无益于这一目标的达成。真正能够对人类政治生活有参考意义的，依然是以地理为基础，结合了人的因素的地缘板块划分。从这个角度说，阿拉伯半岛更应该与北非被视为同一个地缘板块，而澳大利亚的核心地缘政治属性，则归属于美国所主导的，带有鲜明“盎格鲁-撒克逊”特征的海洋国家联盟中。

回到解析东欧地理边界的话题上来。就其东部边界来说，乌拉尔山脉很好地承担了这一职责。如果没有这条从北冰洋向南、延绵两千多公里的山脉存在，共享一片大陆的欧、亚两洲，倒是不太容易找到一条主切割线。不过，仅仅依靠这条南北向的山脉，欧亚大陆仍然无法做到完整切割。在乌拉尔山脉之南，里海及乌拉尔河（发源于乌拉尔山脉南部，注入里海）合力完成了剩余的纵向切割任务。横亘于黑海和里海之间的大高加索山脉，则补上了欧、亚两洲地理分割线的最后一块拼图。

这条由乌拉尔山脉、乌拉尔河、黑海、大高加索山脉组成的欧亚地理分割线，同时也是东欧东部、东南部的地理边界。然而，回顾这一在义务教育阶段就应掌握的知识点，并无助于我们拨开笼罩在“东欧”身上的地缘迷雾。因为无论从地理还是地缘角度，对这个处在欧洲大陆中心地带西端的板块来说，最重要的关系都是其在欧洲的定位。研究东欧与欧洲其他板块地理分割依据的现实意义在于，借此可以了解俄国在地缘政治上的企图。

总的来说，欧洲是一片被海洋三面包围的低平大陆。除了与亚洲共享的乌拉尔山脉以外，整个欧洲的山脉可以被分为两部分：北部的斯堪的纳维亚山脉和南部的阿尔卑斯山脉。后者对于欧洲的地理、地缘影响尤为重要。除了位于亚平宁半岛北部、居于核心地位的阿尔卑斯山脉以外，分隔伊比利亚半岛与法国的比利牛斯山脉、本质为阿尔卑斯山脉东部延伸的喀尔巴阡山脉，以及覆盖巴尔干半岛的迪纳拉山脉（及其支脉）等欧洲南部山脉，都可以归属于阿尔卑斯山脉的概念中。

如果把视野扩张至整个欧亚大陆，阿尔卑斯山脉还可以与亚洲南部以喜马拉雅山脉为核心的山系（喜马拉雅山系）共同组成一个“阿尔卑斯—喜马拉雅山系带”的概念。这条西起大西洋、东至南海西北部的山系带，在亚洲将阿拉伯半岛、印度半岛、中南半岛三个热带属性边缘板块与欧亚大陆中心地带分隔开来。在欧洲，阿尔卑斯山脉同样成为板块及诸多国家划分的依据。

当“东欧”成为冷战背景下的地缘政治标签时，除此之外的欧洲国家都可以被统称为“西欧”国家。回归地理本质的话，我们可以将欧洲大陆按照方位切割为西欧、北欧、南欧、东欧和中欧五个部分。其中，阿尔卑斯山脉主脉以南部分为南欧的范畴，包括西班牙和葡萄牙所在的伊比利亚半岛、意大利所在的亚平宁半岛，以及巴尔干国家所在的巴尔干半岛（及其延伸的希腊半岛）。相对欧洲其他地区更为舒适、温暖的地中海气候，使得南欧成为欧洲文明的起源之地。

然而，在必须面对其他高纬度板块竞争的情况下，南欧板块过于舒适的气候环境却也成了一块地缘短板。以至在希腊-罗马时代之后，欧洲的地缘重心转移至阿尔卑斯山脉以北地区。在弱化内部竞争，以“统一”为终极目标的欧盟时代，南欧板块在地缘上的共性依然有所体现。从 20 世纪 90 年代以来，西班牙、葡萄牙、意大利、希腊这四个南欧国家，就被一些经济观察家称为“笨猪四国”（PIGS，也被转译为“欧猪四国”）。

大西洋及莱茵河则成为确定西欧范围的主要标志。这一板块包括莱茵河以西，西临太平洋的法国、卢森堡、比利时，以及莱茵河三角洲地带的荷兰。其核心低地被称为“西欧平原”。当然，绝大多数时候，“西欧”的概念不会只限于欧洲大陆，而是会把海峡对面的英国、爱尔兰包括进来，只不过这些外岛显然不在当下的讨论范围内。英国的外岛性质，也使其更愿意成为欧洲的独立一极。英国积极推动“脱欧”，[1] 及其与美国的密切地缘政治关系，便是这一特质的表现。

以斯堪的纳维亚半岛为重要地理特征的波罗的海北部地区属于北欧的地理范畴。这一地区包括挪威、瑞典、丹麦、芬兰四国。与英国、爱尔兰的情况一样，在范围不局限于欧洲大陆时，冰岛这个外岛国家也会被归入北欧概念中。“维京”海盗应该是这个板块在历史上给欧洲留下的最深刻烙印了。在 8—11 世纪，这些来自北欧的海上劫掠者对欧洲其他地区造成的压力，堪比北亚游牧民族对长城以南地区造成的压力。自身环境过于恶劣，是北欧、北亚板块居民热衷向南渗透的根本原因。

“斯堪的纳维亚”的原意为“黑暗的地方”，寒冷而漫长的冬夜，是这一板块留给人们最深刻的印象。如果不是斯堪的纳维亚山脉阻挡了从北冰洋方向南下的冷空气，大西洋、波罗的海所带来的暖湿气流又在一定程度上冲抵了寒冷，这一纬度与东西伯利亚山地及阿拉斯加相当的板块，大概很难在欧洲历史中发挥显著的作用。

德国、波兰、捷克、斯洛伐克、匈牙利、奥地利、列支敦士登和瑞士

[1] 2020 年 1 月 30 日，欧盟正式批准英国“脱欧”。次日，英国正式“脱欧”。

八国，属于中欧国家范畴。阿尔卑斯山脉及其向东延伸的喀尔巴阡山脉，是中欧板块划分的重要地理标志。这一板块的核心部分，是位于阿尔卑斯—喀尔巴阡山脉以北的“中欧平原”，由于分属德国、波兰两国，也被称为波德平原。阿尔卑斯山脉以东、喀尔巴阡山脉以西的喀尔巴阡盆地区，是中欧板块的另一个大区，匈牙利是这一盆地区的核心国家。比较特别的是罗马尼亚，这个地域横跨喀尔巴阡山脉的国家，实际位于中欧、南欧、东欧三大板块交会之地，在地缘政治上，很难准确地将其归于上述任何一个板块。

在欧洲所有的板块中，中欧与东欧的边界是最难确定的。在喀尔巴阡山脉，这条向东南方向延伸的山脉，看起来是有资格成为一条天然边界的。苏联时期的版图，在这个方向也的确延伸至了山脉的东麓。然而，在阿尔卑斯山脉之北，却缺乏这样南北向的山脉为各大板块之间维持天然平衡。在这个方位上，欧洲的平原带从大西洋一路向西延伸到乌拉尔山脉，依照方位可以将之划分为西欧平原、中欧平原、东欧平原三大块。

在没有山脉天然分割的情况下，河流主航道是最适合承担天然边界任务的。南北向的莱茵河上游，便成为法、德两国，或者说西欧、中欧板块的分割线。问题在于，河流的切割往往比山脉分水岭更容易引发争议。一个普遍存在的现象，是居住在同一河谷平原甚至同一流域的社群，容易在历史中形成共同的民族认同。困扰法、德两国数百年的阿尔萨斯-洛林争议便是如此。在法国追求以莱茵河上游为双方天然疆界的情况下，上述两个位于莱茵河西岸的板块，却早已为德意志人所覆盖。

与西欧、东欧板块内部还有隶属于阿尔卑斯山系的高地部分不同，东欧几乎是一个完全的平原板块。这使得主导这一板块的俄国人在确定自身西部边界，尤其是与中欧平原的分割线时，存在许多不确定因素。一个比较简单的几何分割法，是从黑海西沿的多瑙河口西北方向沿喀尔巴阡山脉拉一根直线，延伸到波罗的海之南。观察苏联的西部边界，我们会发现它实际上就是一条趋近完美的中、东欧板块的分割线。在苏联已经解体的今天，为东欧平原确立地理西界的任务，则由立陶宛、白俄罗斯、乌克兰、摩尔多瓦四个前苏联国家的西部边界所承担。

当然，在实际操作中，这种直线分割法往往只适用于人迹罕至的沙漠地区。在欧洲这样的人口密集区，地理学家和政治家依然需要寻找河流或者流域之间的分水岭作为分割依据。至于在二战后有实力按照自己的需求重塑欧洲中、东部地缘政治格局的苏联，到底是遵循什么样的思路进行设计的，就是本书后面内容需要论述的了。

东欧平原的水系与“五海通航”

虽然东欧平原各大水系之间必然存在“分水岭”，但与那些高大山脉相比，这些平均海拔不过200多米的丘陵，很难起到天然分割的作用。因此，厘清了东欧平原的水系结构，也就把握了这片土地的地缘脉络。从位置来看，东欧平原的河流应该有机会向南北两个方向入海，即注入北部的波罗的海、北冰洋，南部的黑海、里海。

相比北部河流，南部河流在东欧地缘政治结构中的地位要高得多。在南部，从喀尔巴阡山脉到乌拉尔山脉之间，自西向东排列着德涅斯特河、第聂伯河、顿河、伏尔加河、乌拉尔河五大河流。其中前三条河流注入黑海，后两条注入里海。对俄国历史稍有了解的人都应该知道，上述河流在俄国的形成中占据了多么重要的地位。

气候相对温暖，是南部河流有机会成为东欧地缘政治舞台核心的主要原因。相比之下，那些向北注入北冰洋的河流，能够发挥的作用就非常有限了。奥涅加河、北德维纳河、伯朝拉河，这些注入北冰洋的河流名称，相信很多人是第一次看到。寒冷气候对人口承载力的影响，以及北冰洋所缺乏的航线价值，是东欧平原的北冰洋流域沦为边缘板块的主要原因。与西西伯利亚平原的情况一样，控制了温暖的南部地区，自然也就能够将北部地区归入势力范围。

东欧平原的主要水系示意图

然而，并不是所有北向流域都只能悲惨地沦为龙套。由东欧平原西北方向注入波罗的海的三条河流——纳尔瓦河、道加瓦河、尼曼河，在欧洲地缘政治舞台上发挥的作用就要显著得多。光谈这三条河流，估计还是会让不少人感到陌生，不过提到它们分别对应的爱沙尼亚、拉脱维亚、立陶宛，那知道的人肯定就很多了。这三个国家经常一起被标注为“波罗的海三国”。从地理结构上看，波罗的海三国的特别之处在于，其境内河流所注入的波罗的海，实际上是大西洋东侧的一个陆间海。以这一特点来看，今天属于俄罗斯领土的圣彼得堡、加里宁格勒，实际与上述三国属于同一板块。

水路交通在人类文明的发展中一直发挥着举足轻重的作用，在工业化之前，一个城市的兴衰很大程度上取决于它所依靠的河流能够为之提供多少物流方面的便利。鉴于东欧板块与北冰洋、波罗的海、黑海、里海四个海区相连，且境内河流分别注入上述海区，在俄国版图向整个东欧平原扩张，以及后来的整合过程中，俄国人曾经不断尝试在上述河流与海区之间挖通运河。

最早的尝试可以追溯到1697年，当时主政俄国的彼得大帝，除了为俄国制定夺取出海口的战略之外，同时也试图通过开挖运河，使国内每一个板块都能够做到通江达海。由于北冰洋最为深入东欧平原的部分被称为白海，同时黑海又在东北部分割出亚速海，因此这一战略设想又被后人称为“五海通航”。

在五海通航设想中，东欧平原水系覆盖面积最大、自然通航条件最好的伏尔加河居于核心地位。在伏尔加河与顿河之间修筑运河，是这一宏伟设想的启动工程。考虑到这两条河流的最近处仅有50公里，并且地势平坦，在中国人看来挖通这样的运河并不算高难度挑战。不过，缺乏人力和技术的沙皇俄国还是没有能够完成这项工程。

1941年，为了应对可能到来的战争，当时的苏联重启了连通伏尔加河和顿河的运河工程，并将之命名为“列宁运河”。只不过，战争的爆发很快中止了这一切。直至二战后的1952年，伏尔加河-顿河运河才宣告完工。借助这条运河，俄国人打通了里海与黑海之间的航道。在里海以东的中亚五国成为独立国家之后，伏尔加河－顿河运河开始有机会被赋予一层新的地缘政治意义。对于俄罗斯来说，维持对中亚的地缘影响力，将是一个享有优先级的战略方向。在这个方向上，最有可能削弱俄罗斯影响力的将是中国。不过，基于双方业已达成的背靠背战略合作伙伴关系（包括成立“上合组织”），中、俄双方暂时并没有在中亚形成直接的竞争关系，而是形成了一个欧亚大陆中心地带加欧亚大陆东边缘地带的战略组合。

然而，政治或者说地缘政治的微妙之处在于，没有永远的敌人，也没有永远的朋友，即使是在合作当中，同样存在话语权的分配问题。在这种情况下，除了利用苏联时代留下的地缘政治遗产（例如俄语在中亚的普及）以外，俄罗斯还需要为中亚国家提供一点独特且不可替代的存在——为这片远离海洋的土地提供一个可能的出海口。

在中亚国家当中，哈萨克斯坦与土库曼斯坦属于沿里海国家。其中，面积超出中亚其他四国总和的哈萨克斯坦，无论从实力还是地缘位置上来看，都是俄罗斯必须拉拢的核心国家。事实上，在苏联解体之后，欧洲方向的白俄罗斯、中亚方向的哈萨克斯坦，一直充当着俄罗斯左膀右臂的角色。在俄罗斯用“独联体”维持在前苏联国家中的影响力的努力几近破产后，俄罗斯、白俄罗斯、哈萨克斯坦三国于 2011 年提出了一个新的组织概念——欧亚联盟，并于 2014 年正式签订了《欧亚经济联盟条约》。很显然，这是一个试图在欧亚大陆腹地复制欧盟“先经济后政治”一体化路线的地缘政治平台。

帮助哈萨克斯坦打通真正的出海通道，将是俄、哈关系进一步捆绑的手段之一。2007 年，哈萨克斯坦率先提出了在里海和黑海之间打通欧亚运河的提议。这一双赢的提议，当即得到了俄罗斯总统普京的大力支持。除在两个直线距离约 600 公里的海区之间，沿大高加索山脉北麓挖通一条新的欧亚运河以外，对旧有的伏尔加河－顿河运河进行扩容，使之适应更大吨位的船只航行也是选项之一。

相比之下，俄国人倾向于省时省钱的伏尔加河－顿河运河扩容方案，哈萨克斯坦则更希望能够开挖一条真正的海洋运河。后一方案的价值在于，在里海水位因上游水资源开发而不断下降的情况下，一条真正的海洋通道可以为之补水。如果考虑到还可以在咸海和里海之间再修建一条运河（咸海水位下降得更厉害），并且乌兹别克斯坦拥有半个咸海的现状，一条能够串联起咸海、里海、黑海的欧亚运河，无论在地缘政治还是环境上，都拥有巨大的想象空间。在中国通过“铁路”向欧亚大陆腹地输出影响力的今天，打通与中亚国家的水路交通工程，将有机会成为俄国稳固在中亚地缘影响力的重要基石。

连通北冰洋与波罗的海，是俄国优化东欧大陆地理关系的另一个方向。尽管理论上波罗的海可以通过大西洋与北冰洋相通，但显然俄国人不会把自己的北方安全寄托在这样的线路之上。1930 — 1933 年，由圣彼得堡出发向西北方向延伸接入白海（北冰洋伸入俄国陆地的陆间海）的白海－波罗的海运河被修通。由于可以借助拉多加湖、奥涅加湖和维戈泽罗湖三个湖泊及部分天然河道，这条全长 227 公里的运河，实际需要全新挖掘的河道仅为 48 公里。然而，严酷的环境，以及劳动力的强制使用，还是让 10 万人为之付出了生命的代价。

对于俄国来说，白海－波罗的海运河最大的战略价值，在于可以将其在波罗的海沿岸的力量，通过水路延伸到北冰洋乃至西伯利亚。一个彰显这一价值的最近案例，是 2011 年圣彼得堡制造的巨型水轮机组经过白海－波罗的海运河进入北冰洋，再由中西伯利亚北部进入叶尼塞河，最终运抵唐努乌梁海之北的萨彦－舒申斯克水电站。如果没有这条运河，而是横穿整个波罗的海，再绕过斯堪的纳维亚半岛进入北冰洋的话，整个航程将多绕将近 4000 公里，更别说在航程中所需额外承担的地缘政治风险了。（参考中国购买瓦良格号航母后经行土耳其海峡时遭遇的曲折。）

仅仅通过白海－波罗的海运河连通波罗的海和北冰洋、通过伏尔加河－

顿河运河打通黑海和里海之间的水上通道，五海通航的设想还不能完成。一如精于水利工程的中国人很早就开始在中央之国核心区构建灵渠、京杭大运河等连接南北水系的工程一样，俄国人也希望在北向河流与南向河流之间构筑第三个连接点，将东欧平原的内部全面打通。

1703 年，彼得大帝下令在波罗的海的东端修筑圣彼得堡，并将俄国的首都从莫斯科迁移至此，此后的 200 年间（直至 1918 年），圣彼得堡都承担着俄国政治中心的角色。结合伏尔加河在东欧平原的核心地位，连通圣彼得堡与伏尔加水系的工程，成为五海通航设想的枢纽工程。这一宏伟设想包括从伏尔加河上游向北挖掘运河，通过白湖、奥涅加湖、拉多加湖，以及在三湖之间开挖的一系列运河工程。俄国人最终在 19 世纪上半叶打通了圣彼得堡至伏尔加河上游城市切列波韦茨之间的水上通道。在苏联时期，这一被统称为伏尔加 - 波罗的海水道的运河工程，得到进一步扩容，并通过波罗的海 - 白海运河、伏尔加河 - 顿河运河的并网，完成了在东欧平原五海通航的构想。

如果你相信，中国之所以能够成为一个统一的地缘政治板块，数千年来华夏先辈们所进行的一系列水利工程起到了至关重要的作用，那么就应该能够理解，俄国人 300 多年来所做的类似努力，对俄国形成的意义了。上述内容的意义不仅在于解构东欧平原的地理脉络，更在于让我们明白，人类并非只能屈从于地球母亲的原始创作。尽管迷信“人定胜天”的口号经常会误导人类走向另一个极端，但人类在改造自然、优化地理环境的问题上，也并非完全无能为力。

当然，凡事有利有弊，无论是自然力还是人力所造成的改变，都会在重塑的同时，一定程度上打破原有的平衡。比如人类在伏尔加河流域修筑水坝的做法，往往会对一些有洄游产卵需求的鱼类造成毁灭性后果；苏联在中亚阿姆河、锡尔河上游开发农业潜力的同时，却又使得下游咸海地区的环境迅速恶化。重点并不在于人类要不要改造环境，而在于做出改变之前需要更加全面地权衡利弊。同样，“见木不见林”地纠结于某一个点（比如保护某一物种生存习惯）而拒绝任何改变的做法也不可取。如果是那样的话，人类估计就只能回到茹毛饮血的原始状态了。

南俄草原

一个比较常见的误区，是将整个东欧平原视为草原地带，由此所引发的另一个误解，则是将斯拉夫人定位为游牧民族。事实上，东欧平原只有南部才是草原地带，中北部的大片土地则为森林所覆盖。基于东欧草原的地缘位置，我们可以将之命名为“南俄草原”。除此以外，在喀尔巴阡山脉以西，还有一片被称为“匈牙利草原”的干草原地带。在冷兵器时代，上述草原及驰骋于其上的游牧民族，一直对欧洲历史及地缘政治结构发挥着重要影响。

尽管欧洲整体算是各大洲中降水最为充沛的区域，你甚至无法在这片大陆找到一块真正的沙漠，但具体到南俄草原，由于西、南方向山地阻隔的原因，能够接受的大西洋水汽已是十分有限了。300~400 毫米的年均降雨量，使得这一区域成为游牧民族的乐园。不过，比起蒙古草原以及同属西干草原的哈萨克草原，南俄草原的条件已是相当不错了。这一特点，使之成为亚洲游牧民族渴望进入的水草丰美之地。

从位置上看，这是一片从喀尔巴阡山脉东南向东北方向一路延伸至乌拉尔山脉南端的草原地带。由于众所周知的原因，南俄草原目前主要被乌克兰、俄罗斯所瓜分。如果一定要遵循现在的地缘政治结构，这片草原故地也可再细分为乌克兰草原、俄罗斯草原。之所以说是“故地”，是因为现在的南俄草原已经被农业开发，而不再是一片游牧者的乐土了。

南俄草原之所以能够得到开发，首要原因是这片草原虽然降水不足，但是并不缺水。以水系来说，这片草原自东向西包括乌拉尔河流域，伏尔加河、顿河中下游地区，第聂伯河、德涅斯特河下游，以及多瑙河三角洲。只要辅以适

南俄草原及周边示意图

当的水利工程，原本注入黑海、里海的河水，便可成为灌溉农业的基础。

南俄草原也是整个欧亚草原中温度最高的部分。以整片草原的中心伏尔加格勒，即苏联时期的斯大林格勒一带为例，全年无霜期能够达到200天（与华北平原相当）。同时，南俄草原还拥有千百万年来植被腐殖而成的土壤。温度、水、土壤这农业三大要素都具备了，南俄草原的开发实属必然。今天，南俄草原的70%~80%已经被开垦，其中尤以黑海北部的乌克兰部分条件最好，以至很多人认为，当乌克兰人把苏联遗留下来的军工底子卖得差不多后，他们唯一能够指望的就是这片黑土地了。

以南俄草原的自然条件来说，即使在古代中国，进行农业开发的问题也是不大的。实际情况却是，南俄草原开始进行农业开发的时间要延迟到17世纪，以南逃斯拉夫农奴为主的哥萨克开始形成规模优势后才真正得到推进。而整片草原彻底剥离草原属性，转变为俄罗斯粮仓，则要晚至苏联时代。

造成这一问题的主要原因在于，欧亚草原是一个整体。周边的定居民族如果想进入开发，对手并不仅仅是本土的印欧游牧集团，还有为追求更好生存环境，源源不断从亚洲方向涌入的游牧民族。欧洲本身碎片化的地缘政治结构，是南俄草原迟迟没有农业化的另一个重要原因。联想一下人口和集权程度都要高于欧洲的中央之国在对抗北方游牧者时所遇到的困难，就不难想象为什么欧洲人长期不能在南俄草原占据优势了。

长期以来，欧洲人并没有在地缘上将南俄草原乃至整个东欧平原视为欧洲的一部分。在身处其他板块的欧洲人看来，这片曾经被森林和草原覆盖的土地，只是亚洲力量的延伸。这一观点甚至延续至今，以至俄罗斯在很多西方人心目中并不是一个欧洲国家，而是一个亚洲国家。考虑到俄国无论从地理还是文化上的确带有明显的亚洲色彩，“亚欧洲”是一个比较客观的定位。对应欧亚大陆中心地带这一地缘政治背景，俄国的这种双重属性并不让人奇怪。

事实上，南俄草原是印欧语系诸民族的源头。也就是说，今天欧洲大陆的高加索人种（俗称的白种人），包括希腊人、拉丁人、日耳曼人、斯拉夫人、凯尔特人等大家耳熟能详的欧洲民族集团，都源自最初生活在南俄草原的原始印欧人。不过，欧洲并不是原始印欧人唯一迁徙的方向。最为著名的一次迁移，是公元前 2000 年至公元前 1500 年间，雅利安人从南俄草原向欧亚大陆扩散，这次扩散形成了今天的波斯、印度斯坦等民族。

19 世纪的欧洲人在发现印度人与自己在体质和语言上的相通之处后，从印度梵文中找到了“雅利安”一词（意为高尚、高贵）。这一带有印度种姓特征的标签，在纳粹时期发展为全体原始印欧人及所谓纯正血统的代名词。这种做法也使得“雅利安”一词变得敏感。

抛开那些由于政治因素及各种误会所形成的标签，纯粹从种族和语言上观察欧亚游牧力量在欧亚大陆中心地带的博弈（及对周边地区的影响），会更为清晰。

中亚草原是欧亚草原两端力量博弈的中心地带，印欧语系游牧集团在这一地带的绝对优势，一直延续到公元前 2 世纪匈奴统一蒙古草原之前。在周边地区进入文明期后，那些留在欧洲乃至中亚草原的印欧语系游牧者，曾经被周边文明打上了“斯基泰”“塞人”“阿兰”等标签。此后随着匈奴的崛起，以及因此而触发的大月氏、乌孙等部的西迁，阿尔泰语系游牧集团在中亚逐渐占据上风。

公元 6—7 世纪突厥汗国的崛起，更是让整个中亚成为阿尔泰语系（准确说是突厥语族）游牧集团的繁衍、昌盛之地。其形成的地缘政治遗产，一直留存至今。这一文化与种族的碰撞和交融，为世人造就了带有黄白混血、突厥语族特征的中亚印象。不过，虽然从结果来看，“突厥”无疑是整个欧亚草原上最成功的地缘标签，但作为亚洲游牧力量崛起的引领者，匈奴的历史地位依然不可动摇。

这很大程度是由于顶着“匈人”名号的游牧集团，第一次在欧洲展现了亚洲力量。之所以用“顶着”一词，是因为我们无法准确判断，这批在公元 4 世纪时出现在欧洲，并最早被欧洲人称为“黄祸”的游牧民族，是否真的与公元前 2 世纪崛起的匈奴帝国有直接的继承关系。不过，有一点是可以肯定的，这是欧洲人第一次体会到来自大陆另一端的巨大压力，以至惊恐的欧洲人将领导匈人入侵西欧的首领阿提拉称为“上帝之鞭”。

在匈人入侵南俄草原之前，统治南俄草原的是被称为“阿兰”的印欧语系游牧者。匈人的成功入侵，意味着印欧游牧集团在整个欧亚草原的落幕。尽管在后来的历史中，还有一些操印欧语、种族特征体现为高加索人种的游牧部落活跃于欧亚草原之上，但总的来说，此后整个草原变成了亚洲阿尔泰语系游牧集团的舞台。欧洲人则不得不面对一次又一次所谓“黄祸”的冲击。在欧洲人看来，除了匈人的那次入侵之外，还有两次源自亚洲的入侵，能够被冠以“黄祸”之称。它们的发动者分别是代表突厥语族的奥斯曼土耳其帝国，以及代表蒙古语族的蒙古帝国。区别在于，后者遵循的路线大致与匈人相当，即立足于南俄草原向中欧方向扩张；前者则从中亚向伊朗高原、小亚细亚渗透，并最终在巴尔干半岛和地中海方向成为欧洲人的噩梦。

在欧亚大陆，每一个边缘板块都不同程度地存在“北方危机”。除了中国人有切身体会的北方威胁以外，日耳曼人对罗马帝国的颠覆、北欧维京海盗对西欧的侵扰，以及印度一次又一次面临来自西北方向的入侵，都是这一危机的具体体现。人类追求更好的生活环境的欲望在其中起了关键作用。相比环境优越的富庶地区，边缘区域改变生存环境的欲望更为强烈。

在欧亚草原上，这一情况同样存在。尽管南俄草原与蒙古草原的纬度相当，但后者的生存环境显然要恶劣得多。以草原上最重要的战略物资之一——马为观察视角，可以看到，印欧语系游牧民族率先驯服了马，使得他们在这场草原竞争中占得了先机。优良的草场环境，使得欧洲培育出来的马种相比亚洲马种要更为高大。斯基泰人所骑乘的马匹，肩高可达145~150厘米，在负重及冲刺能力上占据优势。反观蒙古高原所孕育出的蒙古马，体型就要比欧洲马矮得多了，其肩高大都在120~135厘米。然而，恶劣条件也造就了蒙古马不挑食、耐低温、耐力好、体力强的特点。后来席卷欧亚大陆的蒙古人可以连续十几天不下马，以一昼夜行军上百公里的速度机动（中间会换马），如果没有任劳任怨的蒙古马，是不可能做到的。

总的来说，骑兵大体分为两种类型：机动能力强、善于用弓箭攻击对手的轻骑兵，和装甲较重、用于冲毁敌军阵形的重骑兵。由于马的负重、冲刺能力更好，欧洲游牧民族更有条件发展重骑兵；反之，基于蒙古马的特点，在北亚游牧民族中，轻骑兵则成为主力。一个游牧军事集团要想占得优势，这两个兵种其实都是要配备的。只不过，技术上更为倚重哪一点，决定了战略天平倒向何方。

弓箭是亚洲游牧者为配合轻骑兵特点而重点发展的远程攻击性武器。中原王朝一提到那些让他们头痛的游牧民族，首先想到的就是骑射。在辽阔的欧亚草原上，拥有大范围的机动、迂回及远程攻击能力，本质上会更有优势。“敌进我退，敌驻我扰，敌疲我打，敌退我追”的游击作战十六字诀，其实也是以轻骑兵为主的亚洲游牧民族的战斗特点。

由于南俄草原并非东欧平原的全部，东欧平原的中北部为大片森林地带，因此游牧民族在扩张时，势必与世居于北方森林的民族发生纠葛。蒙古人建立的金帐汗国与俄罗斯（包括其源头基辅罗斯）之间长达数世纪的博弈，是发生在这片土地上最知名的博弈，俄国的胜利也完全改变了东欧平原的地缘政治背景，乃至基础的地缘格局。这当中最大的变化，并不在于俄罗斯代表欧洲统治了这片草原，并且向亚洲方向延伸了如此辽阔的领土，而在于南俄草原在这个进程中渐渐失去了游牧属性，被开发成一个重要的粮仓。

在漫长的历史进程中，以草原、森林民族属性参与东欧平原博弈的民族和政权，远不止俄国人和蒙古人。详细解读这些历史将是一个宏大的工程。不过，我们可以从基础的地理背景入手，找到两个关键的节点，并通过对它们的解读，揭示这一博弈的基本规律。这两个节点在沙皇俄国的历史上都非常著名，一个叫作基辅，另一个则是喀山。

基辅并不仅仅是当下乌克兰的首都，它更是包含俄罗斯、乌克兰、白俄罗斯三大民族在内的整体东斯拉夫人的政治源头。公元 882 年（一说 862 年），来自瑞典方向的瓦良格人，在基辅建立了东斯拉夫历史上第一个王朝——留里克王朝。中国人知道“瓦良格”这个标签，大多与辽宁舰的前身——瓦良格号航空母舰有关。这个词实际上与另一个著名地缘标签“维京人”关系更为紧密。简单点说，二者其实指的是同一族群。只不过基于地理方位原因，源出挪威、丹麦一带的北欧斯堪的纳维亚人，是沿着大西洋海岸线南下西欧的；源出瑞典的这部分，则由波罗的海东端进入东欧森林地带，寻找权力和财富。

“瓦良格”在斯拉夫语中的原意为“商人”。从这点来看，这些斯堪的纳维亚人比那些被视为海盗的维京人，名声要好些。在相关传说中，这些瓦良格人是受当地斯拉夫部落邀请来制止内乱，并最终选择以基辅为政治中心建立王朝的。在欧洲历史上，类似的事件时有发生。很显然，这件事情当中不会只有歌声和美酒。但是，这些并不是我们现在所关心的。事实上，在欧洲的政治史中，统治阶层的出身与被统治国家的民族结构一开始毫无关系的情况是常态（但最终会融入）。相比之下，我们更关心的是，为什么会是“基辅”。

选择基辅的原因有两个。一是其位于第聂伯河之侧。配合北方注入波罗的海的河流，这条源自俄罗斯境内、注入黑海的河流，可以为罗斯人打通一条连接波罗的海与黑海、地中海的商道，在身处东地中海的拜占庭帝国为当时全欧洲最繁荣之地的背景下，这条商道意味着巨大的利益。实际上，这也是瓦良格人进入东欧平原，并最终介入斯拉夫人政治的初始原因。在通过瓦良格人和基辅罗斯输入拜占庭帝国的商品中，产自波罗的海地区的琥珀曾经是最引人注目的消费品。一如“丝绸之路”“茶马古道”之类的命名，这样一条纵穿东欧平原西部的商道，也被称为“琥珀之路”。

在基辅罗斯连通商道的努力中，活跃于南俄草原的游牧民族是绕不开的障碍。罗斯人需要一个能够受到森林保护，同时又能与草原相接的枢纽点作为统治中心，这是选择基辅的第二个原因。每两个植被带中间总会有兼具二者特色的过渡地带，森林草原就是草原与温带落叶阔叶林之间的过渡带。就南俄草原与北方森林之间这条南北纵深约 100~250 公里的森林草原地带来说，整体呈由东至西逐渐收窄的走势。基辅则位于森林草原地带与森林地带的相接处。

尽管基辅的位置有利于罗斯人向南对游牧者施压，但力的作用是相互的。在南俄草原那些分散的部落得以被统一在一面战旗之下时，基辅身处森林地带前沿的位置，反而成为一种劣势了。这一劣势，在蒙古西征并建立强大的金帐汗国后显露无遗，其后曾经一度强大的基辅罗斯，被迫分裂为若干独立公国。鉴于基辅的位置是那么容易遭遇游牧者的侵扰，整个东斯拉夫的地缘政治中心逐渐转移到了位于森林深处、伏尔加河上游的莫斯科，并以此为基点最终成就了强大的俄罗斯帝国。

顺便说一下，“俄罗斯”这个名称其实是一个误会，它原本的发音就是“罗斯”。蒙古人在称呼它时，在单词前面加上定冠词，使之变成了现在我们熟知的“俄罗斯”。从这个角度说，清朝时期将沙皇俄国翻译为“罗刹国”

倒是挺符合信、达、雅的翻译原则的。在莫斯科夺取罗斯的政治遗产后，最初的罗斯国就只好加上一个“基辅”的前缀来与之区别了。有趣的是，在乌克兰独立之后，不止一次有议员提案，希望将“罗斯”之名夺回来，并将“俄罗斯”改称为“莫斯科维亚”（意为“莫斯科之地”）。或者即使夺不回这笔地缘遗产，最起码也应该使用“乌克兰－罗斯”一名。尽管看起来有些道理，但这一愿景在当下的地缘政治环境下，显然不具可操作性。

如果说第聂伯河上下游节点的基辅是东欧平原南北博弈的西线代表，那么位于伏尔加河上下游节点的喀山，则是东线的代表了。喀山目前是俄罗斯第八大城市，历史地位与圣彼得堡、莫斯科处于同一等级（此三城为俄罗斯三大历史名城）。身处伏尔加河流域的节点，是喀山能够享此殊荣的重要原因。毕竟整个伏尔加河流域在俄罗斯的历史中太重要了，仅人口就占了俄罗斯总人口的 40% 以上。这条俄罗斯的母亲河有两个源头，东源是发源于乌拉尔山西坡的卡马河；东西向横切俄罗斯中部丘陵地带的西源，则被认定是伏尔加河正源。伏尔加河与卡马河合流地带，同样属于森林草原地带。只不过这一森林草原地带的南北纵深要更宽，从喀山一直向南延伸到古比雪夫水库（俄罗斯在伏尔加河修建的大型水利工程）的南端。

与类似地理背景的基辅成为东斯拉夫人政治源头不同的是，位置更为边缘的伏尔加河所纵切的这片森林草原地带，则带有更多的游牧基因。位于这片森林草原地带北部，以喀山为首都的鞑靼斯坦共和国，是这一区块目前在俄罗斯境内的行政标签。伏尔加河－卡马河口地区今天仍然挂着一个带有游牧属性标签的“鞑靼”，大家从中也能感觉到，这一地区历史上是南俄草原游牧势力向北扩张的桥头堡，就像基辅是斯拉夫人向南扩张的跳板一样。

最早在这一地区建立国家的游牧者，是一支隶属于突厥系游牧集团的民族——保加尔人。公元 7 世纪，受益于突厥帝国在亚洲的崛起，很多操突厥语的亚洲游牧民族迁徙到了南俄草原，保加尔人便是其中一支。这支游牧部落建立的最著名的国家，是与斯拉夫人融合后的保加利亚。很多人也是通过保加利亚获知保加尔人的存在的。相比之下，在伏尔加河中游一带存在过的保加尔汗国就不是那么著名了。为示区别，这个汗国通常被称为“伏尔加保加利亚”。

如果说南下巴尔干的保加尔人最终的选择是与南斯拉夫人融合（当下保加利亚语已属于斯拉夫语族），并接受东正教信仰，那么留在伏尔加河森林草原地带的保加尔人则保留了更多的游牧基因。在蒙古人成为草原之主后，这些保加尔人与蒙古人及其带来的各类游牧部落融合，成就了俄国人眼中的“鞑靼人”。在金帐汗国分裂之后，依靠森林草原地带农牧兼备的属性，以及伏尔加河交通枢纽点的优势，以喀山为中心的喀山汗国得以建立（1438—1552）。

很显然，以喀山所处的位置来说，它必然属于俄罗斯帝国扩张的第一目标。对喀山的征服，是俄罗斯崛起的重要标志。为了抵御东斯拉夫人的压力，喀山的鞑靼人与西干草原的大多数游牧者一样，选择了另一个宗教阵营。这一选择，亦使得今天的鞑靼和喀山成为俄罗斯腹地颇有异域风格的板块。不过，基于俄罗斯帝国的强势崛起，以及整个南俄草原的去游牧化，今天的东欧平原整体已经斯拉夫化或者说欧洲化了。只不过，在这一进程中，那些来自亚洲的游牧基因，不可避免地对俄国的地缘属性造成了重大影响。

俄罗斯国徽上的“双头鹰”标志，很能代表其欧亚双重属性。尽管欧洲很多国家都在使用这笔源自东罗马帝国（拜占庭帝国）的历史遗产，但从地缘政治角度来说，没有谁比俄国更适合继承的了。除了地域上横跨欧、亚两洲以外，民族文化上的双重属性，才是俄国在欧洲人看起来像亚洲、在亚洲人看起来是欧洲的根本原因。这一混合基因，并不是俄国扩张得来大片亚洲领土之后才形成的，而是通过征服南俄草原逐渐融入的。

广义来说，“鞑靼”一词在俄国或者西方的语境下，可以是包含所有亚洲马上民族特征的族群，就像清朝的建立者经常被西方纳入这个范畴一样。在欧洲范围内，对鞑靼族群的印象，往往又体现为突厥语族加伊斯兰信仰（源自奥斯曼帝国）。不论哪种理解，所谓鞑靼族群都对俄罗斯地缘属性造成过重大影响。有俄国研究者甚至认为，大约 1/4 的俄国贵族拥有鞑靼血统（甚至沿用鞑靼姓氏）。当然，这些曾经在欧洲历史中以“黄祸”面目示人的亚洲基因，能够进入俄国统治阶层的首要条件是皈依东正教。参考盛唐时期那些明显带有异域风格姓氏的历史人物为中央之国所做的贡献，以及对唐王朝风格的影响，你就不会觉得俄国的这种现象难以理解了。

乌拉尔人与基督教之盾

乌拉尔人是个存在感不强的族群，但从语言角度看，最起码今天的匈牙利、芬兰、爱沙尼亚三国的主体民族与之有渊源。鉴于乌拉尔人并没有湮灭于历史的长河中，所以还是很有必要解读一下其前世今生。

与印欧、闪含、突厥这类族群概念一样，乌拉尔人也更多是通过语言而不是基因来归类的。所谓乌拉尔语系，是一个与印欧语系、阿尔泰语系、汉藏语系、闪含语系平级的语言分类。从“乌拉尔”这个标签来看，这个族群的生存之地，肯定跟欧亚大陆的分割线乌拉尔山脉有关。今天在乌拉尔山脉两侧，仍然生活着若干能被归类于乌拉尔人的民族，包括科米人、涅涅茨人、汉特人、曼西人。尽管人口只有数万至数十万不等，但基于民族自治原则，俄国人还是为他们设立了民族自治区。这使得我们很容易在行政地区上观察原始乌拉尔人曾经的分布范围。

乌拉尔人的原始种族特征显示为黄种人。相对来说，身处乌拉尔山脉东侧，也就是西伯利亚地区的乌拉尔民族，会保有更多的黄种人特征、原始宗教信仰，以及渔猎属性（人口也更少）；反之，身处东欧平原的乌拉尔人，在各方面显示出较明显的“欧洲”特征。及至深入欧洲腹地的芬兰、匈牙利、爱沙尼亚三国，你甚至已经很难从当地主体民族的外表看出其与亚洲的联系了（参见本书第一章“欧亚大陆语言分布示意图”）。

大多数情况下，语区的分布规律和种族的分布规律是一致的。除了那些明确可以归类于几大人种的族群以外，在一些板块相接之地，也会出现混血种族。最典型的就是身处欧洲草原与北亚草原之间的中亚地区了，今天覆盖于这一地区的突厥系民族，明显呈现出黄白混血状态。事实上，乌拉尔人也一定程度上呈现出这样的特质。不过早在人类进入文明阶段之前，初始为黄种人的乌拉尔人就已经在欧洲生活了，所以对于身处亚洲的中国人来说，欧洲乌拉尔人血液里到底带有多少黄种人基因，其实并无助于提升民族或者种族自豪感。

大约7000年前，原始乌拉尔人已经生活在乌拉尔山脉西侧，也就是后来被打上“伏尔加保加利亚”“喀山汗国”“鞑靼斯坦”等标签的那块风水宝地。如果可以选择，人类不会优先选择气候恶劣的区域生存。然而，在印欧、阿尔泰两大语言集团的共同挤压下，乌拉尔人并没有太多机会扩大他们在温带地区的影响力。不过，在让人望而却步的亚寒带地区，能够对乌拉尔人构成障碍的就只有气候了。

永远不要低估人类的适应性，虽然亚寒带地区几乎没有农业潜力，但针叶林和依附它生存的动物，还是足以支撑人类最基本的温饱需求的。只是依靠最原始的渔猎生产方式，亚寒带乌拉尔人的人口数量将极其有限，基本没有可能对外部地区构成威胁。当然，恶劣的环境也会大大降低外族对这片土地的兴趣，使得乌拉尔人有机会在封闭状态中延续自己的民族文化。原始乌拉尔人应该在公元前就已经覆盖了从斯堪的纳维亚半岛到西西伯利亚平原的亚寒带针叶林带。只不过，和其他语言集团一样，由于区位、迁徙时间不同，乌拉尔人也分裂成了不同的部族。今天，从斯堪的纳维亚半岛到西西伯利亚，生活在森林气候区的乌拉尔人，最初都是由伏尔加河中游开始扩散的，我们可以将之称为“伏尔加乌拉尔人”，以区别于更早的来自亚洲的族源。

以语言归类的话，“伏尔加乌拉尔人”也可以被称为“芬兰－乌戈尔人”（芬兰－乌戈尔语族），归类为这一语族的乌拉尔人中，最为人熟知的应该就是芬兰人了。不过，“芬兰”这个标签已经成为所有芬兰人的标签，纯粹从民族角度划分，将之称为“芬人”会更加清晰。芬人是在公元1世纪迁入芬兰半岛的。迁徙的动因，很可能和斯拉夫人的东进有关。而之前覆盖芬兰半岛乃至斯堪的纳维亚半岛中北部的，则是另一支更早到达北欧的乌拉尔人——萨米人。

在芬人和斯堪的纳维亚人（日耳曼人北支）的共同挤压之下，今天的萨米人已经成为一个寒带民族了。北极圈内极度严酷的气候成为他们最后的庇护。在这片极限之地上，树木因为寒冷基本已经无法生存。只有那些紧紧贴附地面生长的草本植物、苔藓、地衣等，才有机会自然选择出耐寒品种。依据这一植被覆盖情况，亚寒带针叶林带以北的这片土地，也被称为“苔原”（或“冰原”）。对于生存在苔原之上的民族，我们最熟悉的莫过于主要生活在北美大陆最北部的因纽特人（白令海峡西岸的东西伯利亚山地也有分布）。

在新大陆被发现之前，整个美洲都是地球上的地缘孤岛，无法与多样性的“世界岛”（欧亚非大陆）交流，更别说生活在苔原之上的因纽特人了。地缘环境的封闭，使得因纽特人的生产生活方式一直处在渔猎阶段。说到这里，可能会有人觉得奇怪，在如此极限之地，靠天吃饭难道不是唯一的选择吗？答案是否定的。最起码身处欧洲，有机会与其他文明接触的部分萨米人，学习到了另一种生产方式——游牧，以增加自己的食物来源。当然，凡事都是要付出代价的。萨米人所付出的代价，就是失去了自己独特的语言，成为芬兰－乌戈尔语族的一员。

在不同的地区，游牧民族会因地制宜驯养不同的有蹄类动物。雨水较多的草甸草原可以养牛，相对干旱的干草原以牧羊为主，更加干旱的荒漠草原可以养骆驼，至于苔原上最有机会被驯养的经济动物，就是驯鹿了。萨米人大规模游牧驯鹿，是中世纪结束之后的事情。不过，这支极地民族驯养驯鹿作为交通工具的历史，肯定要远远早于这个时间。这一古代文化对世界最大的贡献，就是融入了欧洲民间传说，并最终演变出孩子们喜欢的“圣诞老人”。今天萨米人所在的芬兰、挪威北部拉普兰等地区，也被公认为圣诞老人的故乡（萨米人也被称为“拉普人”）。鉴于圣诞老人为世界带来了那么多的欢乐，即便在这本只关心地缘政治的书里，也应该为他们留下一席之地。

回到竞争激烈的温带世界。受到印欧人挤压、逐渐边缘化的乌拉尔人，并非完全没有机会让文明世界记住他们。只是他们要是一直待在森林里，出头的机会就不大了。加入游牧民族的行列是一个不错的选择。受环境开放性的影响，游牧民族对于接纳外来族群的态度比定居者要开放得多。换句话说，只要你愿意在草原上生活，就有机会成为他们中的一员。当然，前提是你自己要能适应艰苦的游牧生活。

对于定居者来说，游牧生活是没有吸引力的，即使因为种种原因被迫加入游牧阵营，他们也会一直思念故土那相对富庶、安定的生活。然而，对于经济层级更低的渔猎者来说，这种身份转换障碍要小得多。一方面，游牧生活所能提供的食物要相对稳定；另一方面，森林渔猎者出于机动的需要，通常也已经变成“马上民族”（除非没有养马的条件），更容易适应新的环境。事实上，很多游牧部落都有过这种身份的转换。比如我们熟悉的鲜卑，最早就是游牧的东胡的一员。在东胡被匈奴击败之后，他们选择退入大兴安岭北部，被迫以渔猎为生。在匈奴帝国遭遇汉帝国重压而崩溃后，鲜卑人又成为蒙古草原的主人，进而入主中原。

正常情况下，渔猎民族向游牧民族转换有一个自然过渡过程。前面我们也说了，森林和草原之间存在一条过渡性的森林草原地带。比如大兴安岭和燕山山脉之间的西拉木伦河流域，就是典型的森林草原地带。从这里走出的乌桓、契丹等民族，最初都具有鲜明的渔猎、游牧混合结构的特点。类似的情况也会发生在南俄草原与乌拉尔人所处的温带森林之间。也就是说，乌拉尔人如果愿意的话，是可以选择游牧生活的。在印欧语系游牧民族统治南俄草原时，肯定已经有乌拉尔人这么做过了，只不过他们并没有机会保留自己的文化（结局是被更为强势的草原民族融合）。

愿意走出森林，进入草原打拼的乌拉尔人，终于在公元 4 世纪迎来了属于自己的机会。当匈人挥师西进，让整个欧洲都为之战栗时，游牧者作为一个利益共同体，也在欧亚大陆西端迎来了自己的盛宴。这个更加广阔的舞台上，有着足以让所有游牧者分配的土地和利益（降低了内部竞争度）。在这个大背景下，一部分乌拉尔人也有机会分上一杯羹。他们中的一支，甚至成功地在欧洲地缘政治舞台上争得了一席之地。今天，我们依然能够在喀尔巴阡山脉之南，看到带有乌拉尔人基因的地缘标签——匈牙利。

在缺乏高大山脉的欧洲，喀尔巴阡山脉的存在有着特别的意义。很大程度上，这条山脉在地缘上所起的作用，类似于中央之国的阴山山脉。从阿尔泰山一路向西，横穿整个西干草原带的游牧者，只有在喀尔巴阡山脉面前时，才会感觉到地理障碍的存在。这条山脉的走势整体呈反 C 状，依据位置可以分割为三部分：北部与中欧平原对接的北喀尔巴阡山脉、东部直面东欧平原的东喀尔巴阡山脉，以及南部面对多瑙河下游平原和巴尔干半岛的南喀尔巴阡山脉。

反 C 状的喀尔巴阡山脉，与阿尔卑斯山脉及巴尔干半岛的主脉迪纳拉山脉，共同围就了一个标准的盆地区。鉴于喀尔巴阡山脉在这一地理单元的形成中发挥了最重要的作用，我们可以将之命名为喀尔巴阡盆地。让人意外的是，看起来更有机会与南俄草原融为一体的喀尔巴阡山脉的外围，其实并不是草原地貌，而在喀尔巴阡盆地内部，却存在着一片干草原地带。

先来看看喀尔巴阡山脉的内部地理结构。覆盖这一盆地区的水系，是 Z 字形蜿蜒的多瑙河中游及其支流。依据山形水势，大体可以将之分为三个部分：多瑙河中游平原西半部的潘诺尼亚平原、东半部的匈牙利大平原，以及东南部的特兰西瓦尼亚高原。其中，匈牙利占据了多瑙河中游平原的大部，而特兰西瓦尼亚高原是罗马尼亚的重要组成部分。

在罗马帝国时代，潘诺尼亚平原及特兰西瓦尼亚高原曾经是帝国最

喀尔巴阡山脉及周边示意图

东北部行省的所在。强大的罗马帝国之所以未能控制整个喀尔巴阡山脉，在于匈牙利大平原还有一个标签——匈牙利草原。山地的包围以及风向的原因，使得喀尔巴阡盆地内的降水量呈现自西向东递减的走势。地势更为平坦的多瑙河以东，草本植物取代乔木成为主要植被，并且成为游牧民族的乐园。

匈牙利草原的主体在今天的匈牙利东部，也包括塞尔维亚、罗马尼亚、斯洛伐克的部分领土。其核心水系是发源于北部西喀尔巴阡山脉的蒂萨河，这条多瑙河左岸支流的中游地区，是整个喀尔巴阡盆地中最为干旱的区域。不过发展农业并不是只依靠降雨，如果有山地为之集水的话，运用灌溉技术，草原甚至荒漠也能成为农业区（比如中亚的绿洲农业区）。正是由于这一点，今天匈牙利大平原的农牧分割线已经向东收缩。为了保护匈牙利东北部还未进行农业开发的干草原地带，匈牙利政府在此成立了保护区性质的霍尔托巴吉国家公园。

很显然，以步兵方阵为核心的罗马军团，在草原上没有丝毫优势。在罗马帝国时期，横行于匈牙利草原的游牧民族，还是印欧语系游牧民族。真正让这片草原声名鹊起的，却是来自亚洲的游牧民族——匈人。正是在翻越喀尔巴阡山脉入主匈牙利草原后，匈人才得以利用这个跳板，向西欧方向扩张，并在整个欧洲引发恐慌。以至大多数人认为，“匈牙利”一词正是源自匈人。在这片孤立草原上，匈人其实更像一个过客，最终抓住历史机遇并成为匈牙利主人的，是一支原本并不起眼的乌拉尔系游牧者——马扎尔人。

马扎尔人是匈牙利民族及国家的源头。在他们翻越喀尔巴阡山脉之前，这片草原已经被无数操各种语言的游牧者所占据。马扎尔人的成功，在于他们做出的脱离游牧体系、加入西方体系的战略决定。在宗教取代民族成为划分阵营的最显性标志的中世纪，这一转变是以接受基督教信仰为表现的。公元1000年，马扎尔人决定整体皈依天主教，并接受罗马教廷的加冕和祝福。

这个千禧年被视为天主教进入匈牙利王国的起点。很显然，马扎尔人的这一转变，对整个西方来说都是一个利好。一片本为游牧民族入侵欧洲腹地跳板的草原，华丽转身为一面“基督教之盾”。此后很长一段时间，匈牙利骑兵都是基督教世界的护卫者，并且帮助西欧抵御来自蒙古人、奥斯曼人的入侵。马扎尔人并不是唯一做出类似选择的游牧者。前面提到的保加利亚是另一个例子，只不过与拜占庭接近的保加尔人在宗教上的选择是东正教罢了。

当然，事情是双赢的。马扎尔人同样因为这一转变而受益。最起码他们在多瑙河西岸的存在与扩张，不会再被视为一种威胁。反过来，匈牙利领土内农耕之地的增加，也加速了它与西方文明的融合。无论从哪个方面来看，今天的匈牙利都是一个完全的欧洲民族。从大历史的角度看，如果一千年前马扎尔人没有做出那个决定，他们应该也只是匈牙利的过客（虽然很可能还有其他民族继承“匈牙利”这个名称），毕竟游牧者最终甚至连南俄草原都失去了。

第四节 | 斯拉夫人

人是地缘研究中最重要的因素之一。在游牧势力衰退之后，斯拉夫人成为整个东欧地区的核心民族。这当中的代表，自然是俄罗斯人。只不过，斯拉夫人也好，俄罗斯人也罢，都只是一个大的分类，并无可能仅仅因为这样一个标签就形成合力。下面这些文字，将为我们全景展现斯拉夫人内部的复杂关系。

俄罗斯人和他们的邻居 [1]

俄罗斯帝国的崛起，让“斯拉夫人”这个族群标签能够以强者的姿态展现在世人面前。更准确地说，我们应该将他们称为“东斯拉夫人”。如果不是当年苏联的民族政策，也许包含俄罗斯、乌克兰、白俄罗斯三族的东斯拉夫人就成为共同的“罗斯族”了。关于族群的认定到底以什么为标准，历来是比较有争议的。“共同语言”大体是比较统一的认知。如果被归为同一民族，但彼此之间却没有共同语言交流，的确是很难想象的。由

[1] 参见本书第一章“欧亚大陆语言分布示意图”。

此可见，无论“中华民族”还是“美利坚民族”的认定，“语同音”都是必须要做的（放在中国就是推广普通话）。在内部结构松散且呈现明显南北族群差异的印度，这一融合工作则体现在对印地语的推广上。

然而，一个族群需要共同语言，却并不代表有了共同语言就一定会成为同一个民族。所谓“民族”，很大程度上其实是一个政治问题。语言学中有句话，“语言是一种拥有了军队的方言”，放在政治碎片化的欧洲再合适不过了。比如，要是荷兰和德国是一个国家，那么荷兰语就是德语的一种方言。反之，如果德国南北分裂，那么南部的“高地德语”与北部的“低地德语”也会由方言上升为两种语言。

回到这部分的重点——斯拉夫人的问题上来。以语言属性来归类的话，除了我们前面所说的，生活在东欧平原上，曾经在政治上共同归属于沙俄、苏联的东斯拉夫人以外，斯拉夫人还拥有两个分支，即主要包含塞尔维亚人、克罗地亚人、黑山人、斯洛文尼亚人、马其顿人、保加利亚人的南斯拉夫人，和包含波兰人、捷克人、斯洛伐克人的西斯拉夫人。很显然，这一划分的依据主要就是前面所说的政治。上述每一个被归类的民族，当下都拥有自己的独立国家。尽管还会有一些人数极少、在语言上可以归于上述分类的民族，但在他们建立独立、半独立政治版图前，真正对他们感兴趣的估计只有语言学家。

中欧平原上的维斯瓦河流域，被认为是斯拉夫人最初的聚集地，这条河流当下位于波兰东部。公元初，斯拉夫人与他们的宿敌日耳曼人的分割线，是今天波、德两国的政治分割线奥得河。也就是说，今天的波兰可以被认定是斯拉夫人的祖地。事实上，在二战之前，波兰曾经几度被德、俄两个强邻瓜分，其国境线也在中欧平原不断地东西摇摆。波兰的存在似乎就是为了充当日耳曼人和他们的东斯拉夫远亲的缓冲区。

只不过，在这个缺乏山脉分割的大平原地带，缓冲国的必要性是一定的，但具体偏向哪一方就不一定了。总的来说，这取决于波兰的两个强邻谁更加强势。最近的例子，是二战前因为德国的强势，波兰的领土范围要比现在偏东。在第三帝国崩溃、苏联成长为超级大国之后，德涅斯特河、第聂伯河等苏联境内主要河流的上游地区，被从波兰领土中剥离。已经成为东欧社会主义阵营一员的波兰，则从西面的德国那里得到了相应的补偿。通过连锁式的民族迁徙，这一调整得到巩固。从苏联的角度来看，这样的划分不仅更符合地理原则（让自己得以统治整个东欧平原），也帮助斯拉夫人完整拿到了自己的祖地。

实际上，波兰也并非一直如此悲剧。整个欧洲地区的文明传播路径，是按照南欧、西欧、中欧、东欧顺序渐次推进的。这与罗马帝国的扩张方向，以及匈牙利、南俄草原的战略阻隔有关。换句话说，作为欧洲的初始整合者，罗马帝国在东北方向对战游牧者并没有优势，遂选择向西欧平原（法国）乃至外岛性质的不列颠（英国）扩张。居于阿尔卑斯山脉之北的日耳曼人，因与罗马人紧密的地理关系，比之位置偏东的斯拉夫人要更容易进入文明阶段。公元 5 世纪末，罗马在日耳曼人的入侵下崩溃分裂，西罗马帝国成为日耳曼人国家，便是这一位置优势所促成的。这一事件，也使欧洲进入了以宗教为显性地缘矛盾的中世纪时代。

相比之下，斯拉夫人进入欧洲文明视野要晚得多。在东欧平原整体还被隔离在欧洲文明之外时，波兰人所代表的西斯拉夫人，是最早融入欧洲文明的斯拉夫人。公元 996 年，当时为公爵国的波兰皈依天主教，并在不久后由教廷加冕升级为“王国”。16 世纪初，通过与波罗的人的联合（建立波兰-立陶宛联邦），波兰一度获得了与日耳曼人分庭抗礼的资格。只是在东欧的潜力被俄罗斯人发掘之后，失去边缘优势的波兰，无可奈何地成为德、俄之间的牺牲品。

除了语言与位置的差异，波兰与其南部的捷克、斯洛伐克两支西斯拉夫人，和东斯拉夫人最突出的差异，在于宗教信仰层面。简单点说，东斯拉夫人信仰的是东正教，而受西欧地缘影响深厚的西斯拉夫人，信仰的则是天主教。如果现实是将俄罗斯或者东斯拉夫人，视为斯拉夫族群代言人的话，那么西斯拉夫人这种民族、信仰上的双重性，很显然受到了地理位置的影响。这种双重性并非没有好处，最起码在苏联解体之后，上述三个与西欧地缘关系紧密的西斯拉夫国家在融入欧洲时要顺利得多。

同样的情况也发生在南斯拉夫人这个群体上。随着罗马帝国的崩溃，南斯拉夫人同样得到了改变命运的战略机会。公元 6 世纪，他们开始从波兰地区南下，纵穿喀尔巴阡盆地西部（潘诺尼亚平原），侵扰巴尔干半岛北部至多瑙河中下游一线的东罗马帝国边境地区。与此同时，被后人标注为“东罗马”但视自己为罗马正统的“拜占庭帝国”，需要一支新的力量取代反客为主的日耳曼人，帮助他们镇守北部边境（一如当年招安日耳曼人一样）。这种合作关系，一方面成就了现在的南斯拉夫人各族，另一方面也让他们中的大部分人接受了东罗马帝国主导的东正教。位于亚得里亚海沿海的克罗地亚人和斯洛文尼亚人是其中的两个例外。鉴于他们在地理上与日耳曼人主导的天主教世界接近，这种选择并不意外。

马扎尔人建立的匈牙利，是南斯拉夫人与西斯拉夫人分割为两个独立族群的原因所在。这支被天主教世界招安，并安置于喀尔巴阡盆地充当“基督教之盾”的游牧民族，不仅让天主教世界在战略上获得了一层保护，更因它的存在与壮大，客观上切断了南斯拉夫人与迁出地之间的地缘联系，使得斯拉夫人无法建立一个从波罗的海向南延伸至巴尔干的政治联盟。当然，考虑到苏联曾经一度将西斯拉夫、南斯拉夫，乃至匈牙利都纳入东欧社会主义阵营，这一政治联盟实际上还是出现过的。只不过，主导者并不是身处斯拉夫源头的波兰人，而是后发制人、在东方拥有巨大想象空间的俄罗斯人。

提到俄罗斯人，就一定绕不过与之几成世仇的德国人了。如果说前者是斯拉夫人的代表，那么后者就是日耳曼人的代言人。德国所处之地，在罗马时代被称为“日耳曼尼亚”，是日耳曼人的根基之地。从政治上溯源的话，斯拉夫国家以西的欧洲国家，都可以定位为日耳曼人国家，并与地缘政治意义上的西欧范围一致。西罗马帝国崩溃之时，源出日耳曼尼亚的部落，开始扩散至从英格兰到意大利的西罗马故土上。只不过，那些在西罗马领土上建国的日耳曼人，不可避免地在语言和种族上吸收了更多的罗马成分。法语、西班牙语、葡萄牙语，与意大利语一样，都属于罗曼语族（拉丁语族），而不是日耳曼语族。基于日耳曼体系内部的复杂性，“德意志”逐渐成为日耳曼源头之地的政治、民族标签。

共同的民族和政治源头，使得西欧国家在价值观上更容易取得一致。在中世纪，这种一致性很大程度上是通过天主教这个纽带连接起来的，并与以东正教为意识形态主体的拜占庭帝国相抗衡。16世纪，拜占庭帝国被奥斯曼帝国攻灭。东斯拉夫人适时接过了东正教大旗，欧洲的东西分立局面，也从地中海一带北移至中欧和东欧平原，并形成我们在近现代史上看到的德俄对抗的局面。在可以预见的将来，欧洲这种东西分立的地缘政治分割局面，并不会发生根本性改变。换句话说，欧洲统一的愿景并无可能把俄国包含进去。

冷战时期，是以苏联为核心的东欧体系最为强势的时间段。苏联人不仅将所有斯拉夫国家拉入了自己的阵营，甚至还控制了身处日耳曼核心区的东德。现在，局面则恰恰相反。俄罗斯不仅失去了所有与西欧之间的缓冲国，甚至还失去了乌克兰这个核心东欧（东斯拉夫）国家。“三十年河东，三十年河西”之说，用在这里实在是再恰当不过。正因为意识到这一点，俄国才一定要拿回最具战略意义的克里米亚，以及在乌克兰东部支持建立一个不受基辅控制的新缓冲地带。

纯粹从地理角度来看，发源于白俄罗斯境内，流经乌克兰注入黑海的德涅斯特河，是东欧平原位置最西的重要河流。苏联当年为白俄罗斯、乌克兰设计的西部边境，也可视为东欧与中欧的地理分割线。相比内陆国家属性的白俄罗斯，拥有黑海海岸线的乌克兰在地缘政治上的选择面要宽广得多。在俄罗斯政治影响力跌入谷底的今天，乌克兰选择融入西欧，白俄罗斯则继续与俄罗斯保持紧密同盟，很大程度上是受自身区位的影响。

在东、西欧地缘政治分立的舞台上，并非只有斯拉夫、日耳曼两大体系的存在。如果说曾经以“奥匈帝国”名义存在于西欧体系中，冷战中又加入东欧阵营的匈牙利，是双方在中线的争夺焦点，那么同样位于两大阵营之间的波罗的海国家（立陶宛、拉脱维亚、爱沙尼亚），则是双方在北线的争夺点。事实上，与游牧出身的马扎尔人相比，波罗的人与斯拉夫人、日耳曼人的渊源要深得多。同属印欧语系的波罗的语，甚至独自享有一个“语族”。这意味着，日耳曼人、斯拉夫人、波罗的人三族拥有共同的祖先。只是后者在前两者的挤压下，生存空间只剩波罗的海东南海岸地带了。

历史上，波罗的人覆盖的这片波罗的地区一直是日耳曼人和斯拉夫人试图融合的关键点。从地理角度来说，波罗的地区应该被划入东欧平原。然而在日耳曼人控制了波罗的海西部和北部的情况下，日耳曼人对波罗的地区施加影响，甚至比莫斯科或者基辅要容易得多。鉴于波罗的海位置的重要性，这场争夺很大程度上又是关于波罗的海控制权的争夺。在这场争夺中，上演了无数历史事件，其中有两件最具地缘政治风向标意义：一是条顿骑士团国的建立，二是圣彼得堡的建立。

1200 年，在十字军东征时成长起来的日耳曼人性质的条顿骑士团，决心以波罗的地区为目标展开一场“圣战”（名义上是让波罗的人皈依天主教）。德意志开始渗透波罗的海地区时的最大地缘障碍，并不是尚处在未开化状态的东斯拉夫人，而是身处二者之间的西斯拉夫人政治代表——波兰。因此，条顿骑士团最初只能以“圣战”之名，在波罗的地区西端建立一块飞地，并接受波兰王国的政治领导。这块飞地，即是近代德国统一的源头之地——东普鲁士。然而，波兰的存在，对于东普鲁士与德意志本土连成一片始终是一个难以解决的结构性问题，除非将波兰彻底变成一个内陆国。波兰领土的几度变迁都与德国的这个需求有着密切关联。

今天的德国已经不再需要为要不要给波兰一条连通波罗的海的“波兰走廊”而烦恼了。因为在二战之后，俄罗斯拿走了东普鲁士的核心之地，并将之变成了俄罗斯人的加里宁格勒。在波罗的人借苏联解体之机，脱离其控制并倒向西方之后，这片东普鲁士故地，现在又成了俄罗斯人的飞地。好在将海洋视为俄国崛起关键的彼得大帝，18 世纪初已经在波罗的海地区的东部拿到出海口，并建立圣彼得堡（苏联时期的列宁格勒），甚至将首都从莫斯科迁至此（1712 — 1918）。这一战略性的设计，使得今天的俄罗斯可以绕过陆地上的地缘障碍，通过海路与这片重要的飞地相连。在俄国人从乌克兰手中拿到克里米亚后，类似的情况同样存在。唯一不同的是，克里米亚半岛与俄国本土之间，相隔的是一条最窄处仅有 4 公里的刻赤海峡，这使得俄国人可以通过修建一座桥梁让这块飞地与本土相连。

单从加里宁格勒、克里米亚在俄罗斯的存在来看，很容易让人感觉到俄国人的强势。然而，考虑到俄国人曾经把控制线向西压至中欧腹地，这两个点的存在，只能算是帝国最后的坚持了。从地缘角度切入了解俄罗斯和它的邻居们的故事，可以帮助我们判断俄国人在欧洲的期望值以及底线在哪里。

哥萨克

在俄国向欧亚草原，乃至远东方向扩张的过程中，被称为“哥萨克”的特殊族群起了关键作用。出现在历史舞台上的哥萨克骑兵骁勇善战，极度渴望自由，同时又冷酷无情，就连两千年来统治草原的游牧骑兵在他们面前也黯然失色。南俄草原是哥萨克的兴盛之地，在这片肥沃的草原上，河流是最为显著的地理标志。依聚落地的不同，哥萨克内部被贴上了“顿河哥萨克”“伏尔加哥萨克”“乌拉尔河哥萨克”等标签，甚至还会根据所处流域的上下游位置再进行细分。

哥萨克出现的历史背景，与草原帝国周期性的衰弱有关。在控制南俄—中亚草原的蒙古金帐汗国不可避免地陷入衰退、分裂状态，沙皇俄国又尚未染指草原的15、16世纪，中亚草原、南俄草原所组成的西干草原地带，出现了一段时间的权力真空。一方面，一部分试图脱离沙俄（包括波兰）控制的斯拉夫农奴或者城市贫民开始逃亡到南俄草原，与同样不愿意接受汗国统治的游牧者为伍，并最终形成能适应草原生活的哥萨克。另一方面，一些突厥游牧部落脱离金帐汗国的控制成为“自由人”。15世纪中期，后者甚至在中亚草原建立了哈萨克汗国。

蒙古人在欧亚草原建立的游牧体系最终崩溃，并不让人感到意外。所谓有盛就有衰，无论多强大的帝国都会经历这个过程。只不过，按照过往的经验来说，草原上的政治重组，始终是游牧民族内部的事情。或者说，无非这些部落当中有一个最强大者最终统一了整片草原，并将自己的族名覆盖到其他部落头上罢了。然而，这一次情况却有些不同。因为从欧洲方向参与草原地缘结构重组的哥萨克，并非游牧体系的天然成员，相反，他们更应该被视为西方文明在草原上的代理人。

关于哥萨克的出身，前文也说了，尽管最初混迹于突厥语游牧者中的斯拉夫人一度也被视为鞑靼人的一部分（“鞑靼”一词为欧洲人对亚洲马上民族的统称），但随着这些草原斯拉夫人的人口比例渐渐上升，他们终究还是独立出来，成为一个有别于亚洲游牧民族的特殊族群。事实上，“哥萨克”一词并非源自俄语，而是突厥语中“自由的人”的意思。只是当这鸠占鹊巢的草原斯拉夫人占用了这个名称之后，俄国人只好用“哈萨克”来称呼这里本来的主人。

哥萨克之所以成为草原游牧体系的终结者，源于他们与游牧体系迥异的地缘背景。尽管看上去他们也是一个驰骋在草原上的马上“民族”。之所以为“民族”二字打引号，是因为在俄国官方认定的民族体系中，并不承认哥萨克是一个单独的民族，而只将其看作俄罗斯族内部的一部分罢了。这种情况与汉族中的客家人颇有些类似。不过，这些官方的认定并不影响我们将之视为一个单独的族群，从地缘角度来审视他们的存在。

哥萨克与哈萨克的区别，首先在于人种上。虽然哥萨克在形成过程中也吸收了一些突厥游牧者，但族群的基本属性还是属于斯拉夫人（主要是俄罗斯人、乌克兰人）。事实上，能够沉淀在南俄草原的亚洲游牧者，本身在种族特征上就已经高加索化。因此哥萨克群体形成之后，在种族特征上与其他东斯拉夫同族并没有本质差异；后来被定义为“哈萨克”的族群，则是在中亚已经生活了上千年，并不断补充新成员加入的混血突厥游牧部落。身处欧亚交接之处，使得哈萨克汇集了很多历史上曾经强盛一时的部落（比如乌孙、乃蛮）。这使得哈萨克群体各部在种族上表现得千差万别。你既能在其中找到纯粹的北亚蒙古人种特征，也能看到金发碧眼的高加索人种形象。

人种上的差别，并不是造成他们分为两大族群的根本原因。实际上，所谓的突厥人，本身就是由欧、亚两股游牧势力混合而成的。在草原游牧者看来，肤色、长相从来不是阻止他们融合的问题。哥萨克之所以没能融入哈萨克，或者说彻底成为草原游牧者，根源之一在于那些为脱离沙皇俄国控制、选择进入南俄草原做“自由人”的斯拉夫人，已经拥有了成熟的民族认同，在文化中很难融入突厥体系。尤其是在俄罗斯帝国从拜占庭（东罗马）帝国手中接过东正教中心的位置后，这些在政治上试图脱离俄国控制的“自由人”，最起码在宗教层面会很难接受另一个版本的一神教。

就这一点而言，虽然强势但在“文化”上略显粗犷的蒙古人（蒙古人最初信奉的是原始的萨满教）就吃过大亏。代表帝国征服各方的部落，后来大都被当地文化、民族所吸收。当然，如果此时游牧民族在欧亚大陆腹地仍然具有绝对统治力，被融合的情况依然可能发生。实际上，早在沙皇俄国建立之前的13世纪，也就是东斯拉夫人各邦国还在接受蒙古金帐汗国的统治之时，就已经开始有不同民族出身的人，试图在草原上过“自由民”的生活了。也正因为这一时代背景，讲突厥语的哥萨克才成为那些在南俄草原游荡的斯拉夫人、突厥人共同的名称。只不过，这些早期进入南俄草原的斯拉夫人，并没有维持住自己的民族认同，而是被后者所融合。

整个欧亚大陆西端，借助大航海时代的开启，成为世界文明的引领者后，游牧民族在欧亚大陆的统治力逐渐被削弱。随着工业化时代的来临，游牧民族彻底失去了在草原上的军事优势。这意味着，历史已经不会再给草原按照既定周期率循环的机会了。接下来，谁能代表欧洲针对亚洲来一次“地理大发现”，实际就只是一个位置问题了。当介于西欧与欧亚草原之间的俄国开始征服南俄草原乃至亚洲时，那些出身于斯拉夫民族的“自由民”（哥萨克），很自然地会愿意选择成为西方文明与沙皇俄国进军欧亚草原的代理人，并凸显自己的宗教、民族属性。

就地缘政治背景而言，哥萨克、哈萨克两大族群的形成，与16世纪中叶两个国家的形成有着直接关系。一个是沙皇俄国的建立，另一个则是哈萨克汗国的形成。前者的建立，无疑是东斯拉夫人族群的一次成功整合。而出于增强国力的需要，强化中央集权体系也加速了土地兼并和对农民的人身束缚（变成了所谓的“农奴”）。这种改变也使得逃往南俄草原的斯拉夫人数量剧增，以至可以自成体系，与正在重组的草原游牧体系相抗衡。

按照20世纪流行的阶级划分理论来说，那些斯拉夫人中的草原自由民，应该与同样背景的突厥游牧民走得更近，甚至融合。不过，前文提到的那些根本性的民族背景，最终还是起了决定性作用。尽管哥萨克最初是为了脱离沙皇俄国统治而逃到南俄草原上的，但共同的民族背景，还是让他们决心成为俄罗斯帝国在草原上的代理人。对于二者来说，这其实是一个双赢的决定。帝国可以通过这些拥有与游牧民族同等机动力、战斗力的哥萨克，扩张帝国在亚洲的领地。哥萨克则可以依靠强势崛起的俄罗斯帝国提供的支撑作用（包括从西方文明中获得技术优势，例如武器），来扩大自己在草原上的利益。

抛开这些政治、文化背景，从更原始的地缘关系来分析哥萨克与哈萨克的博弈，我们可以认为这是一场发生在南俄草原与中亚草原之间的板块碰撞，甚至可以将之看成两种不同属性族群之间的博弈。之所以这样说，是因为支撑活跃于南俄草原上的哥萨克存在的生产方式，并不是传统的游牧。事实上，如果按照我们在古典时期经常用到的三类族群标签来定义哥萨克，我们更应该将之定义为渔猎民族。也就是说，哥萨克在草原上的扩张，可以视为渔猎文化对草原游牧体系的一次逆袭。

渔猎这种生产方式，可以说是人类最早的谋生方式了。从自然界捕猎、采集可食用的动植物，本身并不是人类所独创的方式，而是一种本能。然而，人类毕竟与动物不同，作为万物之灵，人类的渔猎范围并不仅仅是那些自然界的产出，更包括那些其他族群通过各种方式得到的产出，甚至是人类本身。从这点上来说，劫掠一类的生存方式本质上也是一种渔猎。

需要说明的是，我们把一个族群或者政权的原始属性定义为渔猎、游牧或者农耕，并不是说这个族群就只能采取这样一种生存方式。而是说这种生产方式在其标志性族群文化的形成过程中起到过主导作用。至于其成熟壮大后，这种初始经济是否还占据最大的份额，反而并不重要。比如说，随着工业化的推进，农业在中国经济中所占的比例已经很低了，但从文明和民族本质来说，数千年农业社会打下的深深烙印，依然无时无刻不在影响当下的中国社会。

具体到渔猎民族的定义来说，渔猎属性民族如果想在地缘政治舞台上崭露头角（标志是国家化），几乎很难依靠渔猎的方式做到。部分人口转而从事更“高级”的游牧、农耕生产是一种趋势。不过，因渔猎而形成的族群性格、行为方式，通常会延续一段时间，尤其是渔猎所获取的物资在经济生活中还占有相当比例时。

比较典型的案例就是在东北地区强势崛起的高句丽人。在古典时期的农业技术条件下，燕山以北（包括朝鲜半岛）适合大规模农耕的土地并不多。这支渔猎民族在立国并成为唐帝国劲敌之时，渔猎所获得的经济收益仍然占有 50% 左右的份额。也就是说，受地理环境所限，高句丽人并没有很好地完成由渔猎向农耕进化的过程。当然，这也不完全是一件坏事。最起码这个渔猎份额不单让我们可以认定这个政权的基本属性为“渔猎”，更在技术上保证了高句丽人的军事效率。对于这些，来自中原的隋、唐帝国，都有着用鲜血换来的教训。

回到哥萨克的问题上来。将这个族群定义为“渔猎”，并不仅仅因为他们在西伯利亚追逐珍贵的毛皮，并把它们输往西欧市场的行为。实际上，正如我们在西伯利亚部分分析的那样，大多数时候他们并不一定要亲自去做这些事，而是与土著部落合作，以获取这些物产。

哥萨克的族群属性，并不是在为俄罗斯扩张西伯利亚时才定性的。当这些斯拉夫人聚集在南俄草原上，并因为宗教、民族方面的原因，拒绝融入突厥游牧体系时，哥萨克“渔猎”的民族性就已经形成了。只不过，那时他们渔猎的重点并不是草原上那少得可怜的野生动物（相比森林地带），而是往来于欧亚大陆的商队。即使进入 17 世纪中叶，哥萨克成为南俄草原的控制者（甚至建立国家性质的自治政权），并依附河流兴建了定居村落，乃至开始开发耕地、经商，都无法改变其族群文化中的渔猎基因。

什一税是欧洲天主教会向教徒征收的一种主要用于宗教开支的捐税。顾名思义，这种税总的征收比例是十分之一。在哥萨克进入定居化，并依所处流域划分地盘后，其渔猎属性曾一度通过什一税的形式程序化。耕地收入的十分之一被固定上缴给所在自治哥萨克村社组织，充作军备、粮饷开支，然后在自己的地盘外进行劫掠。基于这一特性，有观点认为这一阶段的哥萨克应该属于“武装农民”性质。问题在于，哥萨克的武装并不仅仅是为了保护自己的土地，更多是一种重要的经济补充，甚至是为维持自身独特属性而刻意为之。从这个出发点来说，哥萨克这种有组织性的劫掠，与满族成为中央之国统治者后，却禁绝旗人从事农、商，同时通过木兰围场等形式维护其“马上民族”属性的做法，本质上是一样的。

当各个哥萨克自治村社为周边政权所收编，特别是后来被融入沙俄帝国框架后，从军成为哥萨克保持自身特色的最重要方式。半农半军成为哥萨克群体的新特点。只不过，对于哥萨克来说，在军队中获取荣誉和战利品，与向商旅收取“过路费”并没有本质区别，都是他们乐于采用的。反之，对于沙俄帝国来说，哥萨克的这种属性，以及对草原生活的适应性，恰恰是其向亚洲扩张所需要的。直到以机枪为代表的自动化武器出现之前，传统欧洲军队在草原上并没有战略优势。

一个可供参考的案例，是发生在19世纪末的祖鲁战争。作为19世纪最强步兵方阵存在的英国步兵，曾经在1879年伊散德尔瓦纳战役中，被祖鲁王国军队全歼上千人。此前在欧洲人入侵撒哈拉以南非洲的3个多世纪中，从未遭遇过如此重大的失败。只不过，在英国人开始使用刚刚引入的加特林机枪后，战争就演变成一场针对祖鲁人的屠杀了。手摇式加特林机枪还不能算是一种自动武器，稍晚发明出来的马克沁机枪，才真正是传统战法的终结者（甚至终结了欧洲的火器时代）。

“一战”是马克沁机枪等自动化武器开始发挥巨大威力的时代。对于采用轻骑兵战术的哥萨克骑兵来说，这也是他们走向没落的开始。然而，在此之前，沙皇俄国能够在欧亚大地获得如此广袤的土地，与哥萨克自然形成的特殊斯拉夫分支有着直接的关系。对于哥萨克来说，最大的问题在于，当马和战刀失去价值之后，他们也同时失去了维系自己渔猎属性的途径。从这点来说，二战中那些列队冲向坦克的哥萨克骑兵，更像是在以自己的方式告诉世人“我还能战”。只不过，一如游牧者一样，属于他们的时代已经逝去。即使今天还有人或者群体希望继承这个曾经代表荣耀的名字，世上也不会再有真正的哥萨克了。